유학자의 동물원

유학자의 동물원

최지원 지음

조선 선비들의 동물 관찰기 그리고 인간의 마음

알렙

새나 짐승과 더불어 살 수는 없지 않은가?

1970년대에 인기 있던 애니메이션 가운데 「요괴인간」이란 작품이 있다. 내용이 가물가물해서 잘 기억나지는 않아도, 여전히 내 뇌리에는 그 주제곡의 가사가 선명하게 울리고 있다. "어둠에 숨어서 살아가는 우리들은 요괴인간들이다. 사람도 짐승도 아니다. 사람도 짐승도 아니다……." 사람이 아니기에 인간에게 배척받지만, 인간을 습격하려는 사악한 요괴들에 맞서는 이들이 바로 '요괴인간'들이다. 「요괴인간」에서는 요괴가 더 인간답게 묘사된다.

그 주제곡의 가사는 요괴란 숙명을 거부하듯이 잔잔한 목소리로 "빨리 인간이 되고 싶다!"란 말로 끝난다. 나는 지금도 이 가사가 떠오를 때마다 우리는 진정 '인간'이 되었는가? 인간으로서 살아가고 있는 것인가? 다시 묻게 된다. 같은 물음이 기계에 대해서도 등장한다. 20세기 후반 리들리 스콧 감독의 「블레이드 러너」(1982)에서는 인간을 위해 봉사했지만 결국 인간의 배신으로 사냥당하는 운명에 처한 기계가 주인공을 살려주며 더 '인간답게' 행동한다.

영장류 연구로 유명한 네덜란드 출신의 생물학자 프란스 드 발은 『내 안의 유인원(*Our Inner Ape*)』에서 이렇게 묻는다. "어떻게 인간은 다른 사람을 죽이는 한편으로 관대한 사랑을 하며, 이 두 가지 성향을 함께 지닐 수 있을까?" 우리가 선택할 수 있는 답은 단지 '그렇다!'라고 인정하고 수긍하며, 모른 척하고 살아가면 되는 것일까? 그렇게 하기에 이 물음은 너무나 잔인한 의미를 갖는 말은 아닐까?

기원전의 아주 오래전에 이미 맹자(孟子)는 인간의 본성은 같으며, 누구나 수양을 통해 요순(堯舜) 같은 위대한 인격자가 될 수 있다고 주장했다. 그리고 이러한 신념을 확고하게 신봉했던 조선(朝鮮)의 유학자(儒學者)들은 이런 물음들에 어떻게 답변했을까? 갖가지 동물, 도깨비와 귀신, 요괴와 괴물에 대한 믿음이 함께했던 삶의 세계에 둘러싸여 살아가던 그들은 어떻게 생각하며 살았을까? 사실 이런 물음들은 평소 늘 궁금해하던 질문이자 해소되지 않는 오리무중의 난제였다.

그러던 어느 날 최지원 선생이 영문판 논문을 불쑥 내밀었다. 평소 궁금해하던 그런 주제 가운데 하나인 동물, 조선의 유학자들이 그 동물들에 대해 어떻게 생각했는지를 탐구한 논문이었다. 나는 물었다. "핵심이 뭐예요?" 그러자 이렇게 답이 돌아왔다. "사람 얘기예요." 순간 내 머리를 어떤 둔탁한 무언가가 내려친 듯했다. 그렇구나! 유학자들도 우리와 다르게 생각하지 않았구나!

아마도 독자들은 이 책 『유학자의 동물원』에서 20세기식 동물원에서는 볼 수 없는 기이한 '동물'들에 관한 이야기를 듣게 될 것이다. 그 동물들은 본능에 지배당하는 단순한 기계처럼 행동할 때도 있지만, 어떤 때에는 인간보다 더 사악하게 행동한다. 하지만 어떤 때에는 인간보다 더 인간적으로 행동하는 동물들도 눈에 띈다. 그래서 결국 이 책은 인간에 관한 책이 된다.

처음 논문을 받아들고 내가 했던 보답이 『유학자의 동물원』이란 제목을 제안했던 것이다. 그런데 이렇게 실제로 두툼한 책으로, 체계와 이야기를 갖춘 한 권의 보석으로 다듬어져 내게 추천사를 부탁하기에 감히 부끄러움을 무릅쓰고 이렇게 사족 같은 추천사를 적어본다. 아마도 독자들은 이 책을 읽으며, 공자가 했던 말 "우리가 새나 짐승과 더불어 살 수는 없지 않은가?"라는 말을 새롭게 되새겨 볼 수 있지 않을까 싶다.

책을 펴낸 최지원 선생의 노고에 감사드리며, 흔쾌히 출판을 결정하고 멋진 책으로 펴낸 알렙 출판사에 고마운 마음을 전한다. 많은 독자에게 사랑받는 책이 되길 바라면서.

동양철학을 공부하는 김시천 쓰다

벌레와 나

이 책의 주제는 단순하다. 고통받는 기계에 불과한 인간의 마음을 기계의 숙명으로부터 탈출시키는 방법에 관한 것이다. 조선 후기 유학자들이 동물을 바라보며 고민한 문제는, 살아온 관성대로 살아갈 수밖에 없는 생명의 기계성에 관한 것이다. 생명이 기계적이라고 하면 많은 사람들이 반발한다. 기계 취급을 받는 것은 모욕적이라고 생각하기 때문이다. 그러나 나는 딱 잘라서 인간의 정신도 기계적이라고 생각한다. 그리고 생명이 기계적임을 인정하는 것이 생명의 존엄성을 지키는 유일한 길이라고 생각한다.

기계는 인과관계라는 정보를 가진다. 한 생명의 정체성을 이루는 것은 그 생명의 아주 사적인 기억인데, 그 기억은 어느 누구의 기억과도 같지 않다. 그 유일무이한 기억이 바로 당신이라는 '기계'의 인과관계 정보이다. 그러나 당신은 한 번이라도 당신만의 인과관계 정보를 주의 깊게 생각해 본 적이 있는가? 당신이라는 유일무이한 기계가 어떻게 '작동'하는지 혼자서 고민해 본 적이 있는가? 세상의 인간들은 '자유의지'이니 '개인 주체성'이니 온갖 입발린 말들로 당신이 기계가 아니라고 말해 준다. '하고자 하는 의지'만 있다면 당신이 무엇이든 할 수 있는 자유로운 영혼이라고 말이다. 이것들은 모두 헛소리다. 당신이 당신이라는 기계의 작동법을 '영원히' 모르는 무지한 상태로 남아 있기를 원하기 때문에 그들은 이런 거짓말을 한다. 당신이 당신의 몸을 원하는 대로 작동시키는 방법을 몰라야만, 자유의지 운운하는 인간들이 당신의 몸을 그들 마음대로 사용하고 작동시킬 수 있기 때문이다.

그들은 당신이 기계가 아니라고는 말하지만 당신을 기계처럼 '사용' 하기 위해 '주도적 사고를 하라'는 애매모호한 강령을 내린다. 당신이 당신이라는 기계의 사용법을 영원히 알려 하지 않는다면 항상 누군가에게 사용될 것이다. 이 책의 유학자들은 입발린 소리는 하지 않는다. 이들은 동물 관찰기를 통해서 생명이라는 기계가 어떻게 작동하는지에 대한 가장 근본적인 원리를 알려준다. 기계가 작동하는 가장 근본적인 원리는 바로 작동을 가능하게 하는 연료가 무엇인지 알아보는 것이다. 바로 육체가 에너지로 삼는 '먹을 것'과 마음이 에너지로 삼는 '좋아하고 싫어하는 느낌'이다. 육체가 먹을 것으로 작동함은 누구나 알고 있는 사실이다. 그러나 마음이 '좋아하고 싫어하는 느낌'으로 작동된다는 생각은 조금 낯설 것이다. 그러나 사람이 확률과 논리를 바탕으로 하는 이성적 사고보다는 좋고 싫은 감정을 기준으로 생각한다는 최근의 뇌과학 연구를 참고한다면 이러한 생각이 크게 낯설지 않다.

이 책의 조선 유학자들은 너무나 단순해서 모두가 무시하는 논리, 바로 좋아하는 것을 하고 싫어하는 것을 하지 않으려 하는 동물의 습성을 관찰하며 인간의 마음을 추론한다. 이들은 동물이든 인간이든 살면서 형성된 습성에 지배당하는 인과적 작동물로 보았다. 인간성을 찬양하는 데 열중하는 인간에게, 동물은 마치 본능에 따라 움직이는 기계처럼 느껴질 것이다. 그러나 유학자들은 동물이 사람보다 지능의 유연성이 부족하다고 동물을 마음 없는 기계로 치부하지 않았다. 그들은 매우 소박하고 다소 비과학적인 관찰을 통해 각자의 삶을 통해 형성된 좋거나 싫은 느낌, 즉 호오라는 감정의 노예로 살아가는 동물의 모습이 인간과 별다를 바 없음을 발견하였다.

누구나 살면서 다음과 같은 생각을 해본 적이 있을 것이다. 분명 하고 싶은 일이 있는데, 그 하고 싶은 일을 하려는 욕망이 밥을 먹고 잠을 자려는 욕망처럼 강렬하지는 않아서, 나 자신에게 그 하고 싶은 일을 하려는 욕망을 억지로 이식하고 싶다는 생각 말이다. 인과적 작동물인 기계는 스스로 욕망을 이식할 수 없기에 기계라고 불린다. 다시 한 번 강조하자면 인간의 마음이 기계와 무엇이 다른가?

욕망은 에너지다. 어떤 일을 실행할 에너지를 자유자재로 형성하여 스스로의 마음에 이식하기란 쉬운 일이 아니다. 당신이 만약에, 일을 실행하는 욕망을 자유롭게 형성하는 자유의지를 가졌다고 자부하며, 그러한 의지가 없는 기계 같거나 동물 같은 인간을 비웃고 싶다면, 지금 당장 책을 덮어도 좋다. 게임 속의 캐릭터가 자신이 프로그램된 캐릭터임을 상상할 수 없듯이, 자유의지란 오직 자유의지가 박탈된 사람만이 상상할 수 있는 상태다. 즉 당신은 자유의지가 어떤 상태인지 상상할 수가 없다. 자유의지가 무엇인지 상상할 수 없는 당신이 기계 같은 인간에게 도리어 '자유의지'에 대해 교훈을 늘어놓는 것이 삶의 낙이라면, 이 책에서 얻을 것이 아무것도 없을 것이다.

이 책은 '새로운' 욕망이 부족하다는 이유로 스스로의 기계성에 가끔 절망하거나, 또는 평생을 절망하며 살아온 사람들의 고통이 무엇인지 말하기 위해 쓰였다. 처음 유학자들의 동물 관찰기를 공부하기 시작한 이유는 단순히 동물이 좋았기 때문이었지만, 관찰기를 읽어가면 읽어갈수록 조선 후기 실학자들이 관성의 노예라는 생명체의 고통을 말했음을 깨달았다. 이들은 고통을 주는 관성을 뒤집을 수 있는 새로운 습관을 어떻게 이식할지 고민했다. 시공간을 초월하며 같은 고민을 해온 사람들이 있었다는 사실을 통해, 그리고 나도 그 고민을 하느라 이 책을 썼다는 사실을 통해 당신이 혼자가 아니라는 사실을 알게 되었으면 좋겠다.

우리는 어떻게 해서든 에너지, 다른 말로 능력이 충만한 존재임을 호소하기 위해 안간힘을 쓴다. 아무도 자기 자신에 대해 솔직하게 말하지 않으려 한다. 나 자신이 동물만도 못한 기계이거나, 심지어 물건 같다고 여기는 순간이 있으나, 그 순간에 대해 솔직하게 말하지 않고 거짓말만 늘어놓는다. 거짓말을 하지 않기 위한 방법 중 한 가지는, 자기 자신에게 솔직한 사람들의 글을 읽어보는 것이다. 그리고 거짓말을 하지 않아도 괜찮다는 확신을 얻는 것이다.

벌레가 나냐 기와가 나냐
기술도 재주도 없네
뱃속에는 불같은 기운만 있어
보통사람과 크게 다르네
사람들 백이더러 탐하다 이르면
내 성을 내어 이를 갈고
사람들 영균더러 간사하다 이르면
내 성을 내어 눈초리가 찢어지네

가령 내가 입이 백 개가 있다 한들

한 사람도 들을 자 없으니 어찌하랴

우러러 하늘에게 말하니 하늘이 흘겨보며

숙이어 땅을 보니 땅도 눈곱이 꼈으며

산에 오르려 하니 산도 어리석고

물에 임하려 하니 물도 어리석네

끌끌 혀를 차며 아아

허허 하고 한탄하며 아이구아이구 하네

관골 · 뺨 · 이마는 주름지고 얼어터졌으며

간 · 허파 · 지라는 볶아지고 달여졌네

백이가 탐했고 영균이 간사했단들

그대가 무슨 간여할 바이랴

술이나 마시고 취하기를 꾀하며

글이나 보며 잠을 이룰 따름이네

한탄하노니 차라리 잠들고 깸이 없이

저 벌레와 기와로 돌아가런다

- 이덕무, 『청장관전서』 제10권, 「아정유고 2 - 시 2」, 벌레가 나냐 기와가 나냐, 한국고전번역원, 나금주 옮김

　세상 모든 것이 어리석게 느껴져 심지어 땅에도 눈곱이 끼어 있다고 말하지만, 간섭할 기운도 의지도 없는 전형적인 불평쟁이의 글이다. 그러나 이덕무는 자신의 그런 모습을 인정한다. 잠들고 깨어나는 생명의 당연한 행위도 자신에게 어울리지 않는다고 한다. 어쩌다 인간으로 태어난 게 잘못이니 자신의 근본인 벌레나 기왓장으로 돌아가고 싶다고 고

백한다. 이러한 고백이 거짓말이나 위악보다 낫다. 각자가 당면한 문제를 해결하려면 자유롭고 유연한 사고가 필요한데, 유연한 사고란 표면적으로 완전히 다르게 보이는 사물들 사이의 공통점을 발견하는 것이기 때문이다. 나와 타자의 공통점을 최대한 많이 발견할수록 자유로운 사고가 가능할 것이고, 나와 타자의 공통점을 도저히 발견할 수 없다면 관성의 감옥에 갇힌 기계적 사고만 하게 될 것이다. 세상과 나의 공통점을 최대한 많이 발견하려면 세상의 가장 하찮은 존재인 먼지와 벌레를 보면서도 나 자신을 비추어 보는 용기가 필요한데, 나 자신이 솔직하지 못한 거울이라면 그 거울이 무엇을 비출 수 있겠는가?

한 인간이 평생 알 수 있는 유일한 인간은 자기 자신밖에 없다. 남들이 만들어 놓은 인간에 대한 온갖 이론들 중 하나를 취사선택하여 누군가 만들어 놓은 생각만 하며 살아간다면, 자유로워질 수 있는 유연한 사고는 요원할 것이다. 나 자신이 마치 벌레나 기왓장처럼 느껴져 슬프다면, 거짓말을 하느라 그 고통을 숨기지 말고, 당신이 공감할 수 있는 존재가 동물과 무기물의 아주 작은 단위임을 자랑스럽게 여겨야 한다고 생각한다. 모든 위대한 발견은 큰 단위와 작은 단위 사이의 공통점을 찾는 과정에서 나오기 때문이다.

이 책의 1장은 바로 가장 작은 단위인 벌레와 티끌에서 인간과 닮은 점을 찾아낸 유학자들의 이야기에서 시작된다. 여기서 마음속 천 갈래로 갈라지는 생각에 조종당하는 관성의 노예로 인간과 동물을 바라보는 유학자들의 시선을 소개할 것이다. 동물과 인간의 '마음'이 같은 원리로 작동한다는 조선 후기 유학자들의 동물관은 애초에 동물과 인간이 본질적으로 한 갈래에서 나왔다는 동아시아 '만물친족설'의 영향을 받았을 것으로 추정된다. 이 만물친족설 역시 1장의 소재이다.

그런데 유학자들이 인간의 친족인 동물을 잡아먹고 마음대로 사용하는 사람의 행태가 지독한 모순임을 모를 리 없었을 것이다. 이러한 모순을 해결할 수 있을까? 유학자들은 그럴 수 없다고 주장한다. 동물은 얽히고설킨 먹이사슬 속에서 서로가 서로의 몸을 자원으로 삼아 살아갈 수밖에 없기 때문이다. 그러나 인류가 먹이사슬에서 벗어나 서로가 서로의 몸을 최대한 살리려는 전대미문의 실험을 시작한 이상, 자연을 역행하는 도덕을 무기로 유학자들은 그 모순을 최대한 줄여보기 위해 어떤 동물은 살리고 어떤 동물은 죽이는 문제를 고민하게 된다. 기술과 자원이 한정된 사회에서 유학자들은 모든 생명의 몸을 살릴 수는 없다. 게다가 인간을 포함한 모든 동물은 자신의 몸을 살리기 위해 자신보다 약한 동물을 밟고 살아남으려 한다. 따라서 유학자들은 그러한 아우성 속에서 약하고 하찮은 동물을 살리며 자연에 역행하는 '작위'를 부려야 한다. 그들은 동물의 마음을 추스르고 달래거나, 동물의 눈치를 보는 과정을 통하여 역으로 인간의 마음을 조정하는 방법을 제시한다. 마음을 조정하는 과정은 동물을 향한 '도덕'이라는 작위에 필수적인 요소이기 때문이다. 이러한 생명의 정치판이 바로 2장의 주제이다.

동물의 마음을 달래는 과정에서 가장 중요한 것은 동물이 태어나면서부터 밥을 찾으려 안간힘을 써야만 살 수 있다는 억울함을 이해하는 것이다. 이것이 3장의 주제이다. 이 책의 유학자들은 세상 모든 동물, 심지어 전지전능해 보이는 하늘마저 살아가기 위한 고행에 억울함을 느낄 수 있다며 파리 한 마리, 송충이 한 마리, 그리고 사람에게 평생 부림을 당하는 가축들의 억하심정을 고민한다. 유학자들은 이 억하심정을 줄이기 위해 약한 동물을 잡아먹는 위엄 서린 포식동물을 혐오 동물로 전락시킨다. 그러나 먹을 것이 부족한 상황에서 파리와 송충이, 그리고 가축들은 계속 억울할 수밖에 없다. 북학파들의 주장은 바로 이 억울한 가축의 삶조차 개선시키려는 의지에서 나왔음을 3장에서 이야기하려 한다.

4장에서는 인간보다 지능적이거나 헌신적이고, 심지어 자살까지 할 수 있는 동물의 이야기를 다룬다. 이덕무와 이익이 바라본 동물의 지능과 도덕성을 통하여 '인간성'이라는 개념이 인간의 특권이 아니라 서로의 몸과 마음을 보존하려는 기술일 뿐임을 말하려 한다. 여기서 인간성은 동물성이 열등한 성질임을 반추해 주는 거울이 아니다. 서로의 동물성을 인정하고, 누구라도 행복하게 살아남을 수 있도록 돕는 기술 그 자체다. 기술을 누구나 사용할 수 있듯이, 어떤 동물이라도 자유롭게 그 인간성을 '사용'할 수 있도록 하는 것이 이익의 목적이었다.

5장에서는 동물의 감각과 생김새, 살아가는 방식을 관찰하는 동아시아 학자들의 시선을 통하여 온갖 동물의 감각 정보가 세상을 살아가는 데 필요한 다양한 정보로 통합될 수 있다는 가능성을 제시한다. 우리는 동물의 감각을 직접적으로 체험할 수 없지만, 동물이 자신의 몸을 어떤 기능을 위해 쓰는지는 유추할 수 있다. 동물의 삶을 그들의 기능 그대로 관찰한 동아시아의 동물 텍스트가 인간성이라는 기술을 완성하는 방법에 어떤 기여를 할 수 있는지 알아볼 것이다.

이 책 속에 인용된 조선 유학자들의 동물 문헌 번역본의 대다수는 한국고전번역원이 온라인에서 제공하는 한국고전종합DB에서 찾아낸 것이다. 한문을 바로 읽지 못하는 사람도 이 온라인 DB에 쉽게 접속해서 한반도의 온갖 기록물을 한글로 편하게 읽어볼 수 있다. 수많은 번역자들의 노고가 서린 번역물을 이렇게 쉽고 자유롭게 읽을 수 있게 한 한국고전번역원과 그 번역자들분에게 감사를 드린다. 이 책은 석사논문을 바탕으로 쓰였는데, 그 논문을 교정해 주시고 항상 일관된 자세로 조언해 주신 판카즈 모한(Pankaj Mohan) 교수님께 감사를 드리고 싶다. 말도 안 되는 내 논문에 짜증 한번 내지 않으시고 끈기 있게 지켜봐 주신 모한 교수님은 정말 내가 닮고 싶은 분이다. 고전을 가르쳐 주신 고당(古堂) 김충호 선생님께도 감사의 말씀을 올린다. 고당 선생님만큼 여유롭게 절제하는 생활을 즐기시는 분도 없다. 고당 선생님께 한문을 배우면서 선생님의 생활 방식도 배울 수 있었던 점이, 선생님께 가장 감사드리는 바이다. 논문을 책으로 내도록 도와주시고 원고의 기초를 짜주신 김시천 선생님께도 감사의 인사를 드리고 싶다. 김시천 선생님 덕에 논문에서 부족했던 부분을 책으로 갱생시킬 수 있었다.

세상에서 제일 사랑하는 나의 가족에게 감사를 드리며 이 책을 바치고 싶다.

2015년 8월
최지원

차례

1부

유학자,
동물원에 가다

신부인, 「노화수금도」, 16세기, 국립중앙박물관

"슬프다. 벼와 기장 밭에 소와 말을 놓아두고, 꿩과 토끼가 있는 곳에 매와 사냥개를 풀어 놓고서 그 짐승들이 뜯어먹고 물어뜯는 것을 막고자 하면 되겠는가?"

– 안정복, 『동사강목』 중에서

인간은 동물과 함께 벌레라는 조상에서 시작하여 같은 원리로 만들어진 동물원의 한 식구이다. 유학자의 동물원에서는 티끌도 인간과 친족 관계다. 그러나 인간은 티끌에서 작은 벌레를 아우르는 모든 생명과 함께 인류애를 나눌 수 없다. 티끌을 자식처럼 사랑할 수는 없다. 그 불가능함을 아는 인간은 애초에 모든 생명을 아우르는 사랑을 함부로 입에 담을 수 없다. 그러나 저 티끌과 벌레, 온갖 동물들이 나의 친족임을 부정할 수는 없다. 한 배에서 나온 형제가 마음에 들지 않아도 같이 살아야 하듯, 사람은 한 지구에서 태어난 벌레 형제들과 함께 살 수밖에 없다. 더군다나 이러한 고민을 하는 유학자들은 자신들 역시 벌레에서 시작된 하나의 짐승임을 잊지 않았다. 그리고 이들은 인간이 '남의 살을 먹을 수 있는가'라는 질문에 어떤 정당한 답변도 할 수 없다는 사실을 안다. 만약에 정당성을 가질 수 없는 것이 숙명이라면, 함부로 정당성을 왈가왈부하지 않는 것이 유일하게 정당성을 가지는 길이다.

학을 춤추게 하는 법

동물, 마음의 노예

마음이 기계다

동물도 마음이 있을까? 동물은 먹고 자는 기계 같아서 도저히 그럴 것 같지 않지만, 이 책의 유학자들은 동물이 인간만큼 복잡하고 오묘한 마음을 가진다는 생각으로 동물을 관찰하였다. 그들은 동물과 인간의 마음을 이해하기 위해 마음을 지배하는 감정들에 대해 섬세히 관찰하였다. 괴롭기도 하면서 기쁘기도 한 동물의 이야기를 들어본 적이 있는가? 고등한 인간조차 괴로우면서 즐겁기도 한 감정은 쉽게 이해하지 못한다. 그런데 이덕무(李德懋)는 동물이 모순된 여러 가지 감정에 따라 스스로도 오락가락 헷갈리는 행동을 할 수 있으며, 심지어 동물에게 그런 모순된 감정을 인위적으로 촉발시키는 방법도 소개한다.

나는 학에게 춤을 추게 하는 방법을 들었다. 깨끗이 사용한 평평하고 미끄러운 방에 기물을 남기지 않고 구르는 나무토막 한 개를 둔다. 그리고 학을 방 안에 가두고 방이 뜨겁도록 불을 넣는다. 학은 발이 뜨거운 것을 견디지 못하고 둥근 나무에 올라서는데 나무토막은 구르면서 섰다 미끄러졌다 한다. 학은 나무토막 위에서 두 날개를 오므리고 펴기를 수없이 한다. 그때 창 밖에서 피리를 불고 거문고를 뜯어 학이 왔다 갔다 하는 것에 맞추어 소리를 낸다. 즉 서로 마디를 맞추어 연주하는 것같이 한다. 학은 한편으로는 뜨거운 것을 피하려 하고 귀는 시끄러운 소리에 따갑지만 한편으로는 기뻐하기도 하여 괴로움을 잊는다. 오랫동안 그렇게 한 뒤에 학을 놓아 준다. 며칠 뒤 또 피리를 불고 거문고를 타면 학은 기쁜 듯이 날개를 치고 목을 꼿꼿이 세워 마디에 맞추어 춤을 춘다. 기이한 꾀와 묘한 계책이 학을 이렇게까지 만드는가. 이로부터 만물이 모두 그 자연을 제대로 누리지 못할 것이다. 장자가 이르기를, "말과 소는 그대로가 천연이고, 머리를 얽고 코를 뚫는 것은 인위이다. 이것을 통하고자 하는 것은 도리어 막는 것이다." 하였다. 얽고 뚫는 것도 또한 천연이다. 만일 얽고 뚫지 않으면 말과 소의 성품을 인도할 수가 없다. 저 머리와 코를 보면 이미 천생으로 얽고 뚫을 만한 형세가 있으니, 이것은 천연이다. 그러나 이른바 인위라는 것은 학을 춤추게 하는 따위일 것이다.

– 이덕무, 『청장관전서』 제48권, 「이목구심서 1」, 한국고전번역원, 이식 옮김(교정: 인용자)

재롱 피우는 동물을 관람시키고 동물 주인이 이득을 챙기는 일은 조선 사회에서도 쉽게 찾아볼 수 있는 풍습이었다. 동물 입장에서는 곤혹스럽지만, 이렇게 재롱 피우는 재주를 억지로 만드는 방법은 조선 유학자들의 기록에서 쉽게 찾아볼 수 있다. 동물의 지능에 특히 관심이 많았던 조선 후기 실학자 이덕무는 학이 느꼈을 두 가지 감정에 대해 이야기한다. 하나는 고통을 피하려는 원초적인 감정이고, 다른 하나는 어디선가 들려오는 거문고와 피리 소리를 감상하려는 감정이다. 이 두 가지 감정은 '기이한 꾀와 묘한 계책'에 의해 만들어지게 된다. 꾀와 계책이 학의 춤을 이끌어내는 과정을 설명한 것은 확실한 근거를 바탕으로 한 것은 아니다. 그러나 특정 사건이 촉발한 감정이 학의 마음을 사로잡게 된다는 이덕무의 설명은 우연한 사건(학의 입장에서는 뜨거운 방과 나뭇가지, 음악 소리가 모두 우연한 사건일 것이다)에 의해 주조되는 동물의 마음을 살피려는 그의 시도를 보여준다. 그리고 이 책의 유학자들은 동물의 마음이나 인간의 마음이나 사건이 촉발하는 감정에 의해 주조되는 인과관계에서 벗어나지 못한다고 주장한다.

'동물 같다'는 말에는 '하등하다'는 뜻과 '자연스럽다'라는 뜻이 동시에 배어 있다. 동물은 먹고 자는 일의 즐거움에만 열중하기 때문에 자연스러운 생활을 한다고 생각되지만, 그런 일 말고는 아무것도 생각하지 않는 것 같아서 왠지 하등하고 미천해 보인다는 뜻이다. 반면 인간은 자연스러운 본능에 지배당하기도 하지만, 배우고 창조하며 새로운 습성을 만들기도 한다. 이는 인간과 동물을 구별해 주는 중요한 차이점으로 자주 부각된다. 인간은 자연이 부여한 본성을 넘어 문화와 개인적 개성이라는 습성을 의지대로 취득할 수 있는 존재라는 것이다. 여기서 본성과 습성의 관계는 기계성과 창조성의 관계, 또는 본능과 사회성의 관계로 대조된다.

동물에 천착했던 조선 후기 유학자들의 글에서는, 본성과 습성의 관계가 그저 두 가지 다른 종류의 기계성으로 나타난다. 이들에게 있어 인간을 포함한 모든 동물은 자연이 빚어놓은 '본성'과 아주 사적인 자아의 역사가 빚어놓은 '습성'에 휘둘리는 기계이다. 따라서 이들은 본성이니

이덕무는 학이 느꼈을 두 가지 감정에 대해 이야기한다. 하나는 고통을 피하려는 원초적인 감정이고, 다른 하나는 어디선가 들려오는 거문고와 피리 소리를 감상하려는 감정이다.
작자미상, 「죽학도」, 연도미상, 국립중앙박물관

습성이니 하는 구별보다는, 새로운 습성을 만들어 그 습성이 천성이 되는 기술을 중요시 여겼다. 이덕무가 인용한 『용촌집(春村集)』의 한 구절은 바로 이렇게 사람이 습성을 새롭게 만드는 방법을 말하고 있다.

> 우연히 『용촌집』을 읽다가 실로 내 마음에 맞는 한 대목이 있기에 적어
> 둔다. 용촌이 이르기를,
> "사람이 억지로 하는 것도 괜찮다. 나의 여섯째 숙부가 어렸을 때 남의
> 집에 불상사가 생겼다는 말을 들으면 곧 희색을 나타내기에 내가 주의
> 시키기를 '숙부는 무엇 때문에 남의 재앙을 좋아하고 남의 재화를 즐거
> 워하시오?' 하였더니, 숙부가 고개를 끄덕인 그 후부터는, 억지로 탄식
> 도 하고 혹은 괴로움과 슬픔을 참지 못하는 표정을 지었다. 처음에는
> 참마음에서 나오지 않았지만 그 뒤로는 습관이 되어 본성같이 되어 버
> 렸다. 그분은 지금 복록과 장수가 온 종족 중에 첫째간다. 만약에 그때
> 의 생각이 변하지 않았다면 반드시 복을 누릴 상이 아니었다."
> 하였다.
> - 이덕무, 『청장관전서』 제55권, 「앙엽기 2」, 억지로 함, 한국고전번역원, 차주환 옮김

남의 불행에 즐거워하는 것은 자연이 주조한 인간의 본능 중 하나다. 하지만 이는 유학자들에게 새로운 습관에 의해 전복될 수 있는 기계성일 뿐이다. 새로운 습관은 누군가의 명령으로 억지로 만들어지는 것은 아니지만, 그렇다고 누군가의 도움 없이 저절로 생기는 것도 아니다. 누군가 기계적인 본성이나 습성에서 고통받거나 남에게 고통을 주고 있다면, 그 기계성을 허무는 습성의 탄생은 오직 그의 마음을 사로잡는 것에서 시작된다. 동물의 마음을 사로잡으려면 그 동물의 마음을 옭아매고 있는 생

각이 애초에 어떤 과정을 통해 생성되었는가를 알아봐야 한다. 이 책의 유학자들이 동물을 관찰하며 염두에 둔 점이 바로 이것이다.

기계의 숙명을 벗어나는 기술

이러한 생각을 가지고 동물을 관찰한 또 다른 조선 실학자 이익(李瀷)도 우연한 사건들이 인간과 동물의 마음을 사로잡고, 마음이 그 사건의 영향력 속에서 관성적으로 움직이는 기계가 되어버림을 다음과 같이 적는다.

> 내가 매양 경험으로 말하건대, 어리석은 백성이 착한 일과 악한 일을 행할 때에 그 마음이 처음부터 그러한 것이 아니요, 우연히 한 가지 일의 득실로써 충격을 받고 거기에 빠지게 되어 잠깐 사이에 천리의 간격이 벌어지게 되는 것이다. 그런데 착한 길로 인도하여 악한 마음이 그치게 되면 처음 솟는 샘물 같고, 처음 타오르는 불과 같아 마침내 천성과 같아지는 데 이를 것이다.
> - 이익, 『성호사설』 제15권, 「인사문」, 정형, 한국고전번역원, 정지상 옮김(교정: 인용자)

우연히 일어난 한 가지 일의 득실에 충격을 받고 그 충격에서 벗어나지 못하는 마음이 바로 사적인 자아의 역사가 빚어놓은 기계성이다. 즉 좋은 습성이나 나쁜 습성이나 천성처럼 굳어지게 되는 과정은 모두 우연한 사건들 때문이며 스스로 조절 가능한 것이 아니다. 유학자들은 임금, 백성, 동물 등 만물을 모두 도덕적인 존재로 탈바꿈시키는 사람들이다.

사냥꾼의 꿩 잡는 기술은 꿩들이 지닌 제각기 다른 마음에 따라 섬세하게 조율된다. 꿩 사냥
꾼은 꿩의 눈빛, 몸짓, 날아가는 속도를 토대로 꿩의 마음속에 서려 있는 경계심의 양을 재
어보고, 그들의 개성에 맞게 다른 전략을 펼친다.

최북, 「화조화」, 조선, 국립중앙박물관

　　　　　　　　　　　　　　　　　　　　　　유학자의 동물원

맹자(孟子)부터 조선 후기 실학자 홍대용(洪大容)에 이르기까지 그들은 도덕이라는 소프트웨어를 어떻게 하면 인간의 마음에 심을 수 있을까 궁리해 왔다. 그러니 이들에게 '인간적인' 인간성은 기계의 숙명을 벗어나게 하는 기술일 뿐이지, 자연에 내재된 것 아니면 문화의 창조물이라는 이분법에 함몰된 것이 아니었다.

기술은 특정한 육체에 귀속된 것이 아니라, 오로지 지식으로도 존재할 수 있다. 이 책에서 소개할 이야기들은 바로 인간과 동물의 마음을 기계로 취급하고, 지식과 기술로서의 인간성을 기계에 이식하려는 유학자들의 시도 사례들이다. 이러한 시도는 다소 사악하게 느껴질 수도 있다. 그러나 누구나 자신의 생각이 옳다고 주장하며, 개인적인 생각을 남들의 머릿속에도 집어넣기 위해 온갖 협박과 폭력을 사용하는 사람들은 자신들이 그 '개인적인 생각'이라는 바이러스의 숙주일 뿐임을 인식하지 못한다. 이들은 다른 인간들 역시 자신의 생각을 집어넣을 숙주로만 볼 뿐이다. 조선 후기 실학자들에게 있어 '도덕'이란 자기 자신과 타자를 그러한 숙주로만큼은 삼지 않게 하는 기술일 따름이다. 기술은 남이 나를 해하기 위해 나에게 사용할 수도 있지만, 도리어 그 기술이 지식으로 통용된다면 누군가는 그러한 사람으로부터 스스로를 보호할 수도 있다.

> 슬프다, 벼와 기장 밭에 소와 말을 놓아두고, 꿩과 토끼가 있는 곳에 매와 사냥개를 풀어 놓고서 그 짐승들이 뜯어먹고 물어뜯는 것을 막고자 하면 되겠는가?"
> – 안정복, 『동사강목』 제9하, 병오년 명종 16년, 한국고전번역원, 차문섭 옮김

뜨거운 방과 음악 소리로 학의 마음을 어지럽히지 않는 것, 그리고 꿩과 토끼가 있는 곳에 매와 사냥개를 풀어놓지 않는 것이 바로 유학자들이 도덕적인 동물을 만드는 데 썼던 기술들이다. 그러나 특정 기술이 모든 동물에게 같은 효력을 가지는 것은 아니다. 모든 동물은 좋아하고 싫어하는 것, 바로 호오(好惡)를 가진다. 살아 있는 것이라면 당연히 좋아하는 것을 할 때 마음이 편하고 싫어하는 것을 하면 가시방서이니, 기술을 제대로 적용하려면 우선 동물의 호오를 읽어야 한다. 우리는 한 인간을 마주할 때, 종종 그 인간의 호오보다는 성품에 대해 말하기를 좋아한다. 심지어 자기 자신을 마주할 때도 그렇다. 저 사람은 나쁘다, 착하다와 같은 가치 판단을 자동적으로 하기 때문이다. 그러나 동물들의 나쁘고 착한 행동도 결국 좋아하고 싫어하는 것의 가치가 모두 달라서 생긴 결과이다. 정약용(丁若鏞)은 하늘이 부여한 성품이라는 추상적 담론에서 벗어나 식물, 동물, 사람의 성품이 단지 '기호(嗜好)'일 뿐이라고 주장한다.

이의를 즐기는 것은 마음의 성품이고 잘 차려진 음식상을 즐기는 것은 입의 성품이니 그렇다면 성품이란 기호의 명칭이 아니겠습니까. (……) 위징의 성품은 검소를 좋아했고, 두보의 성품은 아름다운 글귀를 탐하였는데, 이상에 말한 성품이란 것이 하나라도 기호를 성품이라 하지 않은 것이 있습니까. 2천 년 이래로 항상 흔히 쓰는 말로, 입만 열면 문득 기호를 성품이라 하는데, 유독 경학가가 성품을 논하는 데만은 반드시 기호라는 글자를 버리고, 본연과 기질만을 가지고 이야기하는데 (……) '이발'이니 '미발'이니 (……) 심(心)이니 성(性)이니 하여 학자들을 황홀하게만 만들고 부질없이 노고만 시키는 것이 아니겠습니까. 정현의 『시경』 해설을 보면 '물고기의 성품은 추우면 깊은 물로

유학자의 동물원

도망가는 것이다.' 하였고, '두루미의 성품은 탐악하다.' 하였으며, 또 '능에의 성품은 나무에 앉지 않는 것이다.' 하였고, 또 '사슴의 성품은 산림을 좋아하는 것이다.' 하였으며, '꿩의 성품은 번뇌를 싫어하는 것이다.' 하였습니다. 이 같은 유가 헤아릴 수 없이 많은데, 어디에 기호와 염오를 본성으로 여기지 않은 곳이 있습니까. (……) 사람의 성품이 선을 편히 여기는 것이 마치 배추가 오줌을 편히 여기고 마늘이 닭똥을 편히 여기고 벼가 물을 편히 여기고 기장이 건조한 땅을 편히 여기는 것과 같지 않습니까. 편히 여긴다는 것은 바로 그것을 즐기는 것이니, 이것이 필경의 공효입니다. 이로써 볼 때 성(性)이란 글자가 본래 기호라는 뜻으로 쓰인 것임을 의심할 수 없습니다.

무릇 물건에 한 가지씩의 성품을 갖추어 주어 기호를 가지고 그 생명을 이루게 하는 것이 바로 천명(天命)입니다.

- 정약용, 『다산시문집』 제19권, 「편지」, 이여홍에게 답함, 정태현 옮김

착하고 나쁘다는 가치판단은 단조롭지만 호오의 세계는 이렇게 다채롭다. 그러나 호오의 내용은 달라도 이 동물들의 목표는 하나다. 좋아하는 것을 하고 싫어하는 것은 피하는 것이다. 인간을 포함한 동물 세계에서 만물의 공통된 호오는 살기를 좋아하고 위험을 싫어하는 것일 테다. 그러나 위험을 피하는 만물의 기술은 모두 차이가 난다. 동물을 사냥할 때도 잘 걸려드는 놈이 있는가 하면 재빨리 도망가는 놈이 있듯 말이다. 그런데 그 차이가 생기는 이유는 무엇일까?

꿩의 기술

　　　　　　　　우리는 노루가 이리를 피하는 기술에 대해서는 관심을 가지지만, 왜 어떤 노루는 실패하고 어떤 노루는 성공하는지 큰 관심을 가지지 않는다. 실패하는 노루에 대해서는 대강 '빨리 달리지 못했구나' 정도로 치부한다. 실패하는 노루가 어떤 마음을 가지고 위험에 임했는지 상상해 볼 수 있을까? 유학자들은 하나의 동물 종을 일관된 뭉텅이로 생각하는 것에 그치지 않고, 실패하고 성공하는 개체의 개별적인 마음에 집중한다. 조선 전기 유학자 강희맹(姜希孟)이 기록한 어느 꿩 사냥꾼과의 대화를 보면 이러한 자세가 학자들뿐 아니라 일반인들에게도 탑재되어 있음을 알 수 있다. 이 글에서 동물이란 인간처럼 욕심도 가지고 있지만 자제심과 경계심도 갖추었으며, 더 나아가 그 경계심의 마음도 모두 차이가 나는 개성적인 존재이다.

꿩의 성질이 음탕하기를 좋아하고 싸우기를 잘하며, 수놈 한 마리가 여러 암놈을 거느리고 산양의 사이에서 쪼아 먹으며 물을 마신다. 매양 봄여름 사이면 수풀이 우거진 속에서 암놈이 꾁꾁 우는데 수놈이 한 번 그 소리를 들으면 날개를 치고 와서 사람이 가까이 있어도 의심하지 아니하니, 이는 다른 수놈이 암놈과 더불어 있는 것에 성이 난 때문이다. 사냥꾼이 우선 도구를 갖춰서 나뭇잎을 가장하여 가리개를 만든다. 그리고 수꿩을 산채로 잡아서 입감을 삼아 가지고 산기슭에 들어간다. 대롱을 잘라서 피리를 만들어 불며 암꿩 우는 시늉을 하고, 입감을 놀려서 암놈을 희롱하는 형상을 보이면, 수꿩이 노기를 띠고 갑자기 앞에 나타난다. 그러면 사냥꾼이 그물로 덮쳐서 하루 수십 마리

꿩 사냥꾼은 피리를 불어 암꿩 우는 소리를 흉내내고, 수꿩 한 마리를 산 채로 잡아서 마치 암꿩에게 구애하는 듯한 움직임을 하게 한다. 그러면 다른 수꿩은 암꿩과 수꿩이 같이 있다고 생각하고 노기를 띠고 다가온다. 사냥꾼은 바로 이때를 기다려 수꿩을 잡는다.

심사정, 「노응탐치」, 18세기, 한국저작권위원회

를 잡는다. 내가 사냥꾼에게 묻기를, "꿩은 이놈이나 저놈이나 욕심이 똑같은 건가. 그중에도 차이가 있는 건가."

- 강희맹, 『속동문선』 제17권, 「설」, 훈자 오설 중 삼치설, 한국고전번역원, 양주동 옮김

강희맹은 수꿩이 암꿩에게 이끌린다는 사실을 이용하는 사냥꾼에게 수꿩에게 암꿩을 차지하려는 욕심의 차이가 있는지 묻는다. 그러자 사냥꾼은 욕심이 많고 경계심이 적은 부류, 경계심이 어느 정도 있지만 암꿩 우는 시늉에 매혹되어 결국 경계심을 풀고 사냥꾼에게 잡히는 부류, 그리고 욕심보다 경계심이 더 강하여 절대 잡히지 않는 부류에 대해 자세히 설명한다.

사냥꾼의 말을 들으면 "그 종류가 다르지만 대개는 세 가지가 있으니, 낮은 산기슭에 꿩이 천 마리가 떼 지어 있어 내가 날마다 잡는데, 어떤 놈은 단 번에 오니 단 번에 덮쳐서 잡기도 하고, 어떤 놈은 두 번째 오니 두 번 덮쳐서 잡기도 하고, 어떤 놈은 단번에 덮쳐서 못 잡는데 종신토록 안 잡히는 놈이 있다." 하니, "왜 그런가." 하였다. 사냥꾼이 말하기를, "내가 가리개를 메고 수풀에 기대어 피리를 불며 입감을 놀리면 꿩이 머리를 기울여 듣고 목을 늘여 바라본다. 그러다가 땅에 가만히 날아서 올 적에는 던지는 것 같고, 멈출 적에는 내리꽂는 것같이 하여 나를 가까이 하며, 눈을 깜박이지 않는 놈은 단번에 덮쳐서 잡을 수 있으니, 이것은 꿩 중에 가장 미혹한 놈이니 그 화를 잊어버린 놈이요, 한 번 피리를 불고 한 번 희롱하는 듯 놀리면 못 들은 척하다가 두 번째 불고 두 번째 놀리면 마음이 차츰 동하여 춤을 추며 맴돌아 땅과 한 길쯤 떨어지게 날아, 그 날아올 적에도 두려움이 있는 듯하고 멈출 적

에도 생각이 있는 듯하다. 욕심에 매혹되어 내게 가까이 오면 나는 한 번 덮치는데, 꿩이 미리 방비하는 것이 있어서 바로 도망쳐 날아간다. 나는 그것을 분히 여겨 이튿날을 기다려 그 꿩이 태만해지면 가리개를 더욱 크게 만들어 가지고 나아가서 피리를 부는데, 입감을 놀려 꼭 진짜로 수놈이 희롱하는 것처럼 하고 조금도 빈틈이 없어야 겨우 잡게 된다. 이는 꿩 중에서 조금 영리하여 화가 있을 것을 짐작하는 놈이요, 그중에 사람의 발자국 소리만 들어도 푸르르 날아 소리를 내며 공중으로 올랐다가 숲속으로 들어가는데, 돌아보는 척도 아니하는 놈은 가장 잡기 어려운 놈이다. 욕심은 적고 경계심이 앞서는 까닭에 잠깐 가까이 하다 어느새 멀리 떨어져 벌벌 떨며 마치 저를 잡을 기세가 위에서 덮치는 듯이 생각한다.

– 강희맹, 『속동문선』 제17권, 「설」, 훈자 오설 병서, 삼치설, 한국고전번역원, 양주동 옮김(교정: 인용자)

이 글에서 사냥꾼의 꿩 잡는 기술은 다양한 꿩들이 지닌 제각각의 마음에 따라 섬세하게 조율된다. 사냥꾼은 꿩들마다 다양한 판단력을 가지고 있으며 이에 따라 오만가지 반응을 보인다고 한다. 어떤 꿩은 암꿩 우는 시늉 단 한 번에 저기 암꿩이 있다고 판단하지만, 어떤 꿩은 소리의 진원지 주위를 돌며 좀 더 두고보고자 한다. 꿩 사냥꾼은 꿩을 잡겠다는 일념하에, 꿩은 가능한 모든 위험을 피하려는 일념하에 서로가 서로의 마음 상태를 자세히 살핀다. 꿩 사냥꾼은 일정한 매뉴얼에 따라 꿩을 잡는 것이 아니다. 꿩의 눈빛, 몸짓, 날아가는 속도와 느낌을 토대로 꿩의 마음속에 서려 있는 경계심의 양을 재어보고, 그들의 개성에 맞게 다른 전략을 펼친다.

우리는 성공하는 개체의 능력에 주목할 뿐, 그 성공을 가능하게 한 기술을 내 것으로 복제하려는 엄두를 내지 않는다. 그도 그럴 것이 남의 특출난 능력을 복제하려면 엄청난 연구가 필요하기 때문이다. 당장에 교과서만 보고 만점 받는 사람의 능력을 내 것으로 만들려면 고통이 뒤따른다는 사실을 잘 알고 있지 않은가? 특출난 재주는 운 좋은 사람에게 한정된 능력이 아니라, 특정한 마음 상태와 연관된 기술이라는 생각을 가진다면, 우리는 위험을 피하는 꿩의 능력을 기술로서 통용시킬 수 있을 것이다. 그러려면 하찮은 동물의 마음일지라도 유심히 살피는 꿩 사냥꾼의 태도가 필요하다. 이 책의 유학자들 역시 꿩 사냥꾼처럼 섬세한 관찰력을 바탕으로 동물의 마음 상태가 우연한 사건이 촉발시킨 호오 감정에 인하여 주조되는 과정을 기록한다.

기술과 능력은 분명히 다르다. 기술은 지식이기에 그 방법을 알기만 하면 누구나 남의 능력을 자기 것으로 만들고 입맛에 맞게 변형시킬 수 있게 하는 것이다. 능력은 단순히 어떤 일을 할 수 있다는 잠재된 에너지일 뿐이다. 삶을 살아가는 데 필요한 에너지를 확보했다는 믿음만으로도 인간은 쾌락을 얻는다. 누군가의 능력을 자기 것으로 만들 수 없다면 그의 친구나 애인이 되기 위해 안달하기 마련이다. 그러나 실용적인 유학자들은 에너지를 확보했다는 '믿음'에 기대며 살아가는 미신적 태도보다는, 능력을 기술로서 통용시키기 위해 동물을 관찰하고 이를 통해 인간 사회를 반추해 보는 태도를 취한다. 그리고 인간성마저 기술로서 통용시킬 수 있는 것으로 보았다. 인간성은 인간이 자신의 동물성을 억누르기 위해 육성시키는 의지력이 아니라, 누구나 그 방법만 알면 스스로의 마음에 이식시킬 수 있는 알고리즘인 것이다.

유학자의 동물원

벌레, 인간의 조상

유학자들의 만물친족설

벌거벗은 벌레, 인간

누군가를 하찮은 인간으로 하대하고 싶을 때, 벌레 같은 놈이라는 표현을 자주 쓴다. 벌레란 대체로 하찮고 혐오스러운 동물로 생각되기 때문이다. 카프카의 『변신』과 이청준의 『벌레 이야기』에서도 벌레는 내다 버려도 죄책감이 들지 않는 인간, 무기력한 운명 속 먼지 같은 인간으로 비유된다. 그런데 이렇게 부정적인 어감을 주는 '벌레'가 한때 동아시아에서는 온갖 생물을 지칭하는 단어로 쓰였다. '벌레'는 오늘날 '동물'이라는 단어와 비슷하게 쓰였던 것이다. 오늘날 우리는 주로 곤충에 해당하는 생물을 벌레라고 부른다. 전통 생활공간에서도 벌레 충(蟲) 자는 우리가 곤충을 지칭하는 것과 다르지 않게 쓰였다. 그럼에도 불구하고 옛 동아시아인들은 관습적으로 사람을 포함한 모든 동물을 가리킬 때 '충' 자를 사용했다. 호랑이와 같이 사납고 힘센 동물은 '커다란 벌레'라는 뜻의 대충(大蟲)으로, 인간은 나충(裸蟲), 즉 '털 없이 벌거벗은 벌레'로 불렸다. 오늘날 사람을 '벌거벗은 동물'이라

부르는 것과 비슷한 이치다.

하지만 벌거벗은 '벌레'의 벌거벗음과 벌거벗은 '동물'의 벌거벗음은 조금 다르다. 사람을 벌거벗었다고 말하는 이유는 사람에게 따스한 털, 날카로운 이빨, 발톱이 없기 때문일 것이다. 그러나 사람은 어떤 동물보다 두꺼운 가죽을 입고 있다. 바로 기술과 제도, 문명이라는 가죽이다. 사람은 털도 없고 이빨도 없는 나약한 동물이지만, 그 나약함을 타파하고자 열심히 머리를 굴려 무기를 만들고, 가장 무서운 맹수도 때려눕힐 수 있게 되었다. 이 모든 것이 문명이라는 가죽 덕이다. 따라서 '벌거벗은 동물'이라는 표현에는 따뜻한 털과 맹수의 이빨이 없다는 연약함의 숙명, 그리고 숙명을 극복하는 '보이지 않는 가죽'을 얻었다는 자기 자랑이 내포되어 있다. 나르시시즘에도 단계가 있다면, 내가 태어날 때부터 잘났다고 떠벌리는 자기자랑은 초급 단계의 단순한 나르시시즘이다. 나약해서 강해질 수밖에 없었다는 서사시야말로 급이 다른 나르시시즘이라 할 수 있겠다. 사람을 '벌거벗은 동물'이라고 부르는 것은 동물을 상대로 자화자찬의 불씨를 지피기에 아주 좋은 땔감인 것이다.

그러나 한자 문화권의 생물 분류 방식을 살펴보면 나르시시즘에 빠진 인간의 모습도 아니고, 모든 동물들을 거느리는 상위의 존재도 아닌, 다소 애잔한 모습으로 등장하는 '벌거벗은' 인간을 볼 수 있다. 동아시아 문화권에서 생물의 외양을 구분하는 기초적인 방식은 고대 중국의 회남왕이 엮은 『회남자(淮南子)』에 등장한다. 깃털이 있으면 알을 품고 털이 있으면 새끼를 배며, 짐승에게는 깔개가 있고 사람에게는 거주할 수 있는 방이 있다는 식이다. 중국에서 가장 오래된 사전 『이아(爾雅)』에서는 조류를 두 발 달리고 깃털이 있는 것으로, 짐승은 네 발 달리고 털이 있는 동물로 규정한다. 이러한 분류 방식이 체계적으로 정립된 책이 『황제

벌레는 현미경이 없는 세상에서 눈으로 볼 수 있는 가장 작은 생명이다. 그러니 세상의 모든 큰 동물들도 원래는 작은 벌레가 변신을 거듭한 것은 아닐까? 만물의 조상으로라면, 벌레는 모든 생명을 지칭할 수 있는 대표성을 가질 만하다.

정선, 「초전용서」, 17-18세기, 한국저작권위원회

내경(黃帝內經)』이다. 『황제내경』은 동물을 털이 있는 모충(毛蟲), 깃이 있는 우충(羽蟲), 딱지가 있는 개충(介蟲), 비늘이 있는 인충(鱗蟲), 그리고 인간이 속한 벌거벗은 나충(裸蟲), 5가지 종류로 분류한다.

『묵자(墨子)』와 『순자(荀子)』, 『한비자(韓非子)』에서도 인간은 털도 깃도 없는 동물로 표현된다. 『묵자』에서는 인간의 옷이 동물의 털과 깃과 같은 것이라고 언급한다. 『순자』와 『한비자』에서도 인간의 옷은 추위를 막아주는 동물의 털과 깃과 같을 뿐이라고 한다. 그러기에 추위를 막는 용도 이상으로 옷에 대한 탐욕을 부려서는 안 된다고 주장한다. 『대대례기(大戴禮記)』에서는 조금 변형된 동물 분류법이 등장한다. 모충, 우충, 개충, 인충 4가지 분류는 같지만, 나충 대신 '노충(勞蟲),' 즉 '일하는 벌레'를 집어넣은 것이다. 노충, 즉 수고롭게 일하는 벌레는 직접적으로 사람을 가리킨다. '노(勞)'라는 글자의 애잔함이 주의를 기울일 만하다. '노'는 인류 발전을 위해 달려가는 진취성보다는, 옷을 만들어 입고 집을 짓느라 애쓰고, 고달프고, 힘들게 일하는 수고로움의 글자다.

간신히 털과 깃에 부끄럽지 않을 옷을 주섬주섬 만들어 입는 벌레. 이렇듯 특별할 일 없는 인간의 모습은 조선 유학자들의 문헌에서도 나타난다. 인간은 나충 아래 분류상으로 독보적인 존재가 아니라는 서술도 등장한다. 실학자 이익은 벌거벗은 벌레의 서술을 고증하며 고래처럼 비늘도 없고 털도 없는 동물 역시 나충으로 분류한다. 조선 후기 유학자 윤휴(尹鑴) 역시 나충을 털이 아예 없는 동물이 아니라 털이 '적고 짧은' 동물로, 그리고 모충을 털이 '많은' 동물로 규정했다. 그래서 호랑이와 표범 등 털이 짧은 동물들을 인간과 함께 나충의 분류에 집어넣기도 하였다. 인간은 털이 없는 동물이 아니라 털이 매우 적은 동물임을 떠올린다면, 이는 꽤나 설득력이 있는 분류법이다. 이러한 분류법에 따르면 인간은 벌거벗었

유학사의 동물원

기에 따뜻하고자 애쓰는 생물이자 동물원 속에서 웅성웅성 살고 있는 벌레들 중 하나일 뿐이다.

만물은 변한다

　　　　　　　동아시아에서 인간은 벌레들의 동물원 속 한 개체일 뿐 아니라 모든 동물과 같은 조상을 가진 존재이기도 하다. 이러한 생각은 굳이 찰스 다윈의 진화생물학과 연결해서 볼 것이 아니라, 인간이나 동물이나 비슷한 성정을 가질 수 있다는 생각 정도로 봐야 한다. 옛 동아시아인들이 인간과 동물의 조상이 같다고 생각한 연유는 왜 하필 벌레가 다양한 생물을 총칭하는 단어로 쓰였는지 고민해 보면 알 수 있다. 그러자면 동물을 포함한 모든 만물이 종을 넘나들며 변신할 수 있다는, 동아시아의 전통적인 동물관이자 '상식'부터 봐야 한다. 그들은 매가 비둘기가 되고, 참새가 대합으로 바뀐다는 식의 허무맹랑한 이야기를 아주 당연하게 받아들였다.

> 천지 사이에 있는 존재 치고 변화하지 않는 것은 하나도 없다. 매가 비둘기로 바뀌고 참새가 대합으로 바뀐다. 뱁새가 수리로 바뀌고 올챙이가 개구리로 바뀐다.
> - 장유, 『계곡선생집』 제4권, 「설(說) 10수」, 화당설, 한국고전번역원, 이상현 옮김

또한 물벌레가 나비로 변한다는 사공의 설명을 보면 동물의 변신은 학자들뿐 아니라 일반 사람들도 당연하게 받아들이는 상식이었음을 알 수 있다.

박지원은 물이라는 달의 최소입자 역시 지구의 최소입자가 모여 생명이 되는 것과 마찬가지로 서로 모이고 섞여서 생명으로 진화할 수 있다고 주장하며, 이에 따라 달에 사는 외계인이 만들어질 수 있다고 상상해 본다.

전충효, 「괴석초충도 중 국화와 벌게」, 17세기, 서울대학교박물관

내가 일전에 배를 타고 바다에 들어간 적이 있는데, 뽀얀 나비가 펄럭펄럭거리며 떼를 지어 날아와 일렁이는 물결 위를 빽빽하게 덮고 있었다. 사공이 말하기를, "이는 물벌레가 변해 나비로 된 것입니다." 하기에, 나는 이것으로써 곤어(鯤魚)가 변해서 대붕(大鵬)이 되는 이치가 있다는 것을 알게 되었다.

- 이익, 『성호사설』 제5권, 「만물문」, 해접, 한국고전번역원, 김철희 옮김

고대 종교사상사 연구에 큰 성과를 낸 스테르크스(Sterckx)는 고대 중국인들의 동물관에 대한 저서에서 농사만큼 비중이 컸던 고대 중국의 양잠 활동이 만물은 모두 변화한다는 자연관을 형성하게 해주었을 것이라고 제시한다.[주1] 양잠 활동을 하는 사람들은 벌레가 고치로, 그리고 나방으로 변하는 아주 드라마틱한 변신을 목격하게 된다. 이러한 변신을 보며 고대인들은 동물이 변신을 거듭하는 것이 당연하다고 생각했을 수 있다. 그런데 조그만 벌레가 좀 더 큰 나방으로 변하는 것은 볼 수 있지만, 큰 나방이 더 작은 벌레로 변하는 모습은 목격하기 어렵다. 또 만물의 생장은 대개 작은 것에서 큰 것으로 나아간다. 현미경이 없는 세상에서 벌레는 눈으로 볼 수 있는 가장 작은 생명이므로, 세상의 모든 큰 동물들도 원래는 작은 벌레가 변신을 거듭한 것은 아닐까 생각했을 법하다. 벌레는 모든 생명을 지칭할 수 있는 대표성을 가질 만한 것이다.

스테르크스는 유대 그리스도 전통의 동물 세계와 동아시아의 동물 세계를 비교하며, 전자의 세계에는 인간과 동물 사이에 넘을 수 없는 신성한 경계가 존재한다고 쓴다.[주2] 종의 경계를 넘나드는 생명이란 괴이하고 불길한 것이었다. 동아시아 전통에서도 생명의 변화와 변신이 재앙을

예고한다는 문맥은 쉽게 찾을 수 있다. 그러나 그만큼 많은 문헌에서 생명의 변화와 변신은 매우 일상적으로 다루어진다. 심지어 집에서 기르는 가축도 어느 날 불현듯, '이상'해질 수 있다. 조선 실학의 뼈대를 세운 이수광(李睟光)은 조선 최초의 백과사전 『지봉유설(芝峯類說)』에서 닭을 삼 년까지 기르지 말고, 개는 육 년까지 기르지 말라고 했다. 이상할 것 없는 가축이라도 오래 기르면, 마치 일반인이 도인이 되듯 괴이하게 변한다는 것이다. 사람이 동물이 될 수도 있다.

> 용강현에 한 해옹(海翁)이 있었는데 낚시로 업을 삼았다. 나이 90을 넘었는데 언제나, "왜 나를 물 옆에 두지 않느냐." 하여, 그 아들이 한 대야의 물을 가져다주니, 늙은이가 손발을 담가두자 점점 고기로 화하였다. 동업자가 달려가 물으니, 늙은이가 우러러보며 미소하는데 허리밑으로는 고기였다. 수개월이 지나자 농어가 되어버려 그 아들이 바다에 놓아 주었다.
>
> - 권별, 『해동잡록』 3 「본조」, 조신, 한국고전번역원, 윤혁동 옮김

동아시아 최초의 시집이라 할 수 있는 『시경(詩經)』에서 벌레 충 자는 귀뚜라미와 작은 새 등 다양한 동물들을 가리킬 뿐 아니라 푹푹 찌는 열기를 표현하는 글자로도 쓰인다. 더운 열기 속에서 유기물이 썩고 구더기와 같은 동물이 생기는 변화의 과정을 떠올리면 이런 사정이 쉽게 이해된다. 또한 작은 새가 크고 흉포한 새로 변신한다는 이야기 역시 실려 있다. 도충(桃蟲), 즉 복숭아나무벌레라는 생물에 대한 이야기이다. 『시경』과 비슷한 시기에 편찬된 사전 『이아』를 보면 이 도충이 뱁새라고 설명되어 있다.

유학자의 동물원

내가 경계함은 후환을 대비하기 위함이네

벌을 키워서 쏘임을 당하는 일은 없어야 하건만

진실로 도충인 줄 알았는데, 어느새 날개를 치는 큰 새로 변했네

집안에 근심 많음을 감당치 못해 나는 또 여뀌풀 더미에 앉았구나

뱁새는 한 손에 쏘옥 들어오는 작고 동글동글한 새인데, 화자는 자신이 뱁새라고 믿고 키운 새가 실은 뱁새가 아니라 정체를 알 수 없는 큰 새였다는 사실을 탄식한다. 화자는 형제부자가 권력을 놓고 싸우며, 자식이 부모를 배신하고 형제가 서로를 죽이는 시대를 살았으니, 인간 사이의 불신을 호랑이 새끼를 키웠다는 허탈한 심정으로 비유했음을 알 수 있다. 그런데 뱁새인 줄 알고 키운 새가 크고 무서운 새로 변했다는 것은 단순히 수사적인 표현일까?

우리는 현대인의 과학적 상식을 가지고 고대인이 남긴 글을 읽기 때문에, 그 상식에 위배되는 글은 단순히 수사적인 표현이거나 허무맹랑한 상상의 일환이라고 치부하기 쉽다. 그러나 달리 생각해 볼 수도 있다. 뱁새는 뻐꾸기의 탁란(托卵)이라는 기생 행위의 대표적인 피해자이다. 뻐꾸기는 뱁새처럼 작은 새의 둥지에 자기 알을 밀어 넣고 도망가는데, 부화한 뻐꾸기 새끼는 뱁새 알을 둥지 밖으로 밀쳐 내던지기 때문에 뱁새 어미는 뻐꾸기 새끼를 제 새끼인 줄 알고 먹이를 물어다 주며 애지중지 키우게 된다. 뱁새 어미는 뻐꾸기 새끼가 자라서 어미의 몸집보다 몇 배가 커져도 여전히 제 새끼인 줄 알고 먹이를 물어다 준다. 『시경』의 또 다른 시에서는 까치의 집에 무단 침입하는 뻐꾸기의 얌체 행위를 다루고 있기도 하다. 우리는 도충 이야기의 화자가 뱁새 둥지에 남몰래 들어간 뻐꾸기 새끼를 뱁새인 줄 알고 꺼내어 길렀다고 생각해 볼 수도 있다.

우리는 고대인들이 특별히 신화적 상상력으로 충만한 사람들이라고 생각한다. 그래서 그들이 직접 목격한 사실을 은유나 비유 없이 그대로 전달했을 거라는 생각은 잘 하지 않는다. 그러나 그들 역시 우리들이 일기를 쓰듯 그냥 본 대로 적었을 수도 있다. 귀여운 뱁새인 줄 알고 키웠는데 크고 흉포한 뻐꾸기로 자라난 새를 보면서, 누구는 악마의 조화라고 표현할 수도 있고, 누구는 뱁새가 크고 흉포한 이종의 새로 '변신'했다고 표현할 수 있다.

우리는 이해하기 힘든 현상을 상식적인 인과관계의 언어로 바꿔서 말하는 습관이 있다. 즉 『시경』의 화자에게는 이종 간의 변신이 상식적인 인과관계의 서술이었다는 반증도 된다. 현재를 사는 우리에게 옛날 사람들이 본 이러한 인과관계는 매우 허무맹랑해 보인다. 그러나 조선 후기를 포함하여 옛 동아시아인들에게 만물의 변신이 상식에 가까웠다는 점을 염두에 두어야만, 옛날 사람들의 동물 이야기가 훨씬 의미 있게 다가올 것이다.

만물은 친족이다

그렇다면 벌레로부터 시작되는 만물의 변신이란 어떤 사고방식을 낳았을까? 만물의 조상격인 작은 벌레는 온갖 변화와 변신이 가능한 존재다. 벌레가 변해서 사람도 되고 온갖 동물도 되는 것이므로, 자연스럽게 온갖 동물이 인간의 친족이라는 생각이 뒤따른다. 이 사고방식에 따르면 오랑캐는 물론 지렁이까지도 나의 친족이다.

유학자의 동물원

벌레가 변해서 사람도 되고 온갖 동물도 되는 것이므로, 자연스럽게 온갖 동물이 인간의 친족이라는 생각이 뒤따른다. 그러나 인간은 티끌에서 작은 벌레를 아우르는 모든 생명과 함께 친족의 정, 즉 인류애를 나눌 수는 없다. 티끌을 자식처럼 사랑할 수는 없기 때문이다.

전기, 「화조충어도」, 19세기, 국립중앙박물관

선배 조연귀(정조의 문인 중 한 사람)가 족보책을 널리 상고해서 『배천조씨십세보』를 짓고는 스스로 이렇게 말하였다. "황제 이하 성인으로서 선조가 아닌 이가 없다. 심지어는 탕·무왕·주공·기씨·공자·맹자·주자 같은 것이며, 배천 조씨는 송 태조(宋太祖)의 후예가 된다." 또 오랑캐가 조상이 되기도 하는데, 벽랑국, 천축국, 외오아국, 회골국, 몽고국, 여진국의 사람들이 조상이 되기도 한다.

또 금궤. 궤, 석함, 바위틈, 땅속 구멍에서 나오기도 하였다.

또 흉악한 역적이 선조가 된 경우도 있는데, 견훤, 이자겸, 최충헌, 임연, 이인임 같은 자이다.

또 벌레·짐승·곰 같은 것에서 나온 사람이 있다. 곰(단군은 곰의 아들인데 그 후손이 고주몽이다. 서씨도 백제 부여씨에서 나왔는데, 곧 단군의 후손이다)·용(신라 혁거세의 부인 알영이 용녀였고, 고려 태조의 조부 작제건의 부인이 서해 용녀였다)·지렁이(견훤은 지렁이의 아들이었다)·이리(몽고 선조는 이리가 사슴과 교접해서 태어났다)·알(혁거세·김수로왕은 모두 알에서 태어났다) 같은 것이다. 이것은 유독 조씨만 그럴 뿐 아니라 모든 사람의 선조가 거의 모두 이와 같다.

선유 장재는 말한다. 백성과 아(我)가 동포이고 물(物)과 아(我)가 같다고 한 것이 어찌 헛말이겠는가. 거슬러 찾아보면 모든 사람이 나의 겨레붙이 아님이 없다.

− 이덕무, 『청장관전서』 제58권, 「앙엽기 5」, 한국고전번역원, 이익성 옮김(교정: 인용자)

누구는 사람이 되고 누구는 지렁이가 되었을 뿐, 우리 모두 벌레에서 시작하기 때문에 조상이 같다. 서자 출신 이덕무는 이 글을 쓰면서 사람의 조상이 성인, 오랑캐, 동물을 아우르며 두루 섞여 있기 때문에 굳이

유학자의 동물원

혈연적 전통에 목매달 필요가 없다고 주장하고 싶었을 것이다. 그런데 이덕무는 성인과 오랑캐 모두 나의 겨레붙이라고 주장하는 것을 넘어선다. 그의 '만물친족설'은 짐승 그리고 심지어 무기물인 바위와 땅구멍까지 인간과 동류라고 이야기한다.

이덕무와 교류했던 학자 중 한 명인 박지원(朴趾源) 역시, 청나라에서 필담을 나누는 과정에서 짐승인 벌레를 넘어 아예 무기물로서의 인간을 소개한다. 필담은 달나라와 외계인에 관해 상상한 내용이다. 이 글에서 박지원은 지구 세계를 만드는 최소 입자를 티끌로 보고 있다. 그리고 달 세계를 만드는 최소 입자는 물이라고 가정한다. 그는 물이라는 달의 최소 입자 역시 지구의 최소 입자가 모여 생명이 되는 것과 마찬가지로 변화할 수 있다고 주장하며, 이에 따라 달에 사는 외계인이 만들어질 수 있다고 상상해 본다.

"달 한가운데에 만일 한 세계가 있다면, 그 세계는 어떨 것이라 생각됩니까."
하고 묻는다. 나는 웃으며,
"아직 월궁(月宮)을 한 번도 구경한 적은 없으니 그 세계가 어떤 것인지 어찌 알겠습니까, 다만 우리들 티끌 세계의 사람으로서 달의 세계를 상상한다면, (티끌이 모이고 모여 지구가 되었듯이) 역시 어떤 물건이 쌓이고 모여서 한 덩이가 될 것인데, 마치 이 큰 땅덩어리가 한 점 미진(티끌)이 모인 것과 같을 것이니, 티끌과 티끌이 서로 의지하되 티끌이 부드러운 것은 흙이 되고, 티끌이 거친 것은 모래가 되며, 티끌이 굳은 것은 돌이 되고, 티끌의 진액은 물이 되며, 티끌이 따스한 것은 불이 되고, 티끌이 맺힌 것은 쇠끝이 되며, 티끌이 번영한 것은 나무가 되고, 티끌이 움직이면 바람이 되며, 티끌이 찌는 듯 기운이 침울해지면 모든 벌레가 되는 것입니다. 우리 사람은 곧 모든 벌레 중의 한 족속에 불과합니다. 만일 달 세계가 음의 성질을 가지는 것으로 형성되었다면 달 세계의 물은 곧 지구의 티끌과 같을 것이요, 그 눈은 곧 지구의 흙일 것이며, 그 얼음은 곧 지구의 나무일 것이고, 그 불은 곧 지구의 수정일 것이며, 그 쇠끝은 곧 지구의 유리일 것이라 생각됩니다. 그러나 달 세계가 반드시 진정코 이렇다는 것은 아닙니다. 제가 추상적으로 이런 명제를 설정했지마는, 어찌 달처럼 크나큰 물체가 만들어짐에 달빛의 덕은 햇빛에 비교할 수 있고, 달의 몸체는 해에 비교할 수 있으면서, 어찌 달 세계라고 물건이 기운이 모여서 벌레처럼 변화함이 없겠습니까."

‒ 박지원, 『열하일기』, 혹정필담, 한국고전번역원, 이가원 옮김(교정 : 인용자)

이 필담에서 박지원은 말한 것을 정리하면 다음과 같다.

	지구	달(박지원의 가정)
가장 작은 물건	티끌	물
가장 작은 물건의 여러 가지 상태	흙	눈
	불	수정
	쇠끝	유리
	나무	얼음
물건에 기운이 모여 최초의 생명이 된 상태	벌레	달나라의 외계 생명

사람이 벌레에서 시작되어 변화된 벌레의 한 족속이라면, 지구의 벌레는 작은 흙먼지인 티끌이 모이고 찌는 듯 열을 받은 후 생명으로 변화한 것이다. 티끌이 벌레로 변하고 벌레가 사람으로 변한다는 것은 동아

시아의 전통적인 사상이다. 그렇다면 지구와 전혀 다른 별의 가장 작은 물건이 티끌이 아닌 그 어떤 물질이라고 해도, 그 물질이 모이고 기운이 변화하는 원리는 같지 않겠냐는 것이 이 글의 요지다. 지구에서 티끌이 벌레로 변한다면, 다른 별에서도 어떤 최소 입자에 찌는 듯한 기운이 모여 생긴 벌레 같은 존재, 즉 외계인이 있다고 상상해 본다. 박지원은 알 수 없는 외계 물질 역시 인간이 만들어지는 원리와 같이 만들어지며, 지구의 만물뿐 아니라 우주의 만물도 인간과 본질적으로 다를 바 없다고 주장한다.

서구적 관념에 너무 익숙한 나머지 박지원의 생각을 관념론과 대치되는 유물론으로 읽으려는 욕망에 굴복해서는 안 된다. 박지원의 생각은 물질과 정신이라는 서구의 이분법과는 애초부터 무관하기 때문이다. 그는 다만 무기물이 생물이 되고 생물이 변신하는 '변화의 과정'이 어디에서나 동일함을, 심지어 달나라에서도 그러함을 말하는 것일 뿐이다. 유학자들의 만물친족설은 낭만적인 인류애를 위한 것이 아니라, 만물은 동일한 원리에 의해 만들어진 것이라는 생각의 근간이 된다. 그렇다면 만물을 다스리는 사람의 입장에서는 동물이나 인간이나 비슷한 원리로 다스릴 수 있다는 생각을 할 법하다.

동물원을 관리하는 벌레들

유학자들은 세상을 다스리는 특별한 존재다. 유학자의 동물원에서 인간은 결코 다른 동물을 부리는 특별한 존재는 아니지만, 유학자들은 예외이다. 『대대례기』는 모충 중에서 가장 훌륭한 것이 기린, 우충에서는 봉황, 개충에서는 거북이, 인충에서는 용이라고 한다. 그리고 노충, 즉 '인간들' 사이에서 가장 훌륭한 것이 성인이라고 한다. 또한 각각의 분류 체계에서 가장 훌륭한 짐승을 모두 부릴수 있는 것 또한 성인이라고 적는다. 유학자들은 인간뿐 아니라 만물을 다스리는 존재인 것이다. 딱 잘라 말한다면 이것은 엘리트주의다. 유학자의 동물원에서 임금과 백성, 용과 기린, 또는 무지렁이 동물들이 모두 엘리트의 지배를 받는 존재인 것이다.

유학의 엘리트주의는 분명 민주주의적 가치와 동떨어져 있다. 현대 유학 연구자들은 어떻게 해서든 이 맹점을 좋게 좋게 해석하고자 안간힘을 쓰기도 했다. 이러한 시도는 서구 문명이 이룩한 모든 '좋은 것'이 실은 동양 문명 텍스트 속에 모두 내포되어 있었다는 환상을 충족시키려는 허무한 시도로 여겨진다. 허망한 환상의 충족보다는 동아시아 학자들이 왜 엘리트주의를 발전시켜 나갔으며 어떤 한계에 부딪혔는지를 알아보는 것이 더 유용하다고 본다. 특히나 조선 후기 실학자들의 글 속에 엘리트주의는 단순히 잘난 사람이 못난 사람을 다스린다는 생각이 아니다. 왜 모든 동물들에게는 능력이나 외모뿐 아니라 영혼의 잘남과 못남이라는 격차가 생기는지, 그리고 그 격차가 왜 하필 잘남과 못남이라는 가치 기준으로 판단되는지, 또한 이 격차를 어떤 방식으로 바라보아야 할지에 대한 고민일 뿐이다. 스스로 느끼고 있는 개인적인 격차를 인정하는 것조차 너무 두려워, 인간에게는 그 격차가 아예 존재하지 않는다며 눈 가리고 아웅하는 것보다는 낫다고 생각한다.

조선 후기 유학자들의 동물관은 만물과 같은 원리로 형성된 인간의 형제인 동물을 통해 바라보는 인간의 모습이기도 하다. 박지원의 글에서 알 수 있듯이, 유학자의 동물원에서는 티끌도 인간과 친족 관계다. 그러나 인간은 티끌에서 작은 벌레를 아우르는 모든 생명과 함께 친족의 정, 즉 인류애를 나눌 수는 없다. 티끌을 자식처럼 사랑할 수는 없다. 그 불가능함을 아는 인간은 애초에 모든 생명을 아우르는 사랑을 함부로 입에 담을 수 없다. 그러나 저 티끌과 벌레, 온갖 동물들이 나의 친족임을 부정할 수는 없다. 한 배에서 나온 형제가 마음에 들지 않아도 같이 살아야 하듯, 사람은 한 지구에서 태어난 벌레 형제들과 함께 살 수밖에 없다. 더군다나 이러한 고민을 하는 유학자들은 자신들 역시 벌레에서 시작된 하나의 짐승임을 잊지 않았다. 인간은 벌레 형제들뿐 아니라 벌레일 뿐인 자기 자신과도 함께 살아가야 하는 것이다. 자기 자신을 다스린다는 '수신'을 강조한 유학자들은 벌레에 불과한 스스로를 어떻게 '다스려야' 했으며, 벌레 형제인 백성을 어떻게 바라보았을까?

인간은 다른 인간을 가장 무서워하는데, 그중에서도 사람들 행동의 예측 불가능함을 두려워한다. 우리는 인간이 주는 스트레스로 제 자식을 잡아먹은 인도네시아 오랑우탄 이야기에 두려움을 느낀다.[73] 예상이 가능한 행동을 하던 동물들이 옷과 밥그릇을 빼앗으면 무슨 짓을 할지 모르는 야수임을 은유하기 때문이다. 그토록 두려움을 자아내는 벌레들의 동물원에 유학자들이 살고 있다. 그리고 유학자들은 자기 자신도 벌레에 불과함을 잊지 않았다. 유학의 세계에서는 모든 동물을 다스린다는 엘리트주의와 스스로도 벌레에 불과하다는 만물 평등주의가 절묘하게 섞여 있는 것이다. 그렇기에 조선 유학자들의 동물관은 동물과 자연에 대한 특별난 생각이 아니라, 바로 인간관 그 자체라고 할 수 있다.

승냥이와 모기의 밥

유학자들의 육식

누구를 위한 고기

　　　　　　사람은 누구나 자신만의 자연관을 가
지고 있다. 군이 특정 종교나 철학의 자연관일 필요도 없다. 고기를 먹거
나 먹지 않겠다는 생각, 바퀴벌레를 먹을 수 있다는 생각 역시 일종의 자
연관이다. 사람에게 가장 친숙하며, 도무지 뗄 수 없는 자연은 바로 음식
으로의 동물이기 때문이다. 세상에는 서로 다른 자연관을 가진 사람들이
수두룩하게 살고 있으며, 서로의 자연관에 감명 또는 충격을 받기도 한
다. 특정 동물을 먹지 않거나 아예 동물을 먹지 않겠다는 사람, 또는 먹
기에 혐오스러운 동물 등등, 음식으로서의 자연관은 실로 다양하다. 표
류되어 일본의 섬들에 거처하다 돌아온 조선 사람들의 이야기를 들어보
면, 아무리 가까운 나라라도 먹는 풍속이 이렇게 다름을 알 수 있다.

일본인들은 집에는 쥐 · 소 · 닭 · 고양이가 있으나, 소와 닭의 고기를
먹지 않고 죽으면 곧 묻었습니다. 우리들이 말하기를, '소 · 닭의 고기

는 먹을 만한데 묻는 것은 옳지 않다.'라고 하였더니, 섬사람들은 침을 뱉으면서 비웃었습니다.

- 『조선왕조실록』, 성종 10년 기해(1479, 성화 15), 제주도 표류인 김비의 등으로부터 유구국 풍속과 일본국 사정을 듣다, 한국고전번역원, 조선왕조실록번역팀 옮김

사람에게 가장 가까운 동물은 대체로 음식의 형태를 띠고 있다. 그렇다면 우리는 어떤 동물을 얼마만큼 어떻게 먹어야 할까? 애초에 특정 동물을 먹을 권리는 있는 것일까? 육식의 방식 및 정당성에 대한 고찰이야말로 우리의 자연관과 인간관을 가장 극명하게 드러낸다. 먹는 것보다 절실한 일이 드물기 때문이다. 어린 시절 둘째 형의 처형에 충격을 받아 평생 관직을 맡지 않고 세습받은 땅에서 꿀벌과 닭 따위를 기르며 학문에 전념한 실학자 이익 역시 자신만의 자연 관찰기와 고증학적 지식을 담은 책『성호사설』에서 육식에 대한 생각을 다음과 같이 적는다.

백성은 바로 나의 동포이고 만물도 다 나와 같은 종류이다. 그러나 초목만은 지각이 없어 혈육을 가진 동물과 차별이 있으니 초목을 취하여 삶의 밑천으로 삼을 수 있지만, 날짐승·길짐승 같은 것은 그 살기를 좋아하고 죽기를 싫어하는 마음이 사람과 같은데 어찌 차마 해칠 수 있으랴? 이치로 따지면 사람을 해치는 동물은 사로잡거나 죽일 수 있겠고, 또 사람에게 길러지는 동물은 나를 기다려 성장했으니 나에게 희생될 수 있다 하겠지만, 저 산 위이나 물속에서 저절로 생장한 동물이 마구 사냥과 그물의 독을 당하는 것은 무엇 때문일까? 어떤 이가, "만물이 다 사람을 위해 생겨났기 때문에 사람에게 먹히는 것이 당연한 일이라."고 말했더니, 정자가 듣고 말하기를 "그렇다면, 이(蝨)가 사

람을 물어뜯는데 사람이 이를 위해 생겨났느냐?"고 하였으니, 그 변론이 또한 분명하다.

또 누가 서양 사람에게, "만물이 다 사람을 위해 생겨났다면, 사람이 먹지 않는 저 벌레는 왜 생겨났느냐?" 했더니, 그는, "새가 벌레를 먹고 살찌는데 사람은 새를 잡아먹으니 이것이 바로 사람을 위해 생겨난 것이다." 하니, 이 말 또한 꾸며댄 말이라 하겠다.

나는 늘 불가에서 힘쓰는 자비 한 가지를 생각하는데 그것이 아마 옳을 것 같다. 이미 "대동의 풍속은 성인일지라도 고칠 수 없다. 사람이 처음 생겨날 때부터 동물의 피를 마시고 그 털과 가죽을 입은지라, 이렇게 하지 않으면 무엇으로 살아가겠느냐?" 하여, 그 힘의 미치는 대로 한 것이 곧 풍속을 이룩했다. 앞서 이미 그렇게 한 것을 뒤에 따르지 않을 수 없기 때문에 동물의 고기를 늙은이를 봉양하는 데 쓰고, 제사를 받드는 데 쓰고, 손님을 접대하는 데 쓰고, 병을 치료하는 데 쓰니, 어떤 한 사람의 견해로도 갑자기 폐지할 수 없는 것이 분명하다.

만약에 성인이 일찌감치 오곡상마(농사짓고 뽕나무와 삼을 재배하던 시절)의 세상에 태어나서 처음부터 아예 고기 먹는 풍습을 없앴더라면 지금처럼 많은 살생은 하지 않았을 것이다. 그렇다면 이것이 대개 군자로서의 부득이한 일인 만큼, 역시 부득이한 마음으로 먹어야 족하리라. 만약에 함부로 살생을 자행하거나 기탄없이 욕심만 채우려 한다면, 그 결과는 약자의 살을 강자가 뜯어먹는 것을 면하지 못할 것이다.

— 이익, 『성호사설』 제12권, 「인사문」, 식육, 한국고전번역원, 이진영 옮김(교정: 인용자)

이익의 글 속에는 육식에 대한 조선 유학자들의 고찰이 골고루 들어가 있다. 첫째, 식물은 지각이 없어 먹어도 되지만 동물은 지각이 있다.

유학자의 동물원

유학의 세계관에는 누구도 그 어느 누구를 위해 태어나지 않았다는 개인주의가 있다. 유학적 개인주의는 승냥이에게 물리는 것이나 모기와 등에에게 물리는 것, 그 어떤 것도 거부한다. 모기나 등에같이 작은 것들에게 피 빨리는 것이 뭐 대수라고, 자비를 베풀어 피 몇 방울 적선하면 안 되는 것일까? 그러나 참새는 자신의 생명을 고양이에게 적선할 수 있을까?
변상벽, 「영모도」, 18세기, 국립중앙박물관

따라서 살기를 좋아하고 죽기를 싫어함이 사람과 같기에 동물을 함부로 살생해선 안 된다. 둘째, 사람을 해치는 동물은 사냥해야 한다. 셋째, 가축은 먹을 수 있다. 애초에 사람이 먹고자 하는 용도로 가축을 키웠기 때문이다. 넷째, 동물을 착취함에 있어 '그럴 수밖에 없다'는 부득이한 마음의 필요성이다. 부득이한 마음이라니 어딘가 아리송하다. 어차피 약자의 살을 강자가 뜯어먹는 것이 육식이다. 그런데 부득이한 마음을 가지면 약육강식의 미안함에서 벗어날 수 있다는 논리는 대체 무엇인가? 채식주의를 실천하는 동물 권익 운동가들에 비해 어딘지 철저하지 못하다는 느낌을 준다. 그러나 이 부득이한 마음이야말로 육식에 대한 유학자의 동물관을 가장 명료하게 보여준다. 다섯째, 동물은 사람을 위해서 생겨난 것은 아니다. 사람이 이를 위해 태어난 것이 아니듯, 이도 사람을 위해 태어난 것이 아니다. 즉 누가 누구를 위해 태어났다면 육식을 할 수 있는 정당성이 생기는데, 이익은 그러한 정당성을 아예 인정하지 않는다. 이 다섯 가지를 하나씩 살펴보면 이렇다.

고기가 되어야 하는 짐승의 물음

식물은 지각이 없지만 동물은 지각이 있다. 그래서 동물은 사람과 비슷한 성질을 지닐 수 있다. 조선의 유학자들은 동물이 사람과 비슷하면서 어딘가는 비슷하지 않은 까닭은 만물이 사람과 '아주 조금' 다른 덕을 하늘로부터 받았기 때문이라 했다. 사람과 동물이 하늘로부터 받은 덕에 대해서는 '인물성동이(人物性同異)' 논쟁이라 하여 조선 후기를 지배하다시피 한 담론에 드러나 있다. 이 담론은 동물 자체에 대한 관심이라기보다는 철학적 공론공박의 성격이 강하기에 이 책에서는 다루지 않을 것이다. 하지만 동물이 받은 성질이 사람과 어떤 식으로 다르든지 간에, 동물에게 지각이 없다고 주장하는 이는 없었다.

> 만물로 말하면 모든 것들이 성(性)이 온전한 덕을 받지 못하고 마음이 모든 이치를 통달할 수 없습니다. 초목은 그것이 완전히 막혀 버렸으니 굳이 말할 것이 없으며, 금수 가운데 혹 한쪽이 통한 것이 있는바, 호랑이는 부자간의 친함이 있고, 벌과 개미는 군신간의 의리가 있고, 기러기의 행렬에는 형제간의 차례가 있고, 물수리는 부부간의 분별이 있고, 나무에 둥지를 트는 새와 굴속에서 사는 동물들은 비바람을 미리 아는 지혜가 있고, 철 따라 나오는 풀벌레는 때를 어기지 않는 신의가 있는데, 이것들은 모두 변하여 통할 수가 없습니다.
> – 이이, 『율곡선생전서』 제10권, 「서」, 성호원에게 답함, 임신년(1572, 선조 5), 한국고전번역원(교정: 인용자)

유학자들의 동물 이야기를 읽다 보면 자주 접하게 되는 표현이 바로 '혹 한쪽이 통한 것이 있다'라는 표현이다. 이는 동물이 완전히 사람 같지는 않아도 사람과 비슷한 면은 분명 있다는 뜻으로 받아들이면 될 것이다. 살기를 좋아하고 죽기를 싫어하는 가장 원초적이고 단순한 지각부터 도저히 무시할 수가 없는데, '혹 한쪽이 통하는 바가 있어' 친밀함과 의리, 차례와 분별, 지혜와 신의가 있는 동물을 잡아먹는 것은 거부감이 들 수밖에 없다. 육식에 대한 거부감은 사람을 해치는 동물의 사냥 역시 음식으로 삼을 목적이 아니라 해악의 제거가 목적임을 분명하게 하려는 시도로 드러난다.

짐승을 먹는 미안한 마음을 조금이라도 줄여보려고 사람은 항상 애를 쓴다. 그러나 이런 부득이한 마음은 미안한 마음을 조금이라도 줄일 수 있을까? 전혀 그렇지 않다. 유학자들의 부득이한 마음은 오히려 미안한 마음을 평생 안고 살아가라는 강령이다.

심사정, 「기우목양(騎牛牧羊)」 18세기, 간송미술관

유학자의 동물원

털째로 먹고 피를 마시던 시대에 성인이 나와 사냥하고, 물고기를 잡고, 사육하는 것을 가르치고, 희생물을 길러서 잡아먹기에 이르기까지는 그 유래가 길다. 아마 상고 때 인류는 아직 번성하지 않아서 새나 짐승이 사람을 해치는 일이 많았을 것이다. 그런 까닭에 성인이 채취와 사냥하는 제도, 희생물로 동물을 길러서 제물로 바치는 예를 제정한 것은 (그 동물들을) 입과 배에 집어넣을 음식으로 삼기 위한 것이 아니고 백성을 위하여 해가 되는 것을 제거하기 위해서이다.

– 이수광, 『지봉유설』, 「경서부」, 제사의 역사, 을유문화사, 남만성 옮김(교정: 인용자)

여기까지는 좋다. 백성을 해치는 호랑이, 뱀, 늑대 등은 사냥하는 것이 당연하다. 가만 두면 백성이 해를 입으니 그냥 두고볼 수 없다. 그러나 해가 되는 동물의 사냥을 넘어서 사냥 그 자체를 위한 사냥은 거부하는 것이 일반적인 유학자의 태도였다. 이 점은 이익이 인정했듯이 유학자들의 공공의 적인 승려들의 '자비'와도 크게 다르지 않다.

환암(고려 말의 승려)은 일찍이 부친을 잃었다. 나이 13살에 사냥하는 데 따라갔을 때 한 마리의 사슴이 앞에서 달아나면서 흡사 무엇을 기다리며 돌아보는 것 같더니 조금 후에 사슴 새끼가 따라왔다. 그래서 "사슴이 새끼를 생각하는 것이 사람의 그것과 무엇이 다를 것인가." 하고 부친을 생각하여 다시는 사냥을 하지 않았다.

– 권별, 『해동잡록』 4 「본조」, 성현, 한국고전번역원, 이한조 옮김

그렇다면 가축은 어찌하나? 가축에게도 인의를 베풀어야 할 것이 아닌가? 이익은 애초에 먹기 위한 용도로 기른 동물은 용도에 맞게 먹는

것이 옳다고 주장한다. 사람은 살기 위해 어쩔 수 없이 짐승을 먹어야 한다. 그러나 가축 역시 살기를 좋아하고 죽기를 싫어한다는 사실을 부정할 수 없다. 죄 지은 듯 마음이 괴롭지만 그럼에도 가축을 먹을 수밖에 없다. 이 딜레마는 불타버린 마구간의 공자(孔子) 이야기로부터 꾸준히 후대 학자들을 괴롭히는 문제였다. 마구간에 불이 났다는 소식을 들은 공자는 사람이 다쳤는지만을 물어보고 말에 대해서는 묻지 않았다. 가축에 대한 미안한 마음에 시달리는 학자들은, 우리 공자님이 그랬을 리 없다며 글자 하나만 다르게 해석하면 공자가 사람에 대해 물어본 후 말이 다쳤는지 물어본 것이 된다고 주장했다.[주4] 짐승을 먹는 미안한 마음을 조금이라도 줄여보려고 사람은 이렇게 애를 쓴다. 그렇다면 이익이 이야기한 부득이한 마음은 미안한 마음을 조금이라도 줄일 수 있을까? 전혀 그렇지 않다. 오히려 부득이한 마음은 미안한 마음을 평생 안고 살아가라는 강령이다.

짐승에 대한 부득이한 마음

현대인들은 종종 전통인들이 자연과 공존하며 조화롭게 살았을 것이라 생각한다. 단순히 옛날에는 기계와 공장이 적고 고층 빌딩이 들어서지 않았다고 그리 생각하는 대중적인 경향이 있다. 대형 목축업의 폐해를 끔찍하게 여겨 평화로운 소 그림이 인쇄된 유기농 고기 제품을 사먹으며 상상하기를, 어느 날 갑자기 대형 목축업의 잔인함으로 동물과의 조화로운 삶이 끝난 것이라고 생각하기도 한다. 하지만 동물 학대와 무분별한 짐승의 도살은 인류 근현대사에서 갑자기 등장한 폐해가 아니다. 『동사강목(東史綱目)』에는 "작은 고리를 가마우지의 목에 달고 물에 들어가 물고기를 잡게 해서 날마다 백여 마리씩 잡는다"[주5]는, 동물을 물고기 잡는 기계로 취급한 일본의 풍습이 소개되어 있다. 비슷한 풍습을 중국에서 보았다는 조선인의 기록도 있다. 마티 크럼프에 따르면 이러한 풍습은 중국과 일본에서 1,000여 년간 이어져 왔으며, 중국 리장 유역의 어부들은 수명이 다한 가마우지는 독한 술을 먹여 안락사를 시킨다고 한다.[주6] 이덕무 역시 닭을 살찌우는 방법으로 조그맣고 깊은 구덩이에 닭을 집어넣고 옴짝달싹 못하게 한 후 먹을 것을 주는 사육법을 소개하는데, 푸아그라 뺨치는 동물 학대이다. 무엇보다도 조선에서는 소를 지나치게 도축하는 것이 문제였다.

> 소를 죽이는 것을 우리나라에서는 크게 금지시키고 있다. 그런 까닭에 쇠고기를 금육(禁肉)이라고 한다. 우리나라 풍속은 양이나 돼지는 기르지 않고, 소를 잡아서 먹기 때문에 마을의 천한 백성들이 소를 잡아 파는 것을 생업으로 하기에 이르렀다. 서울 안과 지방에 이르기까지 하루에 죽는 소의 수는 이루 셀 수 없을 만큼 많다. 선왕의 조정에서 여러 번 거듭 엄중한 교령을 내렸으나, 법이 엄중하지 않은 것도 아닌데 커다란 이익이 있는 것이어서 금지할 수가 없다. 관학(선비를 가르치기 위해 나라에서 세운 학교)의 안에서까지 소를 도살하는데 꺼림이 없으니 더욱 놀랄 만한 일이다. 말들 하기를, "이미 소의 노동력을 먹고 또 그의 고기를 먹으니 측은하다고 할 만하다" 한다. 내 생각에는, 늙고 병든 사람이어서 비록 고기를 먹을 수밖에 없더라도 네발 달린 짐승의 고기는 먹지 않는 것이 좋을 것 같다.
> – 이수광, 『지봉유설』, 「군도부」, 법으로 금하는 것. 을유문화사, 남만성 옮김(교정: 인용자)

고기 수요가 워낙에 많아 매매 이익이 크게 나는 상황인지라 법적인 도살 금지령도 크게 도움이 되지 못했다. 그래서 유학자들은 법적 제재 외에 '부득이하게 먹는 마음'이라는 도덕적 제재도 고안했지만, 이 '부득이한 마음'이 참으로 아리송한 것이다. 애초에 사람의 필요에 의해 가축을 길렀는데 그 필요를 부득이한 마음으로 제재하는 것은 어렵다. 게다가 정당성이 아예 결여되어 있는 것도 문제다. '부득이하게 먹는 마음'은 정당성이 아니라 오직 '필요성'에 의한 것이다. 사람이 사는 데 매우 필요한 것이 짐승의 가축화와 도살인데, 사람에 따라서 필요의 많고 적음은 모두 다르다. 그 필요의 다양함을 모두 제어할 정당성은 대체 어디에 있는가?

이렇게 놓고 보면 이익이 비판한 어느 서양인의 관점이 오히려 난국을 타개하는 데 더 유효하다. 이익이 묘사한 서양인의 관점에서는 모든 동물이 사람을 위해 생겨났으니 동물의 착취에는 전혀 '부득이한 마음'을 가질 필요가 없다. 모든 동물이 인간의 재산이므로 누군가의 재산을 함부로 탕진하면 안 된다는 정당성도 생긴다. 실제로 동물 자원에 대한 소유권이 없을 때(따라서 만인을 위한 공공 자원일 때) 동물 자원은 무분별하게 탕진되고 동물은 쉽게 도살된다. 수산업의 위기를 맞았던 아이슬란드의 경우가 그러했다. 물고기로 먹고 사는 나라가 한때 물고기가 모자랐던 것이다. 이 위기는 결국 낚시 쿼터제로 해소되었다.[주7] 동물 자원을 평등한 시민들이 사고 팔 수 있는 재산으로써 매매할 때만 동물에 대한 무분별한 도살이 완화된다. 나의 재산을 지키는 만큼 너의 재산을 지킬 권리도 인정해 주는 것은 이의를 제기하기 힘든 정당성이다.

사는 일은 정말 죄송합니다

       그러나 이익을 비롯하여 유학자들은 모든 동물이 사람을 위해 생겨났다는 가정을 받아들일 수 없다. 동물과 인간 사이의 관계뿐 아니라 세상 어느 누구도 다른 누군가를 위해 생겨나지 않았다는 유학 특유의 개인주의 때문이다. 물론 여기에서의 개인주의는 "합리적 계약의 권리의 주체"[주8]라는 '서구적 개인'을 바탕으로 한 것은 아니다. 그보다는 타자와 끊임없이 얽히는 과정에서 한 개인이 어떤 계약을 실천할 수 있는지에 대한, 현실에 대한 좀 더 냉정한 파악에서 온다고 할 수 있다. 유학자들이 동물을 보며 느꼈던 측은지심이 자비와 비슷하면서도 다른 점이 바로 이 개인주의이다.

> 사람은 모두가 사람에게 차마 어찌하지 못하는 마음이 있으니, 이것이 바로 이른바 인(仁)이다.
> 불씨(부처)는 비록 오랑캐지만 역시 사람의 종류임에는 틀림이 없으니, 어찌 홀로 이러한 마음이 없으리오?
> 우리 유가의 이른바 측은(惻隱)은 불씨의 이른바 자비(慈悲)이니 모두가 인(仁)의 다른 용례이다. 그런데 그 말을 내세움은 비록 같으나 그 시행하는 방법은 서로 크게 다르다.
> 대개 육친은 나와 더불어 기(氣)가 같은 것이요, 사람은 나와 종류(類)가 같은 것이요, 물은 나와 더불어 태어남(生)이 같은 것이다. 그러므로 어진 마음의 베푸는 바는 육친에서부터 사람에, 물(物)에까지 미쳐서 흐르는 물이 첫째 웅덩이에 가득 찬 후에 둘째와 셋째의 웅덩이로 흘러가는 것과 같다. 그 근본이 깊으면 그 미치는 바도 먼 것이다.

온 천하의 물(物)이 모두 나의 인애(仁愛) 속에 있지 않음이 없다. 그러므로,

"친한 이를 친하게 한 후에 백성에게 어질게 하고, 백성에게 어질게 한 후에 만물을 사랑한다."

고 하나니, 이것이 유자의 도는 하나이고 실(實)이며 연속된다는 까닭이다.

불씨는 그렇지 않다.

그는 물(物)에 대하여서는 표독한 승냥이·호랑이 같은 것에나 미세한 모기 같은 것에도 자기 몸을 뜯어 먹혀가면서 아깝게 여기려 하지 않는가 하면, 사람에 대하여서는 월(越)나라 사람이냐 진(秦)나라 사람이냐를 가리지 않고, 배고픈 자에게는 밥을 먹이려 들고, 추위에 떠는 자에게는 옷을 밀어주어 입히려 드니, 이른바 보시(布施)라는 것이다.

- 정도전, 『삼봉집』 제5권, 「불씨잡변」, 불씨 자비의 변, 한국고전번역원, 조준하 옮김

(교정-인용자)

어버이, 친족, 타인, 동물, 사물의 순서에 따라 인심을 베푸는 바가 점점 퍼져나가야 한다는 차등적 세계관이 유학의 특징이다. 그리고 그 차등적 세계관에는 누구도 그 어느 누구를 위해 태어나지 않았다는 개인주의가 있다. 유학적 개인주의는 승냥이에게 물리는 것이나 모기와 등에에게 물리는 것, 그 어떤 것도 거부한다. 거미, 모기나 등에같이 작은 것들에게 피 빨리는 것이 뭐 대수라고, 자비를 베풀어 피 몇 방울 적선하면 안 되는 것일까? 정도전(鄭道傳)은 눈에 띄는 춥고 배고픈 사람이라면 무조건 밥 주고 옷 입히는 '보시'를 비난하는데, 이 얼마나 피도 눈물도 없는 냉혈한이란 말인가?

정도전은 인간이 '남의 살을 먹을 수 있는가'라는 질문에 어떤 정당한 답변도 할 수 없다는 사실을 안다. 만약에 정당성을 가질 수 없는 것이 숙명이라면, 함부로 정당성을 왈가왈부하지 않는 것이 유일하게 정당성을 가지는 길이다.

심사정, 「화항관어」 18세기, 간송미술관

그러나 유자들 중에서 특히 불교를 혐오했던 정도전이 이를 듣는다면 자신을 냉혈한이라 부르는 사람에게 너 자신이 먼저 승냥이와 모기에게 몸을 물어뜯기게 해보라고 응수할 것이다. 그에게 중요한 것은 바로 '나는 남의 살을 먹을 정당성이 있는가', 그리고 '내가 무엇에게 먹힐 정당성이 있는가'의 문제이다.

대체 누가 누구를 위해 생겨났길래 함부로 자신을 먹을 것으로 내어주는 보시를 말하냐는 것이다. 나는 승냥이와 호랑이 밥이 되기 위해 태어난 것이 아니며, 그 피해가 아무리 하찮더라도 역시 모기와 등에의 밥이 되기 위해 태어난 것이 아니다. 게다가 한치 앞도 모르는 것이 사람인데, 그 피해가 과연 얼마나 작고 하찮을지 알고 보시할 수 있겠는가? 마티 크럼프는 단 한 마리의 진드기가 일 년간 송아지의 몸무게를 540그램 이상 감소시킬 수도 있음을 알려준다.[주9] 입으로 보시를 말하고 정작 자신은 승려가 되지 않으려는 사람들, '너의 몸을 남의 밥으로 삼겠는가?'라는 유학자의 질문에 아무 말도 할 수 없는 나의 존재 자체가 이 세상 어느 누구도 다른 누구를 위해 생겨나지 않았음을 증명한다. 나는 어느 누구를 위해 태어난 것이 아니므로 결국 나 자신과 가장 비슷하고 가까운 사람들에게 먼저 측은지심을 베풀 수밖에 없으니 그것이 바로 유학의 차등적 세계관이다.

그렇다. 정도전은 인간이 '남의 살을 먹을 수 있는가'라는 질문에 어떤 정당한 답변도 할 수 없다는 사실을 안다. 만약에 정당성을 가질 수 없는 것이 숙명이라면, 함부로 정당성을 왈가왈부하지 않는 것이 유일하게 정당성을 가지는 길이다. 이는 정도전에게 거부할 수 없는 이성이다. 이것이 육식에 대한 조선 유학자들의 고찰이 정당성이 아니라 오로지 '필요성'에 의해 이루어진 이유다. 그렇기 때문에 문득 아리송해 보이는 '부득이한 마음'은 함부로 정당성에 대해 왈가왈부할 자격이 없는 인간이 짐승을 대하는 유일한 마음가짐이었던 것이다.

이런 의미에서 지행합일(知行合一)은 추상적인 도덕 논리를 완연히 행동으로 실천하라고 명령하는 교조주의가 아니다. '지'를 말하기 전에 지금 당장 당신이 할 수 있는 '행'이 무엇인지부터 알아보고 '지행합일'의 계획을 세우라는 주제 파악의 요청일 뿐이다.

자연은 없다

유학자들의 자연관

범과 메뚜기, 사람의 동물원

범은 사나운 짐승인데도 송균(고려 충렬왕의 충신)이 덕을 세우자 황하
를 건너갔고, 메뚜기는 미물인데도 탁무(어진 정치가)가 교화를 행하자
지경에서 물러났는데, 사람이 사람들을 아직 감화시키지 못하고 있은
즉 이는 나의 책임이다.

– 정조, 『홍재전서』 제130권, 「고식 2」, 주자대전 1, 한국고전번역원, 이상하 옮김

조선에서 범죄자 사형에 대한 최종 결정권은 오직 왕에게만 있었다.
사람을 죽이고 살리는 것의 경중이 그 무엇보다 무거웠기 때문이다. 그
중 정조는 어떤 왕보다 열성적으로 판결의 진위 여부를 밝히고 억울하게
죽는 사람이 없도록 노력하던 왕이었다. 그는 사건을 심리하고 형을 구
가하는 과정을 『심리록(審理錄)』이라는 책으로 남기기도 했다. 이 『심리
록』을 연구한 국사학자 심재우는 정조가 매우 낮은 비율로 사형을 구가
했다는 사실을 밝힌다. 정조가 실제로 사형을 구가한 경우는 사형 범죄

인의 90%가 실제로 처형되었던 조선 전기에 비해 매우 낮았다. 이처럼 관용적인 처벌 조치는 우리가 전통 사회에서 쉽게 기대하기 힘든 인권 수준을 보는 것 같다. 정조는 오늘날 사형 폐지국의 인권 의식을 지닌 진보적인 인물이 아닌가?

그러나 정조가 사형을 구가한 범죄의 종류를 보고 나면 입맛이 좋지 않을지도 모른다. 심재우에 따르면 정조는 인명 범죄의 경우 2% 정도의 비율로 사형 판결을 내리고 70%가 넘게 감형과 석방을 구가했다. 반면에 인명 범죄에 비해 죄의 경중이 가벼운 경제 범죄나 관권 침해 범죄, 사회풍속 범죄의 경우에는 석방과 감형 비율이 10~30% 정도에 불과했다. 사회풍속 범죄의 사형 판결 비율은 30%를 넘게 기록하며 인명 범죄보다 훨씬 더 엄중한 처벌이 가해졌다. 비약적으로 말해 제 아내를 때려 죽인 남자는 풀어주고 위조문서를 만든 사람에게는 사형을 판결했다는 소리다. 심재우는 이것을 "왕정에 대한 근본적 도전이나 신분질서에 급격한 해체를 가져올 수 있는 일부 행위"[주10]에만 사형을 집행하고 나머지는 감형과 석방으로 "관용을 통해 권위 체계에 대한 경외심과 복종을 효과적으로 도출"[주11]하려 했던 시도로 해석한다.

여기까지 보면 백성도 모자라 동물까지 감화시켰던 과거의 정치가들을 떠올리며 조선 사람들을 감화시키지 못함을 슬퍼하는 정조의 고민이 색다르게 다가온다. 정조의 고민은 언뜻 보면 백성을 굽어 살피는 자애로운 아버지의 고민과도 같다. 그러나 그는 나라를 간신히 유지하는 차원에서 백성에게 처벌과 감형을 처방해야 하며, 백성은 호랑이나 메뚜기와 마찬가지로 도덕적인 동물로 감화시키고 또한 통제해야 할 대상이다. 그 감화와 통제를 총칼로 하느냐 자애로운 통치로 하느냐, 사형으로 다루느냐 감형으로 구슬리느냐의 문제일 뿐이다. 짐승이 길러지듯, 사람은 동물원 속 통제의 대상이다. 농업에 종사하고 부역하고 세금을 낼 수 있는 사람의 생산성이 동물원 최대의 자원이었기에, 정조는 일단 그들을 안정된 사회 속으로 돌려보내고자 했던 것이다. 다음의 글을 보면 유학자들이 관리하는 동물원의 면면을 좀 더 자세히 볼 수 있다.

뱁새는 새 중에 작은 것이고 개와 돼지는 짐승 중에 작은 것이며, 청개구리는 벌레 중에 작은 것이고 쑥과 갈대는 풀 중에 작은 것이며, 탱자나무와 가시나무는 나무 중에 작은 것이고 모래와 자갈은 흙 중에 작은 것이며, 구릉은 산 중에 작은 것이고 도랑과 개천은 물(水) 중에 작은 것이며, 어리석은 지아비와 어리석은 지어미는 사람 중에 작은 것이고 일반 백성들은 나라의 미천한 사람이다. 그런데 이 또한 하늘이 덮어주고 땅이 실어주는 가운데 포용되지 않음이 없으니, 어찌 유독 크고 귀한 것만이 천지에 포용되고 작고 미세한 것은 마침내 버려지겠는가. (……) 지극히 밝은 것은 물건을 선별하여 비추지 않고, 지극히 윤택한 것은 물건을 선별하여 적셔주지 않는다. 성인의 도(道)도 이와 같다. (……) 그 낮고 작고 얕고 천근한 것으로 말하면 교화가 풀 한 포기와 나무 한 그루에도 모두 입혀지고 덕이 어리석은 지아비와 어리석은 지어미에게까지 미치며, 도(道)가 여염과 밭두둑에 행해지고 몸이 궁벽한 골목과 들에서도 편안하니, 이것이 능히 클 수 있고 능히 작을 수 있어 변화하고 굴신(屈伸)하는 도인 것이다.

– 장현광, 『여헌선생문집』 제8권, 「잡저」, 동진록, 한국고전번역원, 성백효 옮김(교정: 인용자)

뱁새, 개, 돼지, 청개구리 등의 동물은 물론 풀과 가시나무 등의 식물,

유학자의 동물원

모래와 자갈 등의 무기물에도 은덕이 미치는 성인의 도로 운영되는 동물원, 이 안에서 짐승 및 무기물과 같은 묶여 있는 존재는 바로 사람이다. 물론 사람은 이 구성원 중에서 가장 우선시 된다. 정도전이 첫 번째 구덩이, 두 번째 구덩이, 세 번째 구덩이의 비유로 설명한 것과 같이 사람은 동류에게 기울 수밖에 없다. 사람이 속한 첫 번째 구덩이를 성인의 덕으로 채우고 나면 짐승이나 무기물, 산천묘목이 속한 다음 구덩이가 성인의 덕을 입기를 기다린다. 동아시아 전통에서는 사람에게 미치는 성인의 덕이 너무나 커서 자연물이 부수적으로 그 덕을 입는다.

자연인가 기계인가, 하나만 선택하라

유학의 나라에서는 인간과 자연이 구분되어 있지 않다. 인간과 자연을 구분하지 않는 세계관은 오늘날 유기체적 세계관으로 포장되어 유학 전통에 대한 뉴에이지적 해석으로 통용되기도 한다. 이러한 해석은 말 그대로 뉴에이지 종교와 무엇이 다른가? 물론 유기체적 세계관이 단순히 후학자들이 만들어낸 포장지에 불과한 것은 아니다. 개미들의 행진과 시장판 사람들의 사고파는 모양새를 관통하는 조화로움은 마치 노랫가락처럼 자연스럽다.

어린아이가 울고 웃는 것과 시장에서 사람들이 사고파는 것을 보고서 그 무엇을 느낄 수 있고, 사나운 개가 서로 싸우는 것과 교활한 고양이가 재롱을 떠는 것을 조용히 관찰하면 지극한 이치가 이들 속에 있다. 봄누에가 뽕잎을 갉아먹는 것과 가을 나비가 꽃꿀을 채집하는 것 속에 하늘의 조화가 움직이고 있다. 많은 개미들이 진을 이루고 행진할 때 깃대와 북을 빌지 않아도 절제가 잡혀 균형을 이루고 있고, 일천 벌의 방은 기둥과 들보가 없는데도 칸 사이의 규격이 저절로 고르게 되어 있다. 이것들은 모두 지극히 가늘고 지극히 적은 것이지마는 그곳에는 너무도 묘하고 너무도 무궁하게 조화된 것이 있다. 대저 천지의 높고 넓은 것과 고금의 오고 가는 것을 보면 또한 장관스럽고 기이하다 할 것이 아닌가.

- 이덕무, 『청장관전서』 제48권, 「이목구심서」, 한국고전번역원, 이식 옮김(교정: 인용자)

이덕무는 사람과 짐승 모두에게서 발견되는 하늘의 무궁한 조화를 말하고 있다. 자연과 인간 사이에는 어떤 분리막도 없다. 무궁한 조화는 어디에서든 볼 수 있다. 물건을 사고파는 시장 사람들에서 느껴지는 하늘의 조화는 개가 싸우고 고양이가 재롱을 피우는 모습에서도 볼 수 있다. 인간과 만물을 관통하는 하늘의 조화를 말하는 이 자연관은 자연을 도구로 보는 기계적 자연관과 대비되는 경우가 많다. 자연을 기계처럼 다루는 사고방식의 병폐를 치유하는 도구로 전통적 자연관이 대비되는 것이다. 하지만 궁금한 점이 생긴다. 자연과 기계는 무엇이며, 그 둘은 서로 대립되는 것인가? 기계는 입력과 출력이 매우 확실하다. 석탄을 태워 넣으면 기차는 달린다. 그러나 사람을 포함한 자연은 입력과 출력의 관계가 불확실하다. 두 명의 자녀에게 입력된 부모의 양육이 똑같은 출력으로 나오는 것은 아니다. 사람에게는 유전자를 넘어서 단 0.0001초의 우연한 생물학적/사회적 사건이라도 모두 변수로 작용한다. 그러나 그렇다고 사람이 입력과 출력의 숙명에서 자유로운가? 그렇지 않다. 자연도 철저히 인과적이다. 다만 사람의 인식적 한계로 인해 입력과 출력의 '모든' 인과관계를 영원히 알 수 없을 뿐이다. 그러나 우리가 기계를 만드는 이

유가 '작동'이라는 출력에 목적이 있는 것처럼 자녀 양육에도 목적이 있다. 적어도 행복하게 살게 하는 것이 부모가 원하는 출력이 아닌가. 이런 의미에서 유학의 유기체적 자연관은 사려 깊고 진중한 모습을 띤 인과적 자연관일 따름이다. 이렇게 단언하는 이유는 유학자들의 집착 어린 경구가 바로 '습성이 천성처럼' 되는 것이기 때문이다. 누군가가 원하는 습성을 천성처럼 사용하고 싶다면, 그 습성이 어떤 입력에 따라 생성되는지 그 인과관계를 알아보는 것이 수순이다. 조선의 유학자들이 하늘이 내려준 자연스러운 성질, 즉 천성에 대해 부정한 것은 아니다. 오히려 이 천성을 떠받든 것이 유학자들이다. 한형조는 유학자들이 원하는 출력 상태 중 하나인 '예(禮)'를 인간에게 적용시키기 위해 유교가 예를 '종교적 권위'에 기대었다고 말한다.[주12] 다만 실학자들은 천성을 따르라는 애매한 강론만을 펼치지 않았다. 그들은 천성을 따르라는 종교적 강론에 함몰되지 않고, 서로 도와 '습성이 천성처럼' 되는 방법을 고민했다.

> 하늘이 물건을 낼 때 그것을 살리고자 하는 마음이 아닌 것이 없다. 저 거미는 배가 뚱뚱하고 모양이 놀란 것 같으니 벌레 중에 빠르지 못한 것이다. 살 수 있는 방식을 만들어 주지 않으면 먹고 살 수 없기 때문에 실을 주어서 그물을 쳐서 먹고 살게 한 것이다. 나는 놀고먹는 사람에게 의심을 갖는다. 사지와 칠규(사람 얼굴에 있는 일곱 개의 구멍)가 거미의 실보다 낫지 않단 말인가.
> - 이덕무, 『청장관전서』 제48권, 「이목구심서」, 한국고전번역원, 이식 옮김

하늘의 '살리는 마음'만 해도 '인과적 자연관'이 추구하는 '출력'의 상태를 말하는 것이다. 살리는 마음은 지극히 자연적인 것이 아니냐고 반

문할 수 있다. '자신을' 살리는 마음은 자연적이기에 굳이 입력과 출력의 관계를 따질 필요가 없다는 것이다. 그러나 사지와 칠규가 '살리는 마음'에 부합하지 않는 사람을 논하는 이덕무의 글을 보라. 놀고먹는 자들의 사지와 칠규가 거미의 실처럼 자기 자신을 '살리고' 있는가? 이덕무에게는 그렇지 않다. 이덕무는 놀고먹는 자의 사지와 칠규가 살리는 마음에 부합되지 않기에 유학자의 작위가 개입되어야 할 필요를 주장하고 있다. 그러면 이렇게 반문할 수 있다. 너희 유학자들이 뭐라고 너희들의 작위일 뿐인 살리는 마음을 주장하는가?

그러나 개개인의 '살리는 마음'조차 '자연적으로' 살리는 것은 없다. 우선 살리는 마음이 무엇을 어떻게 살리는 것인가에 대해서 온갖 인과적, 기계적 작위가 개입하지 않을 수 없다. 무엇을 살리는가? 지금 당장 나의 삶을 살리는 것인가? 아니면 현재의 즐거움을 포기하고 미래의 나를 살리는 것? 지금 내가 죽더라도 자식의 삶을 보존하여 나의 유전자를 살리는 것인가? 아니면 자살 폭탄 테러로 다수의 삶을 죽이고 종교적 · 이념적 믿음을 살리는 것인가? 모두 자신의 살리는 마음이 진리라고 주장한다. 모두가 자신의 살리는 마음이 정당하고, 자연적이라고 주장한다. 인간은 살리기를 위해 죽이기를 시행하면서도 자신의 믿음을 살리기라고 부를 수 있을 정도로 기만적이다.

그렇기에 유학자들의 '살리는 마음'은 이 다양한 '살리기'에 대항하여 또 다른 작위로 작동할 수밖에 없는, 철저히 인과적 원리에서 벗어나지 않는 기계적 자연관이다. 대체로 조선 후기 실학자들에게 있어 그 살리는 마음은 지극히 상식적이고, 놀랄 만큼 현세적이며, 한 세대와 가족의 단위를 넘어서지 않는다. 이익은 병에 걸린 자기 여동생의 배를 갈라서 병의 치료법을 알아낸 한 남자를 극렬히 비난하며 다수를 살리는 명분이라도 하나의 삶을 희생시켜서는 안 된다고 말한다. 조선 후기 유학자들의 '살리는 마음'은 정도의 차이는 있으나 대개 이러한 상식의 범위를 벗어나지 않는다. 그리고 살리는 마음이 절대 입력과 출력이라는 기계적, 인과적 숙명을 넘어서지 못한다는 것 역시 지배적이다. 그 입력과 출력의 가장 기본적인 단위는 무엇인가? 바로 먹을 것을 주는 것이고, 주변에 가까이 두어 함께 사는 것이다. 그 입력을 잘 따르게 되면, 노루 한 마리도 유학자들이 언제나 열망하는 상태에 도달할 수 있다. 그것이 바로 습성이 천성처럼 되는 것이다.

노루는 사슴과 비슷한 동물로
새끼가 올망졸망 따라다니다가
우연히 나무꾼의 손에 떨어지자
마치 아기처럼 슬피 울부짖으니
인정상 어찌 차마 죽일 수 있으랴
가축과 같이 먹여 기르는데
사람만 보면 놀라 어쩔 줄 몰라
귀는 쫑긋하고 눈동자는 동그랗지
살살 쓰다듬으며 차츰 가까이하자
점차로 놀라지 않고 가만있더니
마침내 길이 들어 성질이 순해져
사람 소리에 좋아 어쩔 줄 모르네
그래서 언제나 먹이를 줄 때면
머리를 치켜들고 먼저 마중 오네
이는 본래 산야에 살던 동물이라

짐승을 기르는 것과 마찬가지로, 사람은 동물원 속 통제의 대상이다. 농업에 종사하고, 부역하고, 세금을 낼 수 있는 사람의 생산성이 동물원 최대의 자원이었기에, 유학자들의 생명관은 먹을 것과 먹을 입으로 이루어진 아주 기계적인 가치관이다.

작자미상, 「장생도」, 18세기, 국립중앙박물관

사람과는 함께 살지 않았는데

잘 먹여 기르고 길들인 덕분에

습성이 마치 천성처럼 되었구나

하물며 우리네 사람과 사람은

원래 한 동포로 태어났음에랴

오랑캐는 비록 인륜을 모르지만

잘 다스려서 교화할 수 있어라

소인과 군자의 차이란 것도

단지 터럭만 한 사이에 불과하니

애초에 어찌 나와 다르리오[주13]

– 권필, 『석주집』 제1권, 「오언고시」, 균아행, 한국고전번역원, 이상하 옮김(교정: 인용자)

노루에게 먹을 것을 주고 가까이 두면 노루는 사람과 친해지게 된다. 습성이 천성이 되어 노루는 사람을 좋아하게 된다. 사람의 경우도 마찬가지로, 먹이와 사랑이라는 입력의 차이에 의해 무한히 달라지는 인과적 숙명의 지배를 받지 않는 자연물은 없다. 심지어 군자와 소인도 그 자그마한 입력의 차이 때문에 생겨난 사람 사이의 구분일 뿐이다. 유학자들이 주장한 입력과 출력의 세세한 관계들, 사회적 규범들은 맞는 것도 있고 틀린 것도 있다. 오늘날 그 관계를 모두 따져서 적용시키는 것은 부당하고 실효적 의미도 없다.[주14] 다만 먹어야 산다는 가장 기본적인 입력/출력 관계를 바탕으로 작위를 유연하게 조정하려는 실학자들의 마음가짐은 남의 기계적 자연관은 배척하면서 나의 기계적 자연관만 '자연'이라고 주장하는 작태를 어떻게 보아야 할지 알려준다. 자연은 없다. 인과론적 숙명이 있을 뿐이다.

자연은 없다

그렇다면 인과적 숙명을 조정하는 가장 강력한 단위인 국가의 존재는 이 인과적이고 기계적인 자연관에서 어떤 위치를 차지하는가? 오늘날에도 사람의 운명은 어느 나라에 태어났느냐에 따라 비참할 정도로 달라진다. 과서에는 더 비참했을 것이다. 조선시대 아이들의 교과서였던 『소학(小學)』에도 등장하는 충절의 상징인 백이, 숙제(伯夷, 叔齊) 이야기를 보면 알 수 있다. 주나라 무왕이 은나라 주왕을 토벌하려 하자 백이, 숙제 형제는 이를 역성이라 하며 뜯어 말렸다. 충언이 먹히지 않자 형제는 주나라에서 나는 곡식을 먹을 수 없다며 수양산에 들어가 고사리를 캐먹다가 죽었다. 그런데 사육신 중 한 명인 성삼문(成三問)은 시 한 편을 지어가며 백이, 숙제를 비난한다. 한글 창제를 위해 음운을 연구한 학자답게 한글로 지은 시다.

수양산을 바라보며 백이숙제를 한탄하는구나
굶주려 죽을지어도 고사리는 먹는가
비록 푸새라도 그 누구 땅에서 나오더냐

– 성삼문, 『교본 역대 시조 전서』 1703-2

백이, 숙제는 주나라의 곡식을 먹지 않으면 주라는 국가의 영향력에서 완전히 탈출하게 된다 생각했다. 성삼문은 바로 이 착각을 비난한다. 고사리는 대체 누구 땅에서 나오느냐는 것이다. 그는 고사리의 삶에서 인간의 삶까지, 모든 삶은 반드시 어느 무엇의 소유일 수밖에 없음을 지각한 것이다. 풀포기 하나도 자연적으로 존재할 수 없다. 주나라의 국방

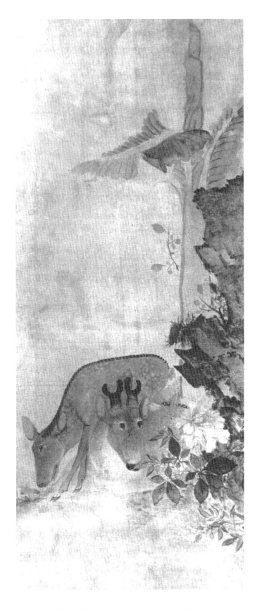

노루에게 먹을 것을 주고 가까이 두어 사람과 친해지게 하면, 사람과 가까이 하는 습성이 천성이 되어 노루는 사람을 좋아하게 된다. 사람의 경우도 마찬가지로, 먹이와 사랑이라는 입력의 차이에 의해 무한히 달라지는 기계적 숙명의 지배를 받지 않는 자연물은 없다.
장승업, 「영모도 중 초원지록」, 19세기, 간송미술관

력이 무너진다면 그 풀 한 포기도 다른 나라의 군화와 방화에 짓밟히고 불타 사라진다. 그렇기에 주나라 깊은 산 속에 '그냥' 존재하는 삶은 실은 주나라의 권력 덕분에 살아 있는 것이다. 산속에서 죽지 않고 사는 것도 국방력의 영향 속에 있다. 어느 무엇도 그냥 자연적으로 존재하는 것은 없다. 자연은 항상 무엇의 죽이고 살리는 영향력 속에 있다. '사육신' 성삼문이 그 영향력을 자기 자신의 죽음으로 증명했다는 냉정한 사실을 보라. 결국 인간을 포함한 자연은 누군가의 소유물일 수밖에 없다. 공동의 소유라며 무작정 내버려두는 것이 자연스러운 듯 느껴지지만, 그것은 아직 전쟁이 나지 않은 땅에 사는 인간의 착각이다.

지금까지 알아본 인과적 자연관에서 또 하나 결정적인 것은 자연이라는 자동 기계의 쓰임새이다. 기계의 쓰임새를 결정하는 자는 정조와 같은 왕들이었다. 이쯤 해서 세손 시절 정조의 스승이었던 홍대용의 자연관을 살펴보지 않을 수 없다. 북학파이자 격물치지를 최고의 가치로 둔 실학자 홍대용은 자연이라는 기계의 쓰임새를 전복시킬 것을 주장했다. 정도전이 주장한 대로라면 왕의 덕이 우선적으로 닿아야 할 제1의 구덩이는 인간이고, 제2의 구덩이는 동식물이며 제3의 구덩이는 무기물이다. 이것은 자연의 쓰임새에 있어 누가 누구를 위해 쓰여야 하는지에 대한 우선순위다. 일단 왕의 덕이 우선적으로 미쳐야 할 구덩이가 인간이기 때문에, 제3의 구덩이에 속하는 자연물이 제1의 구덩이에 속하는 인간에게 쓰여야 한다. 무기물이 인간을 먹여 살리고, 인간의 번영이 무기물에 영향을 미치는 관계다. 짐승과 무기물 역시 번영해야 한다. 그들의 번영이 다시 인간의 자원으로 돌아오기 때문이다. 그러나 홍대용은 제1의 구덩이에 속한 모든 인간들이 과연 세상 모든 구덩이의 번영을 위해 적합한지 의문을 품는다. 이덕무가 비난했듯 놀고먹기만 하는 인간들은 그저 과거에 합격해 입신양명 하기를 바라고 있는데, 이들의 쓰임새가 과연 금수와 초목의 쓰임새만큼 가치가 있는가? 이들이 금수와 초목의 혜택을 받을 자격이 있는가? 그렇지 않다는 주장을 홍대용은 다음과 같이 쓴다.

(허자가 말하길) "천지간 생물 중에 오직 사람이 귀합니다. 저 금수나 초목은 지혜도 깨달음도 없으며, 예법도 의리도 없습니다. 사람이 금수보다 귀하고 초목이 금수보다 천한 것입니다." 실옹은 고개를 젖히고 웃으면서 말하기를, "너는 진실로 사람이로군. 오륜(五倫)과 오사(五事)는 사람의 예의이고, 떼를 지어 다니면서 서로 불러 먹이는 것은 금수의 예의이며, 떨기로 나서 무성한 것은 초목의 예의이다. 사람으로서 물(物)을 보면 사람이 귀하고 물이 천하지만 물로써 사람을 보면 물이 귀하고 사람이 천하다. 하늘이 보면 사람이나 물이 마찬가지다. 대저 지혜가 없는 까닭에 거짓이 없고 깨달음이 없는 까닭에 하는 짓도 없다. 그렇다면 물이 사람보다 훨씬 귀하다. 또 봉황은 높이 천 길을 날고 용은 날아서 하늘에 있으며, 시초와 울금초는 신을 통하고, 소나무와 잣나무는 재목으로 쓰인다. 사람의 유와 견주어 어느 것이 귀하고 어느 것이 천하냐?
- 홍대용, 『담헌서』 내집 4권, 「보유」, 의산문답, 한국고전번역원, 김철희 옮김

홍대용의 글이 인간 위주의 사고방식을 부정하고 동물과 사물의 지위를 높였다고 볼 수도 있다. 이 해석은 언뜻 보면 합당해 보이나 한쪽 면만 취하고 바라본 해석이다. 홍대용은 여전히 인간 위주의 사고를 하고 있다. 소나무와 잣나무가 재목으로 쓰이는 것이 나무 자신을 위한 것이

겠는가? 나무들이 '아이고 저를 재목으로 써주셔서 감사합니다' 인사를 하고 있나? 아니다. 그들이 재목으로 쓰여서 훌륭한 이유는 그들이 인간을 위해 쓰이기 때문이다. 홍대용은 동물이나 물건보다 사람을 귀하게 여기는 마음은 그저 사람이 자신을 자랑하려는 심보에서 나온 것일 뿐이며, 오직 하늘의 입장에서 바라봐야만 비로소 동물과 물건이 귀중한 이유를 알 수 있다고 적는다. 그런데 그 이유는 바로 이들이 백성의 안위를 위해서 쓰이기 때문이다. 그리고 거미나 박쥐 같은 동물의 도움을 받아 백성을 편히 하는 성인의 동물원 운영법을 소개한다.

> "대개 대도(大道)를 해치는 것으론 자랑하는 마음보다 더 심한 것이 없다. 사람이 사람을 귀하게 여기고 물을 천하게 여김은 자랑하는 마음의 근본이다." (……) "물고기를 놀라게 하지 않음은 백성을 위한 용의 혜택이며, 참새를 겁나게 하지 않음은 봉황의 세상 다스림이다. 다섯 가지 채색 구름은 용의 의장이요, 온몸에 두루한 문채는 봉황의 복식이며, 바람과 우레가 떨치는 것은 용의 군법과 형법(兵刑)이고, 높은 언덕에서 화한 울음을 우는 것은 봉황의 예악(禮樂)이다. 시초와 울금초는 종묘제사에서 귀하게 쓰이며, 소나무와 잣나무는 마룻대와 대들보의 귀중한 재목이다. 이러므로 옛사람이 백성에게 혜택을 입히고 세상을 다스림에는 물(物)에 도움받지 않음이 없었다. 대체로 군신 간의 의리는 벌에게서, 병진의 법은 개미에게서, 예절의 제도는 박쥐에게서, 그물 치는 법은 거미에게서 각각 취해 온 것이다. 까닭에 '성인은 만물을 스승으로 삼는다.' 하였다. 그런데 너는 어찌해서 하늘의 입장에서 물을 보지 않고 오히려 사람의 입장에서 물을 보느냐?"
> ─홍대용, 『담헌서』 내집 4권, 「보유」, 의산문답, 한국고전번역원, 김철희 옮김(교정: 인용자)

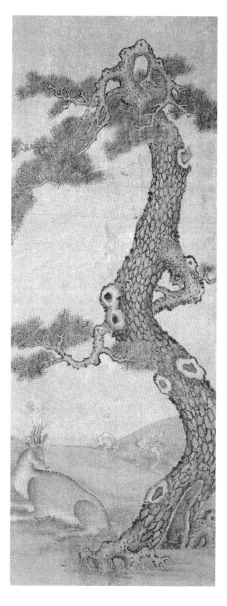

조선 유학자들은 파리 한 마리, 사슴 한 마리를 놓고서도 동물원의 관리를 위한 관료적인 자세를 취한다. 유학자들의 자연관은 절대 유기적이지 않다. 고도의 인위와 도덕적 통제로 이루어진, 입력과 출력의 숙명 앞에서 모두가 평등한 기계적 자연관이다.
한용간, 「조수도」, 18세기, 국립중앙박물관

홍대용에게 인간은 여전히 제1의 구덩이다. 홍대용은 인과적 자연물을 더 훌륭히 사용하는 청나라의 문물을 배우지는 못할망정 놀고먹으며 자원을 낭비하는 인간에 의해 번영은커녕 현상유지도 안 되는 상황을 경고하고 싶었을 따름이다. 홍대용은 놀고먹는 자들이 무기물보다 못하다고 말하는 것이 아니다. 그들로부터 자연의 소유권을 박탈해야 한다고 주장하는 것이다. 홍대용은 유학 전통에 파격을 불러일으킨 문인 중 한 명으로 평가받는데, 과연 사실이다. 유학 전통을 해체해서 오는 파격이 아니라, 대놓고 작정하며 유학 전통을 강화시킨 파격이다. 하늘이 내린 '살리는 마음'에 따라 동물원을 운영하는 것이 유학자이다. 홍대용은 그 살리는 마음을 재구성하고 강화시켰을 뿐이다. 하늘에서 만물을 평가할 수 있는 실옹이 대체 누구겠는가? 바로 홍대용 자신인 것이다.

　　유학자들은 '살리는 마음'을 위해 군주의 도덕성까지 제어했다. 김상준은 『맹자의 땀 성왕의 피』에서 군주를 윤리적 명령을 실현하는 '용기'라고 표현한다.[주15] 군주라는 용기에 담을 도덕성을 좌지우지하려는 유학자가 하물며 일반 백성의 도덕적 쓰임새를 좌지우지하는 것을 주저했을 리 만무하다. 군주나 백성, 그리고 유학자들 자신도 인과적 자연물의 일부이기에 이 동물원을 운영하는 유학자의 도덕적 엘리트주의는 단순히 문화적인 고취를 위한 것이 아니라 생존을 위한 것이었다. 어디에도 자연스러운 것은 없다. 유학자들은 '하늘의 조화'라는 이름으로 어떻게든 자연스러움이라는 자연적 권위를 이용하여 백성들을 교화시키려 했다. 그러나 광고는 광고이고 제품은 제품이다. 그 와중에도 실학자들은 자연으로 자연의 권위를 뒷받침하는 것은 자기 순환적이라는 것을 깨닫고 있었다. 조선 유학자들은 파리 한 마리 날아다니는 것을 보고도 그 파리의 입력/출력이라는 인과관계와 쓰임새를 적지 않고는 못 견디는 사람

들이었다. 따라서 이들의 자연관은 절대 유기적일 수 없다. 고도의 인위
와 도덕적 통제로 이루어진, 입력과 출력의 숙명 앞에서 모두가 평등한
인과적 자연관이다.

2부

너와 나를
먹여 살리는
동물원의 정치학

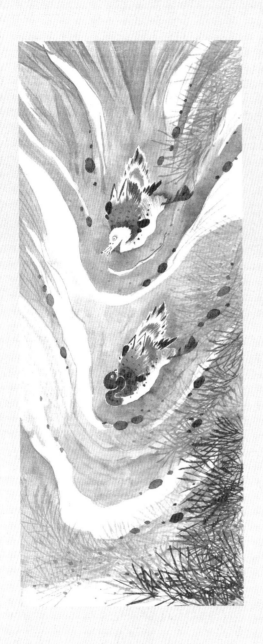

홍세섭, 「영모도」, 19세기, 국립중앙박물관

"자웅으로 짝지은 까치떼 예닐곱 마리가 매우 한가로이 앉아 있다. 그
것들은 부리를 가슴에 파묻어 눈을 반쯤 감고 자는 듯도 하고 자지 않
는 듯도 하며, 혹은 조금 떨어져 또 그 부리를 갈기도 하며 목을 돌리고
발톱을 들어 눈을 긁기도 하고, 다리를 들어 옆에 있는 놈의 날개깃을
긁어 주기도 하며, 눈이 정수리에 쌓이면 흔들어 털고는 눈동자를 바로
하여 눈 날리는 모양을 조용히 보기도 한다."

– 이덕무, 『청장관전서』 중에서

이익은 한두 마리 새는 쫓기 어렵지만, 새들이 여러 마리 있을 경우 먼저 놀라 날아
가는 새를 따라 다른 새도 '눈치를 보며' 따라 날아간다는 결론을 내렸다. 이익은
남의 눈치를 보고 살아가는 동물의 본능이 인간과 다를 바 없다며, 같은 무리의 새
들을 쫓아 무작정 달아나는 새들의 '눈치 보기'를 인간사회에도 적용할 수 있을 것
이라는 생각을 했다. 눈치보기란 단순히 비굴한 마음 씀이 아니라 남의 마음을 읽으
려는 동물의 당연한 본능이며, 이익은 눈치 보기를 똥덩어리를 빼앗으려는 말똥구
리에서부터 서로 싸우는 닭들, 그리고 인간 사회까지 지배하는 마음의 법칙으로 바
라보았다.

고양이의 도둑질

영혼의 빈익빈부익부

나쁜 고양이의 영혼

　　예로부터 육체의 아름다움과 물질의 부유함을 얻지 못한 자들은 영혼의 부유함으로 콩고물 같은 권력이라도 얻어먹으며 살기 위해 애쓰곤 했다. 물질의 빈익빈부익부를 고질화한 권력가들과 마찬가지로, 아름다운 영혼의 소유자들은 영혼의 빈익빈부익부를 고질화하는 것에 천착하였다. 짐승 같은 영혼이 영원히 더러워지는 악순환을 한탄하는 동시에, 그것을 마음속 깊은 곳에서부터 고소해하는 것을 마지않았다. 원래 지옥 구경이 제일 재미난 법이다. 영혼의 빈익빈부익부, 영혼의 계급이야말로 결코 사라지지 않을 불멸의 카스트이다. 그래서 영혼의 계급을 간파한 사람들은 시대를 막론하고 암울한 숙명론에 빠져 인생을 끝낸다. 유학자들도 영혼이 아니라 마음이라는 단어를 사용하며 종종 마음의 가난함에 대해 말하곤 했었다. 마음의 가난함과 부유함이 대대손손 이어지는 것을 애달파하기도 했다. 이익 역시 고양이 한 마리의 마음을 놓고 그와 같은 슬픔을 느낀 바 있다. 가세가 기울기 전까지 어느 정도 넉넉한 생활을 한 이익은 산책이나 여행을 하면서 각종 동물들을 관찰하고 중국 서적이나 옛 서적에 실린 동물 지식의 진위 여부를 직접 가려 보던 실학자였다. 그는 동물의 '행태'뿐 아니라 동물의 '마음'에 대해 특히 큰 관심을 두었으며, 마을에 떠도는 동물 이야기도 그냥 넘어가지 않고 저서에 기록해 두었다. 이익은 한 고양이의 영혼이 빈익빈부익부에서 벗어나지 못함을 안타까워했다. 그가 목격한 나쁜 고양이 한 마리는 도둑질을 하며 사람들의 미움을 받았지만, 어떤 사건으로 삶이 완전히 바뀌는 경험을 한다.

떠돌아다니는 고양이 한 마리가 밖에서 들어왔는데, 천성이 도둑질을 잘하였다. 더구나 쥐가 많지 않아서 배부르게 잡아먹을 수도 없었다. 그래서 단속을 조금만 소홀히 하면 상에 차려 놓은 음식조차 훔쳐 먹곤 하였다. 사람들이 모두 미워하여 잡아 죽이려 하면 또 도망치기를 잘하였다. 얼마 후에 떠나 다른 집으로 들어갔는데, 그 집 식구들은 본래부터 고양이를 사랑했던바 먹을 것을 많이 주어 배고프지 않도록 하였다. 또 쥐도 많아 사냥을 하여 배부르게 먹을 수가 있었으므로, 드디어 다시는 도둑질을 하지 않고 좋은 고양이라는 이름을 얻게 되었다.

나는 이 소문을 듣고 탄식하며 생각하였다. "이 고양이는 반드시 가난한 집에서 기르던 고양이일 것이다. 먹을 것이 없는 까닭에 하는 수 없이 도둑질을 한 것이고, 이미 도둑질했기 때문에 내쫓긴 것이다. 우리 집에 들어왔을 때도 역시 그 본질이 좋은 것을 모르고 도둑질하는 고양이로 대우하였다. 이 고양이는 그때 형편으로 도둑질을 하지 않으면 생명을 유지할 수 없었다. 비록 사냥을 잘하는 재주가 있었다 할지라도 누가 그런 줄을 알았겠는가? 옳은 주인을 만난 다음에 어진 본성이 나타나고 재주도 또한 제대로 쓰게 되는 것이다. 만약 도둑질을 하고 다닐 때에 잡아 죽여 버렸다면 어찌 애석하지 않겠는가. 아! 사람도 세상을 잘 만나기도 하고 못 만나기도 하는 자가 있는데, 저 짐승도 또한 그러한 이치가 있다."

- 이익, 『성호사설』 제5권, 「만물문」, 투묘, 한국고전번역원, 김철희 옮김(교정: 인용자)

좋은 대우를 받아 나쁜 마음이 좋은 마음으로 바뀐 고양이의 이야기를 이해하려면 마음의 가난이 무엇인지부터 알아보아야 한다. 물질의 가난은 누구나 쉽게 공감하지만, 마음의 가난은 쉽게 이해되지 않는다. 그도 그럴 것이 물질의 가난은 대개 바로 눈에 띈다. 통장 잔고의 많고 적음과 집이 있고 없음은 누구나 쉽게 느낄 수 있다. 더군다나 인간은 상대적 박탈감에 취약하기 때문에, 잘 사는 사람조차도 물질적 가난을 체험할 수 있다. 그러나 마음의 가난은 그 정체를 쉽게 알 수 없다. 부자를 싫어하지만 부자가 되고 싶은 사람들이 좋아하는 판타지는, 가난하지만 마음은 부자인 여주인공과 부자지만 마음은 가난한 조연들로 이루어진다. 하지만 이렇게 단순히 양분할 수 없는 것이 마음의 가난함이다. 때때로 남을 사랑하는 마음이 부자인 사람도, 속으로는 자기자신을 스스로를 사랑하는 마음이 가난한 사람으로 여길 수도 있다. 이렇게 가난한 마음은 그 종류도 다양하다. 물질이 가난한 사람은 동정심이라도 얻지만 마음이 가난한 사람은 욕만 먹는다. 가난이 대물림되듯 가난한 마음도 대물림된다. 돈은 쓰지 않고 내버려두면 그 자체가 부의 축적이지만, 가난한 마음은 무엇으로 충족해야 할지 알 수 없다.

도덕 왕국이라 부를 수 있는 유학 세계에서 마음의 가난이란 실로 중요한 문제이다. 수신, 즉 자신을 닦는 행위에서 세상을 닦는 작업이 시작

이익은 심지어 고양이마저도 영혼의 빈익빈부익부에서 벗어나지 못함을 안타까워했다. 그가 목격한 나쁜 고양이 한 마리는 도둑질을 하며 사람들의 미움을 받았지만, 어떤 사건으로 삶이 완전히 바뀌는 경험을 한다.
김득신, 「야묘도추」, 18~19세기, 한국저작권위원회

되기 때문이다. 내 마음을 닦는 일이 힘들기에 남들이 자기 마음을 추스르는 일이 얼마나 힘든지도 알 수 있다. 내 마음의 가난으로 고양이의 마음이 얼마나 가난한지 유추할 수도 있다. 짐승의 마음도 가난할 수 있다. 도둑질에 천방지축인 고양이는 영원히 그렇게 살지 모른다. 그러나 짐승의 마음도 누군가 추스르고 얼러주면 풍족해질 수 있다. 정도전은 어리석은 백성이라도 지혜와 꾀로 속일 수는 없으니 오직 그들의 마음을 얻어야 한다고 하였다. 유학자들은 짐승에서부터 백성, 군주에 이르기까지

만물을 움직이게 하는 가장 강력한 요인이 마음임을 파악했다. 이익은 나쁜 고양이의 이야기를 듣고 이런 생각을 하게 되었다. 그렇다면 그 추스르고 얼러주는 일은 어떻게 해야 할까? 고양이의 마음을 움직인 사람들은 대체 어떻게 그리 한 것일까? 그저 먹을 것을 풍족하게 주면 되는 것일까? 마음의 빈익빈부익부 문제에 다가가려면 우선 유학자들이 생각한 마음의 정체를 알아봐야 한다.

뱃속에서 생기는 마음

동아시아에서 마음(心)은 뱃속에서 나온다. 마음이 심장에서 나온다는 서구적 감상에 익숙하기에 이 생각은 조금 어색하다. 그러나 유명한 원숭이 이야기를 예로 들면 어색함이 사라진다. 진나라의 환온(桓溫)이 이끄는 군사 중 하나가 원숭이 새끼를 포획하자 원숭이 어미가 슬피 울며 따라오다가 죽었는데, 그 배를 갈라보니 창자가 마디마디 끊겨져 있었다고 한다. 이는 자식을 사랑하는 마음조차 배와 연관되어 있다는 동아시아인들의 감상을 보여준다. 물론 동아시아인들도 사람이 두개골 속 뇌로 생각한다는 사실은 알고 있었다. 조선 후기 유학자 이규경(李圭景)의 유서 『오주연문장전산고(五洲衍文長箋散稿)』의 첫 장 「신형(身形)」편을 보면 동아시아인들이 뇌라는 장기를 '움직이고 깨닫기 위한 기'를 발산하는 곳, 몸의 으뜸이자 뿌리로 이해했음을 알 수 있다. 특히 몽골 출신 의사들이 말에서 떨어져 머리를 다친 사람들에게 각종 외과적 뇌수술을 진행하고, 그 과정에서 환자가 완전히 다른 인격과 지능의 사람이 되는 경우도 기록한 것으로 보아, 동아시아

고양이의 마음에 대한 이익의 생각에는 맹자의 성선설과 순자의 성악설 담론도 녹아 있다. 그리고 여기서 순자의 성악설과 맹자의 성선설은 '세상은 더러운가'의 문제가 아니라 '세상이 더럽다고 자기 자식에게 곧이곧대로 더럽다고 말해야 하는가, 그러지 말아야 하는가'의 문제일 뿐이다.

변상벽, 「국정추묘」, 17세기, 한국저작권위원회

인들도 뇌의 기능을 정확히 파악하고 있었다고 볼 수 있다. 그러나 뇌의 기능을 인지한 상태에서도 동아시아인들은 마음이 뱃속에서 나온다는 생각을 버리지 않았다. 유럽인들이 지금까지도 생각은 머리에서 나오고 마음은 가슴에서 나온다는 표현을 쓰는 것과 비슷한 맥락이다.

20세기 초부터 동아시아 전통과 단절되어 온 우리는 오히려 마음이 심장에서 나온다는 서양식 관습에 더 친숙하기도 하다. 그러나 마음이 뱃속에서 나온다는 생각은 유교 사상을 관통하는 매우 현실적인 정치론의 근간이다. 『맹자』에서 끊이지 않고 보이는 논리가 있는데, 백성은 배가 주리면 도덕심이고 나발이고 나오지 않는다는 것이다. 이 측면에서 보면 마음을 배와 연결시킨 과거 동아시아 사람들의 생각은 현대인에게도 친숙하게 다가온다. 나쁜 마음을 지닌 고양이를 갱생시킨 요인 중 하나는 먹을 것의 풍족함이었다는 것이 바로 배와 마음이 연결되는 지점이다. 이익의 고양이 이야기는 단순히 이웃집 고양이에 대한 문학적 감상이 아니다. 이 이야기에는 뱃속에서 생기는 마음, 그리고 그 마음을 어떻게 추스를 것인지에 대한, 몇 천 년간 이어지는 유학의 고민이 모두 농축되어 있다. 특히 마음에 어떤 천성이 녹아 있는지도 고민거리다. 그것은 착한 천성일까 악한 천성일까? 고양이의 본성에 대한 이익의 생각에는 맹자의 성선설과 순자의 성악설 담론도 녹아 있는 것이다.

맹자는 군자가 사람을 잘 먹이고 키워서 원래 가진 선한 본성을 잘 살려주면 된다고 하였고, 순자는 사람을 잘 먹이고 키워서 원래 가진 악한 본성을 누르면 된다고 하였다. 맹자나 순자는 똑같이 사람을 기르는 동물원 관리자의 입장에 서 있다. 그 본성이 무엇이든 간에, 유학 전통의 통치자들은 사람을 먹여 살리기 위한 필요에 따라 그때그때 맹자나 순자를 이용하기만 하면 될 뿐이다. 자기 자식에게 끊임없이, 너는 나쁜 놈이니까 평생 그 흉악한 성질을 참고 견디라고 말하는, 수치와 굴욕의 교육법이 옳겠는가? 그렇지 않다. 그러나 흉년이 와서 쫄쫄 굶어도 너희들은 원래 착한 애들이니까 그 착한 본성을 지키기만 하라는 것이 옳은가? 이 또한 적절치 않다. 흉년에 사람이 사람을 잡아먹는 일은 조선 후기에도, 미국 개척자들의 시대에도 일어났던 일이며 결코 먼 옛날 야만인들의 이야기가 아니다. 맹자의 성선설과 순자의 성악설은 백성을 상대로 한 마케팅이며, 실용적 목적이 강한 질문일 뿐이다. 언뜻 보면 이 성선설과 성악설은 마치 인간을 포함한 동물이 자연적으로 착하게 태어났는지, 또는 자연적으로 나쁘게 태어났는지 알고자 하는 욕구에서 왔다고 생각하기 쉽다. 그러나 순자의 성악설과 맹자의 성선설은 '세상은 더러운가'의 문제가 아니라 '세상이 더럽다고 자기 자식에게 곧이곧대로 더럽다고 말해야 하는가 그러지 말아야 하는가'의 문제일 뿐이다. 이익 역시 자신의 책에서 맹자와 순자를 고르게 인용하고, 어느 한쪽을 배척하지 않았으며, 맹자와 순자의 사상을 대립시키지도 않는다.

선하지 못한 싹은 배고프고 추운 데에서 시작된다. 그러나 배고프고 추운 마음이 있을 뿐이고 무슨 계교가 있어서 배고픔과 추운 것을 면하려고 하는 것은 아니다. 그리고 또 무슨 계교가 있어서 무리한 짓으로 배부르게 먹고 따뜻하게 입으려고 하는 것도 아니다. 이는 모두 나중에 와서 인심이 음탕해져서 그렇게 되는 것이고 본성이 그런 것은 아니다. (……) 비유해 말하면 마치 좋은 진주가 조개 뱃속에 들어 있는 것은 바로 적자심(赤子心)이고, 이 진주가 사람의 손에 들어온 후에 온갖 진흙과 모래가 더럽힐지라도 광채가 변하지 않는 것은 바로 대인심(大人心)이란 것이다. 저 진흙과 모래에 더럽힘을 받은 것이 어찌 진주의 허물이겠는가?

- 이익, 『성호사설』 제19권, 「경사문」, 성선, 한국고전번역원, 김철희 옮김

본성은 중요하지 않으며 굶주리지 않게 잘 키워주고 교육을 시켜야 한다. 이 생각은 과학 논쟁의 하나로서 한동안 사람들의 관심을 한 몸에 받았던 '본성과 양육'의 논쟁에서 양육에 무게를 실어주는 발언 같기도 하다. 유학자들은 동물원 관리자의 입장에서 백성의 양육에 엄청난 관심을 쏟았다. 뱃속에서 생기는 마음을 추스르고 어르기 위해 우선 뱃속을 채우는 것이 필요하다는 이익의 생각은 고양이의 갱생뿐 아니라, 인간의 갱생을 위해서도 필요하다. 그는 "노력하여 재산을 축적하거나 또는 벼슬살이로 재산을 마련한 사람이면 제법 예절을 차리고, 그렇지 못하면 안자와 백기의 자식이라 할지라도 패망의 길을 걸으며, 변수와 백이의 자손일지라도 저절로 탐욕을 억제하지 못한다"고 했다. 그러면 뱃속에서 생기는 마음을 추스르기 위해서 뱃속을 채워주기만 하면 되는 것일까? 다시 말해 잘 먹여주고 교육을 시켜주는 양육은 본성보다 더 중요한 것일까?

재주처럼 사용하는 마음

그렇지 않다. 태어나기를 되바라진 놈이라도, 돈 벌고 장가가면 부모는 나름 양육을 잘했다 생각한다. 반면에 아무리 지극정성 열심히 키워도 결혼도 못하고 돈도 못 벌면 양육법에 문제가 있었는지, 어딘가 모자란 놈으로 태어난 건 아니었는지 돌아보려 하는 게 사람이다. 본성과 양육의 문제에서 사람들이 정말로 중요하다고

생각하는 문제는 실은 본성도 아니고 양육도 아니며 다만 결과일 뿐이다. 무엇이든 겉으로 드러나는 것이 제일 중요하기 때문이다. 유학자들은 특히나 재주처럼 드러나는 마음을 중시했다. 마음은 보이지 않는다. 자기 마음에 대해 아무리 떠벌려봤자 마음을 증명하는 행위가 수반되지 않는다면 아무도 그 마음을 알 수 없다. 우리는 자신의 몸이 마음이 원하는 행위를 하지 못할 때 '자기도 자기 마음을 모른다'고 표현한다. 마음은 겉으로 드러나는 것이 전부라는 생각을 우리는 알게 모르게 스스로에게도 적용시키고 있는 것이다.

고양이의 갱생된 마음 역시 쥐를 잡고 도둑질을 멈추는 행위에서 겉으로 드러난다. 쥐를 잡는 것은 일종의 재주다. 이 재주는 또 하나의 중요한 유학적 전통이다. 인간 사이의 기술을 중요시하는 유학은 재주를 단순히 음악 연주나 글짓기에 한정시키지 않는다. 재주는 인간 사이의 모든 기술을 말하며, 수신의 세계에서는 심지어 어눌함도 재주가 될 수 있다. 착한 마음도 그 착함은 예의와 배려에서 드러나며, 예의와 배려는 시행착오와 연습에서 얻게 되는 일종의 재주이다. '마음을 쓴다', '마음을 나쁘게 쓰니까 그렇지', '마음 씀씀이가 좋아야지' 등의 표현에는 마음이 무엇이든 간에 그 마음을 재주처럼 사용해야 한다는 생각이 들어 있다.

씀씀이에 대한 강조는 비록 내 마음이긴 하나 그 마음을 누구나 사용할 수 있음을 말한다. 내가 내 마음을 사용할 수 있듯 남들도 내 마음을 사용할 수 있다. '마음 씀씀이'라는 단어에서 알 수 있듯이 씀씀이란 용도이며, 용도가 있으면 용도에서 혜택을 보거나 불이익을 보는 사람이 나 말고도 많기 때문이다. 고양이가 쥐를 잡아 마음을 좋게 쓸 수 있는 이유는 사람이 쥐잡기를 좋게 보기 때문이다. 쥐잡기 재주는 사람에게 좋게 쓰인다. 반면 쥐에게는 고양이의 재주가 참 흉흉하게 느껴질 것이다. 생각의 피드백이 되지 않는 고집스러운 사람들이 '나는 마음을 좋게 썼다'고 주장하지만, 상대방은 그가 나쁘게 마음을 쓴다고 평가하는 것도 다들 씀씀이를 다르게 평가하기 때문이다. 이익은 마음의 본성에 대해 심도 있는 추론을 하지 않는다. 그도 그럴 것이 유교에서 마음은 항상 씀씀이에 불과하며, 씀씀이는 사람들의 평가에 따라 달라지기 때문이다.

이렇게 보면 마음의 가난은 그 마음 씀씀이를 저평가하는 사람들, 또는 스스로 마음 씀씀이를 저평가하는 태도에서 생긴다. 우리는 항상 서로에게 어떤 용도로 쓰일 수밖에 없다. 세상에 쓰이고 쓰이지 않는 용도의 문제에서 자유로운 인간은 없다. 마음의 가난이 이토록 많은 사람들을 괴롭히는 이유는 한 사람의 용도를 평가하는 세상의 눈이 엑셀을 쓰는 재주 말고도 더 많고 많은 재주를 자세히 보고 있기 때문이다.

보통 사람의 심정은 처신에 있어서 반드시 남들이 나를 대우하는 것을 생각해서 한다. 세속에서 이미 천대하기 때문에 자신이 자질구레하다고 생각하여, 탐하고 야비하며 어긋한 행동을 거리낌없이 하는데, 남들이 이상하게 여기지 않는다.
- 이익, 『성호사설』 제7권, 「인사문」, 문무병용, 한국고전번역원, 성백효 외 옮김

이익은 마음 씀씀이가 천하게 평가되고 그 마음이 더 가난해지는 상황을 안타까워한다. 양육은 중요하다. 그러나 양육으로 만들어 놓은 인간의 쓰임새가 아무 쓸모가 없다고 평가받는다면 그 인간은 마음의 가난을 무엇으로 채우며, 심지어 자기 자신도 자신의 쓰임새를 찾지 못한 경우, 살아갈 이유도 찾지 못하는 마음의 가난을 그는 얼마나 원망하겠는

가? 나의 마음 씀씀이를 평가하는 타인의 눈들은 결국 나를 선택하거나 선택하지 않는 인간 시장의 수요를 만들어낸다.

인간 시장에서 선택받기

마음이 가난한 사람들은 취업이나 결혼 등 다양한 인간 시장에서 아무도 사지 않는 상품이 될 확률이 높다. 사회의 선택이 우리의 생존을 결정하기 때문에, 본성 대 양육에 대한 대중들의 논쟁은 항상 말하기 힘든 것을 말하지 않는다. 그것은 우리의 본성이 좋든 나쁘든, 우리의 몸과 마음이 잘났든 못났든 간에, 선택만 받게 된다면 아무것도 문제가 되지 않는다는 것이다. 우스갯소리로 아무리 사람이 개차반이어도 결혼을 했다면 사람 구실 하지 않겠냐는 편견은 우리 삶에서 번식할 수 있는 대상으로 선택받는 것이 도덕 따위보다 얼마나 더 중요하게 여겨지는지를 드러낸다.

인간 시장에서 선택받기 전까지는 그토록 짜증나는 단점들이, 선택받고 나면 별 근심거리가 되지 않는다. 계속되는 취업 실패가 덜떨어진 사회성과 못난 외모 때문이라며 성격 개선 프로그램에 신청을 하고 성형수술 계획을 세웠다. 그런데 어느 순간 취업이 된다면, 이전까지 쥐어뜯고 싶었던 성격과 외모는 안중 밖으로 밀려난다. 가끔 소심하고 비관적인 성격의 고시생들이 공무원 고시를 통과하고 나면 기고만장해지는 경우를 목격하게 된다. 스스로 결점이라고 여겼던 기질은 더 이상 큰 문제가 아니다. 선택받았기 때문이다. 보통 취업 시장의 성공은 결혼 시장의 성공 확률도 높이기 때문에, 양육에서 나왔든 본성에서 나왔든 더 이상 나쁜 기질 때문에 고민하게 될 일은 없을 것이다. 그리고 자신이 선택받는 것만이 중요하기에 자신이 선택하지 않는 그 무언가에 대해서는 고민하지 않는다.

요즈음 어떤 친구가 파리하고 못생긴 호마 한 필을 보고 그것이 뛰어난 재주가 있다 하여 값을 후히 주고 사오게 되었으나, 집안이 매우 가난해서 그는 말을 늘 굶겼다. 이 호마가 더욱 파리해져서 걸음도 제대로 못 걷고 장차 죽기 직전이 되자, 그는 말을 그만 잡아서 고기로 팔고 말았다. 아! 이 호마가 참으로 못생기고 쓸모가 없어서 그렇게 되었을까? 또는 그 옳은 주인을 만나지 못해서 있는 재주를 발휘하지 못했다고 할까? 또 이런 이유를 누구에게 물어 보아야 할 것인가? 이는 저 말만 그런 것이 아니고 사람도 역시 마찬가지이다.
- 이익, 『성호사설』 제6권, 「만물문」, 천리마, 한국고전번역원, 김철희 옮김

선택은 나도 하고 남도 한다. 선택받는 것만 중요하고 자신의 선택에는 무관심한 사람은, 차라리 옳은 주인을 만나지 못한 짐승처럼 자신이 제대로 된 주인을 만나야만 하는 존재임을 인정해야 한다. 못생긴 말도 천리마로 만드는 훌륭한 주인을 만나야만 하는 운명이라는 것을 인정해야 하는 것이다. 어떠한 비아냥도 의도하지 않고 말하는데, 자신이 하는 선택에 신경 쓰지 않고 선택받는 것만을 희망하며 살기를 원한다면 차라리 좋은 주인을 만나야 하는 운명을 인정하는 것이 편하다. 주인과 가축의 분리가 분명하면 동물원 관리자의 입장에서도 운영이 훨씬 편하다. 많은 유학자들이 백성 다스리는 일을 가축 기르는 일에 비유하는 것을 보면 알 수 있다. 버려지는 가축이 많으면 동물원 운영이 괴롭다. 그렇기

고양이가 쥐를 잡고 도둑질을 멈추는 행위를 사람들이 어여쁘게 여겨야만, 고양이의 마음은 갱생된다. 물질이든 영혼이든 결국 선택되는 대상이기 때문에 사람이 어여쁘게 여기거나 그렇지 않는, 수요와 공급의 문제에서 벗어나지 않기 때문이다.
군후, 「묘도」, 18-19세기, 국립중앙박물관

에 세상을 다스리는데 버릴 것이 없어야 한다는 것이 이 동물원의 운영 방식이다. 세상을 다스리는데 버릴 것, 쓸모없는 것이 많은 세상은 괴로운 세상이다. 그것은 선택받지 못한 가난한 마음이 가득하고 그 가난이 대물림되는 세상일 것이다.

선택받을 수 있는 마음

　　　　　　　　　　선택받지 못한 가난한 마음 때문에 인
간 구실을 하지 못하는 생명은 이 세상에 자기가 있을 자리를 찾지 못해
괴롭다. 그런 생명에게 마땅히 있어야 할 자리를 만들어주는 것이 유학
자들의 일이었다.

> 명철한 임금은 자기가 다스리는 세상에 한 사람이라도 마땅한 자리를 얻
> 지 못한 자가 있으면, 마치 자기가 그를 도랑에 밀어 넣은 듯이 생각한다.
> ─ 이익, 『성호사설』 제7권, 「인사문」, 쇠계사란, 한국고전번역원, 성백효 외 옮김

　그렇기 때문에 쓸모 있는 사람을 만드는 것은 인간 시장의 수요를 조
절하는 문제에 집중된다. 그러나 경제적 시장에서든 인간 시장에서든,
인간의 수요를 조절하는 것은 얼마나 어려운 일인가? 수요를 조절하려
면 우선 사람들이 어떤 인간을 욕망하는지를 알아야 한다. 그러나 인간
의 욕망은 너무나 다양해서 인간의 수요가 정확히 어떻게 흘러갈지 결코
예측할 수 없다. 다른 인간의 욕망을 예측하지 못하는 인간의 인식적 한
계는 수요조절의 시도를 열등하게 만들 수밖에 없다. 그러니 차라리 공
급을 늘리는 것이 효과적이다. 유학 전통의 역사 속 실패는 바로 수요 조
절이 매우 어렵다는 사실을 인식하지 못했다는 데서 시작된다. 그러나
보이지 않고 만질 수도 없는 도덕에 관해서는 수요를 조절하려는 시도를
할 수밖에 없다. 도덕이란 볼 수 없고 만질 수도 없는 '신용'을 발행하는
은행과 마찬가지로 그 자체가 규제 산업이기 때문이다. 다만 은행도 도
덕도 결국 시장에 종속되어 있다는 사실을 잊을 수 없다. 그렇기에 은행

이 시장 논리를 무시하며 돈의 형태를 가진 '신용'을 마구 찍어낼 수 없듯이, 유학자도 시장 논리를 무시하며 억지로 도덕 논리를 강요할 수 없다. 이익의 나쁜 고양이 이야기는 나쁜 고양이를 좋은 고양이로 만드는 시도조차 삶이라는 시장의 논리를 무시해서는 안 된다는 것을 알려준다. 나쁜 고양이가 좋은 고양이로 평가되려면 고양이에게 먹을 것을 주고 양육시켜야 하나 그것만으로는 부족하다. 고양이의 좋은 마음이 남들이 자발적으로 선택할 만한 쓸쓸이로 드러나야 한다. 즉 쥐잡기라는 재주로 나타나야 한다. 그래야만 고양이가 선택되고, 좋은 영혼이라는 것이 증명되어 아무데나 버려지지 않을 것이다. 나쁜 고양이는 드디어 '좋은 고양이'라는 이름을 얻게 되는 것이다. 선택받은 마음은 마음의 가난을 떨치게 된다.

옛날 팔사(八蜡)에서 범과 고양이에게 제사 지냄은 그가 곡식을 해치는 돼지와 쥐를 잡아먹기 때문이다. 이런 점에서 천하에는 쓰지 못할 물건이 없음을 알았다. 남쪽 지방에 개미 기르는 자가 있는데, 그 개미 이름은 양감애(귤 기르는 개미)라고 한다. 귤을 심으면 잔 벌레가 생겨서 열매를 먹는 것이 걱정인데, 개미만 많으면 벌레가 생기질 못한다. 그래서 과수원을 가진 집은 개미를 사게 되므로 드디어 파는 자가 있다. 돼지와 염소의 오줌통에 기름을 담은 다음 아가리를 벌려서 개미 구멍 옆에 놓아두었다가, 개미가 그 속에 많이 들어가면 가져가게 되니, 그 술법이 또한 교묘하다. 왕 되는 사람이 세상을 다스리는 데 버릴 인재가 없다는 것을 이로써 추측할 수 있겠다.

— 이익, 『성호사설』 제4권, 「만물문」, 양애, 한국고전번역원, 김철희 옮김

개미도 굴을 기를 줄 아는 재주를 부린다. 세상에 쓰지 못할 물건이 없도록 하는 유학자들의 마음은 개미 한 마리도 쓸모 있는 존재로 만들었다. 그리고 이익은 개미의 쓸모 있음이, 사려는 자가 있으면 팔려는 자가 있는 시장 논리 속에 있음을 주목한다. 이익은 인간 시장에서 도태된 사람을 달래기 위해 물질의 가난함뿐 아니라 마음의 가난함도 고민하였다. 물질이든 영혼이든 결국 선택되는 대상이기 때문에 수요와 공급의 문제에서 벗어나지 않는다. 다만 세상에는 자신의 선택과는 관계없이 선택받기만을 기다리는 존재들이 있다. 따라서 유학자들은 세상에 쓸모 있는 자리를 만들어야 할 뿐 아니라 쓸모 있는 자리를 배정하는 역할도 해야 한다. 바로 너에게 역할을 정해 주겠다는 오만이다. 과연 그것은 오만이지만, 이 방편은 선택받기만을 신경 쓰는 사람들의 오만과 상대하고 있기에 어쩔 수 없다. 다만 이익은 쓸모 있는 자리를 찾아주는 과정에서, 선택받지 못한 마음의 가난이 억울하게 생기는 구체적인 과정을 인식하고 이를 달래주는 방법을 고민할 뿐이다.

유학자의 동물원

눈치 보는 말똥구리

인간과 동물의 눈치 게임

파브르와 이익의 말똥구리

곤충학자 파브르는 말똥구리에 대한 통념을 깨트린 최초의 인물이다. 말똥구리는 다들 알다시피 똥 덩어리를 굴리고, 식량으로 삼고, 그 속에 알을 낳는 곤충이다. 가끔 두 마리의 말똥구리가 잘 빚은 한 덩이 똥 근처에서 발견될 때가 있다. 서구의 자연 관찰자들은 이를 두 마리의 말똥구리가 영차영차 협심해서 무거운 똥을 옮기는 것이라 생각했다. 곤충이라는 미물도 서로 서로 도울 줄 아는구나, 싶은 마음이 들었을 것이다. 그런데 파브르는 19세기 초 자신의 저서에서 이 통념을 뒤집는다. 두 말똥구리는 어려운 일을 돕는 동료가 아니었다. 파브르의 관찰에 따르면 두 벌레는 똥덩이의 주인과 그 똥덩이를 훔치려는 도둑이었다.

사람도 별 다를 바 없겠지만, 모든 동물의 행동은 음식과 배우자 자원을 찾는 일에 집중된다. 그리고 남이 찾아놓은 자원을 빼앗는 일은 그 자원을 직접 찾는 것보다 효율적일 때가 있다. 그런데 똥을 빼앗기 위해 호시탐탐하는 벌레의 행동을 협력의 태도로 착각하기 쉬운 이유가 있다. 사람들 중에도 강도질 하는 사람과 오천만 원을 열 배로 불려준다고 구슬리는 사람이 있듯, 말똥가리 세계에도 주인을 마구 때리고 똥을 뺏어가는 강도 말똥구리가 있는가 하면, 도와주는 척하다 마지막 순간 똥을 들고튀는 사기꾼 말똥구리가 있기 때문이다. 사람들은 이렇게 도와주는 척하다 똥을 훔치는 사기 행각을 정말 도와주는 것으로 착각한 것이다. 하긴 인간도 곗돈 들고튀는 사람이 누가 될지 아무도 모르는 법이다. 파브르는 이러한 사기 행각에 속지 않고 곤충들을 꾸준히 관찰한 결과 통념을 뒤엎는 결론을 얻었다.

그런데 파브르의 활동 시기 100여 년 전 이런 결론을 얻은 사람이 조선에 있었다. 바로 이익이다. 이익은 중국 문헌에 등장하는 동물 이야기가 실제로 근거가 있는 이야기인지 몸소 관찰을 통해 확인해 보던 실학자였다. 그는 중국 문헌에서 등장하는 '까치집에 들어가서 사는 비둘기' 이야기라든가 '마음을 번잡하게 쓰는 게' 이야기를 읽고 실제로 비둘기가 까치집에 들어가 사는가, 또는 게가 실제로 마음을 번잡하게 써서 땅속에 구멍을 잘 뚫지 못하는 것인가 따위의 질문을 던진다. 그의 나름의 관찰을 통해 비둘기가 아무리 성질이 '하찮아도' 까치집에 들어가 살지는 않으며, 게도 구멍을 잘 뚫는다는 결론을 내리기도 했다. 이러한 관찰기는 『성호사설(星湖僿說)』에 주로 실려 있는데, 약 1720년경부터 이익이 『성호사설』을 집필하기 시작했으니 시기상 100여 년 이전이라고 봐도 무방할 것이다. 『성호사설』에서 자연물에 대한 관찰은 주로 「만물문」이라는 분류에 있는데, 다음은 그중 말똥구리에 대한 부분이다.

한 가지 웃을 만한 일이 있다. 벌레가 똥덩이를 굴릴 때에 다른 한 벌

이익은 말똥구리가 똥덩이를 굴속에 넣어두고 먹는다는 사실을 관찰로 알고 있었다. 말똥구리는 굴을 파기 적당한 곳을 찾으면 소중한 똥을 옆에 놓고 굴을 파기 시작하는데, 굴을 깊게 파고 들어갈수록 지상에 있는 똥을 주시하기 힘들어진다. 그 순간 사기꾼은 이때다 싶어 재빨리 똥덩이를 훔쳐가는 것이다.

정선, 「하마가자」, 17-18세기, 한국미술정보센터, 한국저작권위원회레가 그 뒤를 따르면서 곁눈질을 하기를 (똥덩이를 굴리는 벌레가 똥을) 감추기를 기다려서 몰래 훔칠 계획을 한다. 따라가는 거리가 가까우면 엎드려 숨고 멀면 가만히 엿보며, 거리가 아주 멀어지면 나는 듯이 달려가서 이리저리 찾았으니 그 모습이 몹시 미웠다.

- 이익, 『성호사설』 제4권, 「만물문」, 길강, 한국고전번역원, 김철희 옮김(교정: 인용자)

남이 힘들게 굴려놓은 똥을 훔치려고 눈치 보는 벌레가 얼마나 얄미웠는지 이익은 이에 대해 시 한 수도 지어 붙여놓는다.

> 잔 벌레가 굴리는 똥은 소합환보다 가벼운데
> 두 마리가 욕본 것이 한 덩이뿐이구나
> 함께 흙 속에다 몰래 감추려 하오마는
> 어찌 알리 훔치려는 딴 벌레 있는 줄은

이익은 말똥구리가 똥덩이를 굴속에 넣어두고 먹는다는 사실을 관찰로 알고 있었다. 말똥구리는 굴을 파기 적당한 곳을 찾으면 소중한 똥을 옆에 놓고 굴을 파기 시작하는데, 굴을 깊게 파고 들어갈수록 지상에 있는 똥을 지키기 힘들어진다. 그 순간 사기꾼은 이때다 싶어 재빨리 똥덩이를 훔쳐가는 것이다. 이익이 "감추기를 기다린다"고 하는 것은 바로 이 순간을 말하는 것이다. 이익은 다음 글에서 '우연히' 만난 말똥구리들이 '이리저리 뒤섞여' 똥덩이를 차지하기 위해 경쟁하는 과정을 이야기한다. 또한 먹을 것을 숲속에 숨기는 까마귀와 까치의 습성 역시 정확히 관찰하여 전달한다.

『자서(字書)』에, "말똥구리는 똥덩이를 둥글게 만들어, 암컷과 수컷이 함께 굴려다가 땅을 파고 넣은 다음, 흙으로 덮고 간다. 며칠이 되지 않아 똥덩이는 저절로 움직이고 또 1~2일이 지나면 말똥구리가 그 속에서 나와 날아간다." 하였다.

나는 일찍이 징험해 보니, 자못 그렇지가 않다. 처음에는 여러 벌레가 함께 더러운 똥 속에 있는데 벌레는 많고 똥이 적으면 다 빨아먹고야 말고, 그렇지 않으면 서로 나눠서 갖되, 두 벌레가 한 덩이씩 차지해서 굴리는데 이리저리 뒤섞여 구별이 없으니, 이는 우연히 서로 만난 것이지, 그 암컷과 수컷은 아니었다.

그 똥덩이를 흙 속에 묻어둠은 다음날 먹으려고 쌓아 놓는 것이다. 까마귀와 까치가 먹을 것을 얻으면 반드시 남모르게 우거진 숲속에 간직해 두었다가 조금 지나면 파헤쳐 먹는 것과 뭐 다르겠는가? 사람들은 그 벌레가 땅 속에서 나오는 것만 보고 똥덩이가 변해서 벌레가 되었다고 하는데, 이런 이치는 없을 듯하다. 나는 일찍이 다음과 같은 시를 읊었다.

뜰에 영통 있는 것을 용하게 알고 찾아와서
뒤에서 밀고 앞에서 당겨 애써 가져가는구나
우연히 서로 만나 같은 이익을 구하는 거지
본래 두 벌레가 한마음을 하는 건 아니네

이는 내가 직접 눈으로 보고 알아낸 것이다.

- 이익, 『성호사설』 제4권, 「만물문」, 길강, 한국고전번역원, 김철희 옮김

말똥구리의 눈치 보기

　　　　　　　　요리조리 눈치를 보며 도둑질하려는 벌레가 어찌나 얄미워 붓을 들었는지 300여 년이 지난 지금 읽어봐도 이 벌레가 참 얄밉다. 이렇듯 벌레의 행위에서도 생존이라는 큰 주제 아래 사람이 공감할 수 있는 부분이 많다. 파브르 역시 똥덩이를 빼앗긴 주인의 허망한 심정에 동조하고, 그럼에도 불구하고 묵묵하게 다른 똥 무더기를 찾으러 떠나는 벌레의 끈기에 감탄한다. 이렇게 동물을 본능만을 따르는 존재로 보지 않고 지각하고 결정하는 지능적 생물로 보았다는 점에서 이익과 파브르의 논의는 매력적이다. 하지만 이들의 논지를 오늘날 동물행동학과 역사적·인과적으로 연관 지어 보기는 힘들다. 파브르보다 100년이나 앞선 발견이 조선에서 나왔지만 이 역시 인과적으로 무의미하다.

　동물행동학은 말 그대로 동물 행동을 연구하는 학문인데, 단순히 동물 행동을 관찰하고 나열하는 학문은 물론 아니다. 동물행동학자들은 동물의 행동을 모성, 공격성, 친화성, 사회성 등과 같은 특정 행위로 분류하고 행위 자체를 설명하는 이론을 정립한다. 파브르는 이론 정립보다는 정확한 관찰과 상세한 묘사가 중요하다고 생각했다. 이익 역시 동물의 특정 행위에 대한 이론을 만들려 하지 않았다. 그러나 동물행동학에서 한 단계 나아가 동물이 어떻게 생각하는지에 대해 연구하는 인지생물학을 보면 파브르와 이익의 동물 이야기와 일맥상통하는 논지가 있다.

　인지생물학은 본격적으로 동물의 지능을 연구하는 학문이다. 구더기조차 비교적 합리적인 판단을 내릴 줄 안다는 사실은 인지생물학의 수많은 연구 결과들 중 하나이다. 동물들은 기본적으로 단 것을 좋아한다. 당질이 즉각적으로 에너지를 공급하기 때문이다. 구더기 역시 단 것을 좋아하기 때문에 달달한 냄새가 풍기는 쪽으로 움직인다. 그러나 소금물 위에 있는 구더기에게 나쁜 기억을 불러일으키는 냄새와 한 번도 맡아본 적 없는 새로운 냄새를 흘려주면, 구더기는 맡아본 적 없는 새로운 냄새에 대한 판단을 내리게 된다. 맛없는 소금물 위에 계속 있을 것인가? 아니면 위험을 무릅쓰고 새로운 냄새가 나는 쪽으로 가볼까? 구더기는 새로운 냄새가 풍기는 쪽으로 기어간다. 하지만 구더기를 설탕물 위에 올려두고 상기한 바와 똑같은 두 가지 냄새를 풍기면, 구더기들이 '위험을 감수하지 않고' 계속 머물면서 설탕물 잔치를 즐긴다.[주16] 굳이 갖다 붙이자면 구더기가 리스크 개념을 인지하고 있는 것으로 볼 수 있다. 학습하고, 학습한 정보와 새로운 정보를 재가며 합리적인 결정을 내리고, 다른 동물의 행동을 주시하는 동물의 지능은 인간의 행위와 지능에 대해 새로운 관점을 제시해 준다.

이익의 관찰 역시 동물행동학 및 인지생물학과 역사적·인과적 관계는 없으나, 동물 행위를 통해 인간 행위에 대한 관점을 제공하려고 시도한다는 점에서 의미 있는 결론을 얻을 수 있다. 이익은 말똥구리가 도둑질을 시도하는 과정을 곁눈질하며 눈치 보는 행위로 서술한다. 여기서 '눈치 보기'는 비굴한 태도를 비난하려는 의도로 사용된 단어가 아니다. 눈치 보기란 '남의 마음을 알아내는 것'이다. 우리는 매일매일 남의 마음을 예상하면서 살아간다. 인지심리학에서는 이를 마음 이론(Theory of Mind)이라고 부른다.

사람의 삶이란 눈치 보는 일의 연속이라 해도 과언이 아니다. 동물의 삶도 마찬가지다. 똥덩이를 굴리는 말똥구리가 너무 가까이 있으면 엎드려 숨는다. 멀면 가만히 엿본다. 그러다가 너무 멀어지면 나는 듯이 달려

이익은 '새' 실험을 통해서 동물의 '눈치 보기'라는 행위를 관찰한다. 새 한두 마리는 겁을 주어도 쉽게 날아가지 않는다. 그러나 새들이 여러 마리 있을 때, 한 마리 새가 겁을 먹고 날아가면 다른 새들도 반드시 그 새를 따라 날아가게 된다. 군중은 서로 눈치를 보며 자신의 의견을 조정하는데, 그 결과 군중 전체가 비슷한 의견, 비슷한 마음을 가지게 된다. 이익은 인간의 그러한 과정이 새 무리와도 비슷하다고 본 것이다.

조속,「화조도」, 17세기, 국립중앙박물관

유학자의 동물원

간다. 적이 가까우면 숨고 멀어지면 접근한다. 가장 기본적인 동물 행동에도 '남이 나를 봤을까?'라는 물음에 대한 값을 구하는 노력이 필요하다.

말똥구리의 눈치 보기는 사람의 눈치 보기라는 지능적인 행위가 아니라 너무나 당연한 본능 같다. 가까우면 숨고 멀어지면 쫓아간다는 단순한 사실을 그대로 인간의 눈치 보기와 비등하게 볼 수 없다. 그러나 인간의 눈치 보기는 정말 월등하게 지능적일까?

새들의 눈치 보기

이익은 눈치 보기라는 행위가 말똥구리뿐 아니라 인간도 사용하는 인지 방식으로 바라보았다. 이익은 '새' 실험을 통해서, 군중의 집합적인 힘이 마음을 똑같이 공유하기 때문에 생기는 것이라 주장한다. 이익은 사람 마음의 작동 원리를 새를 이용한 실험을 통해 찾아보고자 했다. 군중은 서로 눈치를 보며 자신의 의견을 조정하는데, 그 결과 군중 전체가 비슷한 의견, 비슷한 마음을 가지게 된다. 이익은 그러한 과정이 새 무리에서도 나타난다며 '눈치 보기'라는 인지 방식이 동물이나 인간 모두가 사용하는 것이라고 생각해 본다.

천하의 일이 모두 형세부터 먼저 얻어야 하지만, 오직 군사에 있어서는 더욱 그렇다. 대개 한 명이 1백 명을 당할 자가 있다 하더라도 1백명이 쓰는 힘을 한 사람으로써는 당할 수 없는 것이고, 또는 보통 사람의 힘이 1백 근 무게는 들 수 있지만 1만 근 무게를 들 만한 힘은 없다.

그러나 그 1만 근을 이기는 것은 마음을 하나로 하기 때문이다. 내가 일찍이 새 쫓는 사람에게서 실험해 보니, 밭두둑에 서서 채찍을 휘두르며 소리를 지르면 뭇 새는 쉽게 날아가지만 단 한 마리만 있을 때는 쫓기가 어렵다. 여러 마리가 있을 때는 반드시 먼저 놀라는 놈이 있어 한 마리가 날면 여러 마리가 다 따르지만, 단 한 마리가 있을 때는 혹 해가 없을 것이라 헤아려 제 자리에 그대로 있다.

- 이익, 『성호사설』 제19권, 「경사문」, 심일, 한국고전번역원, 김철희 옮김

    이익의 이 실험은 오늘날 인지생물학자들이 '군서 본능'이라고 일컫는 생명의 인지 방식을 도출해 낸 실험 과정과 흡사하다. 군서 본능 실험은 주로 로봇 바퀴벌레, 로봇 물고기를 이용해 무리 짓는 습성의 동물을 관찰한다. 로봇 바퀴벌레와 로봇 물고기가 무리 속에서 동료로 인정을 받으면 실험이 시작된다. 그 결과 떼를 지어 다니는 동물들은 확신을 가지고 앞서가는 로봇 동료를 무작정 따라간다는 사실이 밝혀졌다. 무리들은 각자 위험을 감지해도 확신에 찬 듯 용맹하게 물을 가르는 선방의 로봇 물고기를 따랐다.[주17] 물론 인지생물학자들이 말하는 '군서 본능'을 이익이 말하는 '눈치 보기'와 그대로 연동시켜서는 안 된다. 여기서 군서 본능은 말 그대로 자연선택된 본능으로서 간주되기 때문이다. 이익이 주목한 것은 본능이냐 지능이냐의 구분이 아니라, 같은 무리의 새들을 쫓아 무작정 달아나는 새들의 '눈치 보기'를 인간 사회에도 적용할 수 있을 것이라는 생각이었다.

    눈치 보기의 또 다른 예가 있다. 2009년 8월에 방송된 EBS의 〈다큐프라임〉은 재미있는 실험을 선보인 바 있다. 아이들에게 익숙한 모양의 과자와 이상하게 생긴 울퉁불퉁 과자를 주면, 아이들은 당연히 익숙한 과

자를 집어먹는다. 이상하게 생긴 과자는 얼굴을 찌푸리며 먹지 않는다. 그런데 엄마가 아이 옆에 다가와 이상한 과자를 먹으면서 '아휴, 맛있다!' 하면, 아이들은 엄마를 따라 처음 보는 괴상한 과자를 즐겁게 먹는다. 아이들은 새로운 음식의 섭취 여부를 엄마라는 믿을 만한 사회적 정보원에 따라 판단한다. 쥐들도 사회적 정보에 따라 판단을 할 줄 안다. 쥐들은 복통을 일으킨 음식이라도 동료 쥐가 그것을 먹으면 회피하지 않고 여전히 '나쁜 음식'을 먹는다.[주18] 나와 비슷한 동물이 하는 행동을 주시하고, 그대로 따라해 보는 것은 동물에게 있어 중요한 생존 전략이다. 그러나 전략이 안 좋은 결과를 불러일으킬 수도 있다. 좋은 결과가 보장되지 않는데 남들의 눈치를 볼 수밖에 없는 경우도 있다. 이익은 이렇게 남의 눈치만 보는 예로서 이번에는 동물이 아니라 사람의 예를 든다.

> 매양 과거 시기가 되면 나라에선 시험 보는 자들에게 넓고 두터운 종이를 쓰지 못하도록 법령을 내리나, 시험 보는 자들은 서로 시샘을 하며 값비싼 종이만 쓰는 데 힘쓰고, 품질이 낮은 종이는 죽어도 쓰지 않는다. 과거 급제자를 공표할 때 보면 과연 질 낮은 종이를 쓴 이가 합격됨이 적었다. 자신의 이해와 관계되는 헛된 일을 명목만으로 금지시킬 수 있겠는가?
> - 이익, 『성호사설』 제6권, 「만물문」, 형석, 한국고전번역원, 김철희 옮김

부패한 관리들이 답안 종이의 질을 따져서 급제자를 뽑지는 않았을 것이다. 다만 재력가 자제들을 뽑아주다 보니 결과적으로 품질 좋은 종이를 쓴 시험자가 급제한 것처럼 보였을 것이다. 그러나 가능한 조금의 희망이라도 놓치고 싶지 않은 수험자들은 품질 좋은 종이를 쓰지 않고서

는 불안한 마음을 견딜 도리가 없었을 것이다. 자신의 이해가 관계되는 일이니 이성적으로 생각하기 힘들다. 너나 할 것 없이 품질 좋은 종이만 쓰는데, 나 혼자 품질 낮은 종이를 쓸 수 있을까? 품질 좋은 종이를 쓰지 말라는 법령이 내려도 사람들은 항상 서로의 눈치를 본다. 법령이 내린다고 내 옆에 저 놈이 과연 질 좋은 종이를 쓰는 것을 포기할까? 나 혼자 법을 지킨다 해도, 다들 눈치를 보느라 좋은 종이를 쓸 것이 틀림없다. 남이 어떤 종이를 쓸지 예상하는 것, 남의 눈치를 보는 과정의 영향력이 이토록 강력하다.

인간의 눈치 보기

지금이야 그깟 종이 얼마나 하겠냐고 말할 수 있겠지만, 당시에는 곡식의 가격 가치가 너무나도 낮아 곡식을 팔면 남는 재산이 얼마 없었다. 고급 종이를 사는 것이 얼마나 큰 기회비용이었는지 우리는 상상하기도 힘들 것이다. 더군다나 이익은 과거를 보러 가는 선비가 종이 외에도 많은 비용을 들여야 한다는 사실을 지적한다. 지방에서 서울로 오는 비용, 이동하는 동안의 식비도 식비거니와, 시험 준비물인 붓자루와 종이, 먹까지 본인의 비용으로 준비해야 하니 한번 과거에 응시하고 나면 온 집안이 다 빈털터리 신세가 된다. 전답을 팔아 과거를 보고 파산 지경이 되는 사람도 많았다. 그토록 많은 비용을 치르면서도 남의 눈치를 보며 비싸고 좋은 종이를 쓰려는 사람의 운명이 참으로 처절하다. 혼자 있을 때는 별일 아니라고 판단하는 새들도 놀라 날아가는 무리를 보면 반드시 같이 날아간다. 무리를 좇는 것은 분명 이

유학자의 동물원

점이 많은 전략이다. 분명 100마리의 정보량이 1마리의 정보량보다는 상황 판단에 적절할 것이다. 법이 금지하는데도 남들이 하는 대로 따라하는 것은 그토록 거부하기 힘든 유혹이다.

눈치를 볼 수밖에 없는 본능은 분명 많은 문제를 일으킨다. 왜 남들 사는 주식을 따라 사는 것일까? 남들 따라 주식 살 때는 이미 내리막이다. 왜 지어져 있지도 않은 건물을 모델하우스만 보고 구입한 후 피를 보는 걸까? 이에 지식인들은 남의 눈치를 보며 무리만 쫓아 날아가는 비합리적 행동을 비판하고 그들이 어서 계몽되기를 바라며 잡지에 투고하고, 강연도 한다. 지식인들은 천민자본주의, 진정한 행복, 인간이 사는 이유 등을 들먹이며 아파트 값, 명품백, 영재학원에 미쳐 돌아가는 사람들을 비판한다. 그러나 비판에 대한 화답은 없고 메아리만 돌아온다. 왜 그럴까? 여기 더 훌륭한 삶이 존재하는데, 왜 이대로 살려 하지 않을까? 지식인들은 지친 듯 스스로 답변해 본다. 천박해서? 그리고 곧 그 답변을 철회하며 말한다. 아니야, 그 근본은 천박하지 않아. 그러니 계몽의 물결을 멈출 수 없지.

데이비드 흄은 어떤 말이 진실이 아니라 할지라도, 그 말을 발화한다는 사실 자체로 소정의 목적을 달성하게 된다고 하였다.[주19] 천박하다는 발화가 이루어진 뒤 그 발화를 철회하는 과정의 반복을 통해서 언제까지고 그 발화를 계속할 수 있는 상태를 만드는 것이다. 예나 지금이나 대부분의 지식인들이 원하는 것은 단 한 가지다. 그것은 소리 높여 외치는 행위 그 자체. 인권과 인간의 행복을 수호하기 위해 비판한다는 자부심, 가련한 천민들을 계몽시키겠다는 외침이다. 외침을 위한 외침은 고급 종이를 쓰는 것을 멈추게 하지 못한다. 그렇다면 눈치를 볼 수밖에 없는 동물적 행동의 폐해는 대체 어떻게 바로잡는가? 바로 눈치 보는 동물의 눈치를 역으로 보는 것이다. 정말 '더럽게 말 안 듣는' 닭들을 키우며 이 오합지졸들을 어떻게 정리할지 고민하는 이익의 글을 보자.

> 뭇 닭은 서로 다투어가면서 먹을 것을 구하다가 어떤 때는 방안에 있는 의자와 자리에 모여들기도 하고 지팡이와 신을 밟아 더럽히기도 한다. 휘몰아 쫓아도 그치지 않는 바, 나는 하는 수 없이 지팡이로 두들겨 대는데 혹 상처를 입히기까지 한다. 먹는 것은 이롭게 알고 지팡이에 맞는 것은 해롭게 알지만, 잠깐 얻어맞는 것은 가볍고 오래 먹는 것이 중하기 때문에 아픈 상처를 참으면서 여전히 먹을 것을 다툰다. 휘몰아 쫓으면 겨우 물러가는 척하다가 조금 지나면 다시 되돌아와서 서로 다투게 되는데, 오직 미처 오지 못할까 두려워한다. 만약 먹는 것을 가볍게 생각하고 얻어맞는 것을 무겁게 여긴다면, 놀래면서 흩어지고 멀리 도망쳐 가버릴 것이다. 이는 모두 이해와 득실에 관계된 까닭이라 하겠다. 사람이 당(黨)에 치우쳐서 다투는 것도 벼슬과 녹봉 때문이다. 때로 혹 죄를 얻어 온갖 고통을 겪는 자도 있으나, 희망하는 것이 오직 벼슬이기 때문에 벼슬 얻기를 도리어 중히 여기고 고통을 겪으면서도 죄는 꺼려하지 않는다. 진실로 벼슬을 끝내 더 얻지 못할 줄 안다면 비록 죄를 가벼이 여긴다 해도 반드시 죄를 범하지 않을 것이다. (……) 또 사람에겐 닭만도 못한 것이 있다. 뭇 닭이 서로 먹을 것을 다툴 때는 날기도 하고 달리기도 하며 못하는 짓이 없이 싸우다가도 그 일만 끝나면 서로 다투던 것은 아무 흔적 없이 되고 여전히 좋게 지낸다.
> - 이익, 『성호사설』 제6권, 「만물문」, 축계지편당, 한국고전번역원, 김철희 옮김(교정: 인용자)

유학자의 동물원

닭들이 잠깐 얻어맞는 것은 가볍게 여기고 오래 먹는 것을 중요하게 여기듯, 우리 모두 가볍고 무겁게 여기는 각자의 가치 체계를 지고 있다. 나는 너의 눈치를 보며 내가 원하는 일의 실현 확률을 계산한다. 그러니 외침과 규제가 효과가 있으려면 눈치를 보는 사람의 눈치를 역으로 눈치 보는 저자세로 접근해야 한다.

정선, 「등롱웅계」, 17세기, 한국미술정보센터, 한국저작권위원회 다투는 닭들을 두들기고 나서 다투는 인간들을 다스리는 법을 고민하는 이익의 동물원 관리법이 정말 입맛을 떨어지게 하지 않는가? 살을 빼고 싶다면 꼭 이익과 정도전의 책을 읽기를 권장한다. 그러나 두들겨 패는 행위와 인간에게 가하는 처벌을 비유한 것은 다만 비유일 뿐이니, 먹는 것을 무겁게 여기고 처벌을 가볍게 여기는 닭들 앞에서 거꾸로 닭의 눈치를 보는 이익의 생각에 주목하는 것이 좋다. 동물이나 인간이나 모두 이해와 득실에 따라 움직인다. 그리고 우리는 항상 남의 눈치를 보며 움직인다. 그런데 우리가 지식인의 외침과 법적 규제에 따라 움직이지 않는 이유는, 그들의 외침과 규제가 눈치를 보는 우리의 눈치를 보지 않기 때문이다. 지식인들의 외침과 규제는 사람과 동물의 눈치를 보기는커녕 자신들이 좋아하는 가치, 또는 외국에서 수입한 가치를 소개하고픈 욕망에서 나올 뿐이다. 사람들은 항상 다양한 인간 사회 및 세부 그룹 속에서 다른 이의 눈치를 보며 살아간다. 그 과정에서 과연 지식인들이 주장하는 가치를 무작정 따르기 위해 내 바로 옆에 존재하는 수많은 인간 군상들의 눈치를 싸그리 무시하고 살아갈 수 있을까? 수많은 지식인들은 자신들이 소개하는 가치가 세상의 눈치를 보지 않고 따를 수 있는 최고의 가치라고 아우성이다. 그러나 어떤 가치가 다른 가치에 비해 무조건적인 우월성을 가진다고 주장한다면, 그것은 폭력이자 강압적인 종교와 다를 바 없다. 인권 역시 마찬가지다. 인권은 목적이지 가치가 아니다. 그러나 전통적인 종교를 믿던 지식인들은 오늘날 인간성과 인권을 교리로 삼는 인간 종교로 갈아탔다. 전통적인 신을 믿는 것보다 인간성과 인권을 믿는 것이 더 멋져 보이기 때문일까? 인간성과 인권은 믿어야 하는 것이 아니라 현실적인 방법론을 요구해야 하는 인류의 목적이다. 그러나 현실적인 방법론에 관심이 없는 지식인들은 교조적인 가치를 떠

유학자의 동물원

벌리기 바쁘다. 인간성이라는 종교의 교주가 되고 싶어하는 이들의 폐해를 조선 후기 실학자들이 미리 예상이라도 한 것인지, 실학자들은 이러한 인간 종교의 해악이 무엇인지 미리 예상한 바 있다. 이것이 4장의 주제이다.

닭들이 잠깐 얻어맞는 것은 가볍게 여기고 오래 먹는 것을 중요하게 여기듯, 우리 모두 가볍고 무겁게 여기는 각자의 가치 체계를 가지고 있다. 나는 너의 눈치를 보며 내가 원하는 일의 실현 확률을 계산한다. 외침과 규제가 효과가 있으려면 눈치를 보는 사람의 눈치를 역으로 눈치 보는 저자세로 접근해야 한다. 가벼운 비용이 뒤따르는 일의 폐해를 줄이려면, 그 가벼운 비용을 무겁게 만들어야 한다는 것이 이익의 생각이다. 눈치를 보는 것은 바로 그 사람의 저울 위에 내가 올라가 보는 것이다. 남의 눈치를 내가 보고, 남은 나의 눈치를 보는 과정이 반복되어, 모두가 비슷한 저울을 가지게 된다. 그렇다면 외침과 규제 역시 교조적이고 추상적인 가치로 판단하는 대신 사람들이 공통적으로 가지게 된 저울을 가지고 상대할 수밖에 없다.

상이 후하지 않으면 선을 권할 수 없고, 형벌이 엄하지 않으면 악함을 징계할 수 없는 것이다.

- 이익, 『성호사설』 제14권, 「인사문」, 천현, 한국고전번역원, 정지상 옮김

꿀벌의 복종

너는 나의 일벌

꿀벌의 복종

어린 벌더러 누가 꿀을 따오도록 가르쳤나
다리에 가득하고 수염까지 차도 피곤한 줄을 몰라라
애석하게도 사람들은 본성을 잃은 자 많으니
양지를 가진 미물만도 못하구나

\- 정온, 『동계집』 제1권, 「칠언절구」, 벌통에 앉아서 느낌을 적다, 한국고전번역원, 조
동영 옮김

동서고금 벌에 대한 사람의 관심은 이렇다. 사람 사회에서는 부패와
탈세, 범죄 등을 일삼으며 인간으로서 직무유기를 하는 자가 많은데, 어
떻게 저 작은 벌들은 한 마리도 빠짐없이 제 할 일을 하고, 누구 하나 욕
심 부리지 않으며 자발적으로 질서를 지키는 것인지 자못 신기하기만 하
다. 조선 유학자들의 문집에서도 벌에 대한 관심은 자연스러운 질서 유
지에 대한 부러움과 신기함으로 나타난다. 여왕벌과 일벌로 이루어진 꿀

벌 사회는 수직적인 관계에 충성하는 유학자들에게 영감을 주기에 더할 나위 없이 좋다. 일벌들이 여왕벌에게 충성하듯이, 아들은 아버지에 충성하고 신하는 임금에 충성해야 한다. 그리고 무엇보다 조선의 왕은 중국의 황제에게 충성해야 한다. 수직적 관계, 특히 조선의 사대주의는 현대 한국인의 자존심을 살살 긁는다. 중국이 뭐라고 그리 부여잡고 있었냐고 답답해하는 사람들은 타임머신이라도 타고 날아가 역사를 바꿀 기세다. 유학자들의 수직적 관계 또는 귀천의 관계는 현대인들이 가장 입맛 없어 하는 부분임이 틀림없다. 그래서 사학자들은 애써서 조선의 충효를 근대적 가치관을 가진 우리 입맛에 맞게 요리하기도 했다. 개혁적인 실학자들조차 의문을 제시하지 않았던 조선의 군신 관계는 세상과 타협한 마지노선으로, 사대주의는 실용적 외교 노선으로 소개하는 것이다.

그러나 수직적 관계에 대한 조선 유학자들의 믿음은 매우 내재적이기에 정치적 타협이나 실용적 외교력으로만 볼 수는 없다. 나랏밥을 먹고 사는 관리들처럼, 임금벌과 일벌 모두 함께 '하늘의 복록'을 먹고 사는 꿀벌 왕국에 대한 글을 보자.

밀양 사람이 꿀벌을 기르는 자가 있었다. 뭇 벌보다 특히 큰 놈이 왕벌인데 주인이 그것을 몰랐다. 어느 날 그 왕벌이 밖에 나갔다가 제 집으로 날아 들어가는 것을 보고 주인은 딴 종류의 벌이 꿀벌을 해치려는 줄 알고 죽여 버렸다. 그랬더니, 며칠 뒤에 뭇 벌이 모두 왕벌의 주위에 모여서 단란하게 죽으니, 주인이 이것을 보고 눈물을 흘렸다 한다. 내가 이 말을 듣고 슬퍼하며 말하기를, "꿀벌은 무지한 벌레이다. 그가 왕벌에게 덕을 보는 것이라곤 오직 좇아 날아 집을 차지하여 같은 집에서 꿀을 만들 뿐인데, 오히려 같이 죽음으로써 은혜를 갚거든,

하물며 신하는 임금과 한 몸이 되어서 함께 하늘이 주는 자리를 누리고, 함께 하늘의 복록을 먹으며, 좋은 일 궂은 일 함께 하며, 살고 죽기를 같이 하니, 의(義)는 진실로 임금을 위하여 죽음이 있을 뿐이요, 다른 길이 있을 수 없다. (……) 오직 미물만이 신하 된 자의 거울이 될 만하다." 하였다.

- 이첨, 『동문선』 98권, 「설」, 밀봉설, 한국고전번역원, 임창재 옮김(교정: 인용자)

중세 유럽의 신학자들이 꿀벌 왕국에서 신이 창조한 세계의 조화로움을 발견했듯이, 동물 세계를 바라보는 사람은 누구나 그 세계에서 자신이 추구하는 세계관을 찾아내려 한다. 유학자들의 경우 그것은 군신 관계 또는 상하 관계로 일컬어지는 수직적 관계의 세계관이었다. 양봉을 하며 꿀벌 왕국의 천태만상을 지켜보던 이익(李瀷) 역시 그러한 세계관을 발견한다. 여기서 이익은 한 가지 의문점을 가졌다. 일벌들은 뼈 빠지게 일하는데 대체 임금벌이라는 놈은 무엇을 하고 있는 걸까?

양봉을 하며 꿀벌에 대한 애정이 깊어졌는지 이익은 저서에서 꿀벌을 자주 언급하며 바로 임금벌(여왕벌)의 게으름을 지적한다. 그는 자신이 기르는 꿀벌들의 집을 하나의 왕국으로 여기고 그 왕국 역사의 제1장을 다음과 같이 적는다.

임금이란 벌은 위에서 하는 일 없이 편하고, 신하란 벌들은 밑에서 온갖 노력을 해야 한다. 하지만 그 생긴 모습들이 모두 달라서 비록 반란을 일으키려 해도 할 수 없다. 이러므로 임금의 은택이 신하에게 미치는 것이 없어도 원망도 배반도 할 수 없게 된다. 성을 내서 쏠 때면 반드시 죽게 되지만, 그 용맹은 제 자신을 위해서가 아니고 부지런히 임금만 섬

유학자의 동물원

이익은 벌들이 아무리 하찮은 미물일지라도 임금벌이 무위도식하는 것을 참아주지는 않을 것이라고 생각했다. 게다가 이익은 '쏘는 벌레로서 어질고 착하기는 꿀벌 같은 것이 없다'며 일벌들의 서로 다투지 않는 성품을 높게 평가하였다. 이렇게 훌륭한 벌들이 왜 임금벌의 게으름은 눈감아주는 것일까?

신사임당, 「초충도」, 16세기, 국립중앙박물관

기기 때문에 서로 의심도 불평도 시기도 하지 않는다. (……) 대개 임금이 있고 신하가 있는 것을 국가라 하고, 국가가 있으면 역사도 있어야 하기에. 이 임금과 신하의 사실을 합쳐 적어서 1부의 봉사를 만든다.

– 이익, 『성호사설』 6권, 「만물문」, 봉사, 한국고전번역원, 김철희 옮김(교정: 인용자)

신하 벌이 임금벌을 위해 죽기까지 하며 봉사하는데 왜 임금벌은 편하게 살면서 신하 벌이 먹여주기만을 기다리는 걸까? 이익은 임금벌이 대체 무슨 은혜를 베푸는 것인지 아리송해했다. 그가 지켜본 바 임금벌은 구멍에 처박혀 무위도식하는 쓸모없는 왕이었다. 아마 이익은 구멍에서 여왕벌이 '쉬지 않고' 산란한다는 사실을 알지 못했던 모양이다. 이 사실을 몰랐던 이익의 눈에는 임금벌이 따로 하는 일이 없어 보였다. 대체 신하에게 미치는 임금벌의 은택은 어떤 것이길래, 이 꿀벌 왕국에는 반란도 혁명도 일어나지 않는 걸까? 이익은 벌들이 "아무리 벌일지라도", 즉 아무리 하찮은 미물일지라도, 임금벌이 무위도식하는 것을 참아주지는 않을 것이라고 생각했기에 더 큰 의문을 가졌을 법하다. 게다가 이익은 "쏘는 벌레로서 어질고 착하기는 꿀벌 같은 것이 없다"며 일벌들의 서로 다투지 않는 성품을 높게 평가하였다.

침을 한 번 쏘면 다시 살 수 없건마는
용기를 냄은 자신을 위한 것이 아니도다
사물을 두고도 서로 다투지 아니하니
그 얼마나 어진가

– 이익, 『성호전집』 제48권, 「찬」, 꿀벌에 대한 찬, 양기정 옮김

유학자의 동물원

이익은 일벌과 임금벌이 단순히 생긴 모습이 다르기에 그 권력 관계가 전복될 수 없다고 단언한다. 생긴 대로 살 수밖에 없다는 소리다. 이건 대체 무슨 논리인가? 그 권력 관계가 유지되는 질서가 무슨 의미를 가질 수 있는가?

심사정, 「훤초봉접」, 18세기, 한국저작권위원회

이렇게 훌륭한 일벌들이 무위도식하는 임금벌에게 복종하는 것이 이익은 썩 마음에 들지 않았던 것이다. 그러던 와중에 이익은 기존의 여왕벌이 새 여왕벌에게 벌집을 내주고 일벌들과 함께 날아올라 새 벌집을 지을 장소를 찾는 광경을 목격한다.

나는 벌을 기르면서 옛날 천자가 순행을 다닌 것이 의의가 있었던 것을 알았다. (……) 날마다 그 하는 짓을 살펴보면, 소위 임금이란 벌은 아무것도 생각하는 바가 없는 듯하다. 그러나 임금의 동정은 여러 벌들이 반드시 지켜보는 모양이다. 떼를 지어 날아 휩싸고 있을 때는 그 임금이 그 안에서 순행을 하고 있다는 점을 짐작할 수 있는데, 날마다 한낮이 지나면 반드시 그렇게들 한다. 이런 뜻으로 미루어 보건대, 임금이란 것도 역시 한 마리 벌로서 구멍에 처박혀 있기만 하고 아무 하는 일이 없다면, 뭇 벌들이 무엇으로 그 임금이 있고 없음을 알겠는가? 이러므로 임금으로서도 반드시 때때로 나와서 순행하고 경계한다. 마음과 뜻을 서로 통하게 하고 위와 아래가 서로 굳어지도록 하는 것인데, 이는 그냥 내버려두어서는 저절로 되지 않는 일이기 때문이다. 이렇게 하지 않고 흙을 뭉치거나 나무를 깎아 임금의 모습만 그려 넣고 허수아비처럼 세워 놓는다면, 아무리 벌일지라도 여럿이 함께 (그 허깨비 왕을) 높이면서 깨닫는 바가 없겠는가? 이런 이치는 반드시 없을 것이다.

    - 이익, 『성호사설』 5권, 「만물문」, 봉순, 한국고전번역원, 김철희 옮김(교정: 인용자)

이익은 이 과정을 임금의 순행에 비유할 만하다고 생각했다. 이익은 옳다구나 이것을 군신 관계의 표본으로 제시한다. 이익은 위아래의 구분, 군신과 귀천의 관계가 명확해야 하며, 그 구분이 명확한 상태로 유지되도록 왕과 신하가 노력해야 한다고 보았다. 설사 왕이 왕의 역할을 미흡하게 하여도 위아래의 질서는 유지되어야 한다는 것이다. 정말 질겁할 논리다. 게다가 이익은 이런 수직적 관계가 "생긴 모습들이 모두 달라서" 결코 반란으로 깨질 수도 없다고 한다. 생긴 모습들이 달라서라니, 유럽의 신학자들은 차라리 군신 관계를 신의 섭리라는 추상성으로 포장하기라도 했다. 아무리 수직적 관계라도 신이라는 훌륭한 존재가 떠받치고 있다는 그럴듯하고 아름다운 변명 거리라도 준비했던 것이다. 그러나 이익은 단순히 생긴 모습들이 다르다는 이유로 위아래가 전복될 수 없다고 단언한다. 생긴 대로 살 수밖에 없다는 소리다. 이건 대체 무슨 논리인가? 그 위아래가 유지되는 질서가 무슨 의미를 가질 수 있는가?

> 봉왕은 종자 있어 봉신이 복종하니
> 권좌에 높이 앉아 중생을 굽어본다
> 어진 은택은 널리 골고루 입히지 못해도
> 높고 낮은 질서는 제대로 지키고 있다
> – 이익, 『성호사설』 6권, 「만물문」, 봉사, 한국고전번역원, 김철희 옮김(교정: 인용자)

이익의 논리에서 중요한 것은 임금과 신하라는 개별적 위치의 정당성이 아니다. 중요한 것은 질서다. 임금이 하찮아 보여도 질서의 일부분이기 때문에 신하들은 그 질서를 지키기 위해 충성을 다해야 한다. 게다가 이익은 신하들의 능동성에 주목한다. 임금벌이 잘 순행할 수 있도록 신하 벌들이 동정을 살펴준다는 것이다. 실제로 일벌들은 여왕벌을 인도하여 새 벌집을 지을 장소를 찾는 여정에 능동적인 것으로 알려져 있다. 또한 여왕벌이 산란 능력을 잃었을 때 그 여왕벌을 굶기거나 내치는 것도 모두 일벌들에 의해서다. 그러나 임금이 임금으로 존재할 때 일벌들은 여왕벌에게 절대복종한다. 그들은 "생긴 모습들이 모두 달라서 비록 반란을 일으키려고 해도 할 수 없다."

생긴 모습들이 모두 달라서

"생긴 모습이 달라서 복종할 수밖에 없다"는 이익의 결론은 어찌 보면 너무나 당연한 소리다. 일벌의 몸을 가지게 되어 일벌의 삶을 살고 여왕벌의 몸을 가지게 되어 여왕벌로 산다는 소리 아닌가. 특정 육체를 가지고 태어났다면, 그 육체에게 주어진 숙명이 있다는 이야기다. 특정 육체에 따른 숙명이라니 너무 암울한 이야기지만, 꿀벌과 같은 미물만 놓고 보면 그렇게 암울한 느낌은 들지 않는다. 벌은 작고 하찮은 벌레이자 동물의 한 종류일 뿐이니까, 여왕벌의 숙명을 가지든 일벌의 숙명을 가지든 그들의 숙명은 그렇게 큰 문제가 아니라고 생각해 버린다. 그래봤자 곤충들이니까. 그러나 사람에 대해 이야기하자면 숙명은 큰 문제가 된다. 더군다나 이익은 꿀벌 왕국의 숙명을 곧이곧대로 인간 사회의 숙명으로 은유하고 있지 않는가.

사람에게 있어서 숙명이란 너무 공포스러워서, 숙명은 극복되는 것을 넘어서 아예 '존재하지 않는 것'이 되어야 한다. 오늘날 사회과학의 구조주의는 바로 그러한 공포감을 밑에 깔고 있다. '인간의 모든 것'은 사회구조가 만들기 때문에 숙명이란 존재할 수 없다는 것이다. 숙명을 보지 않으려는 태도는 진화심리학이 숙명을 더욱 부추길 뿐이라는 대중의 편견으로 나타나기도 한다. 20세기 인종이라는 숙명과 연관된 피의 역사를 경험했기에 숙명은 더더욱 전근대적으로 느껴진다. 그래서 일벌의 숙명을 인간의 숙명과 동일선에 놓고 오직 '높고 낮은 질서'를 생각하는 이익의 태도 역시 전근대적으로 보인다. 인간은 저 일벌과는 달라서 숙명의 손아귀에서 벗어날 수 있는 존재다. 인간은 자신이 만들어 놓은 사회구조를 더더욱 건전하게 만들 수 있기 때문이다. 그렇다면 우리는 어느 날 상하의 숙명이 존재하지 않는 세계를 만들 수 있을까?

영국의 『텔레그래프』지는 "매춘업에 종사하지 않으면 실업보조금은 없습니다"[주20]라는 제목의 기사로 독일의 실업보조금에 얽힌 일화를 소개한 바 있다. 독일의 복지 프로그램은 만 55세 이하의 여성이 무직으로 일 년을 보낸 후 취업센터로부터 소개받은 직종을 선택하지 않을 경우 보조금 지급을 중단받는다. 한 여성이 취업센터에서 소개받은 새로운 직종이 성매매업이라는 사실을 알고 취업센터를 고소하려 했지만, 이 여성은 취업센터가 그에게 성매매업을 소개한 것, 그리고 이를 거절할 경우 보조금 지급을 받지 못하는 것에 절차상 어떤 위법도 없음을 알게 된다. 성매매업이 이미 합법화되었고, 세금을 내는 성매매업자가 취업센터에 구인 신청을 하는 것에 어떤 법적 문제도 없었기 때문이다.

성매매업에 종사하지 않겠다는 결정을 내려 보조금 지급이 중단되게 된 이 여성의 딱한 사정이 안타깝다면, 그 시점에서 성매매업에 종사하고 있던 여성들에 대해 생각해 보자. 실업보조금을 받던 여성이 절대로 종사하고 싶지 않았던 직종에 종사하는 여성들 말이다. 우리야 어떤 여자들이 무슨 이유로 성매매업을 선택하게 되는지 온갖 추측을 던진다. 가난 때문에 성매매업에 내몰린 여성들을 보는 시각과, 옷과 가방을 사거나, 자식들 사교육비 벌려고 성매매업에 종사하는 여성들에 대한 시각의 온도차도 다르다. 그러나 성매매업에 대해 부정적이든 긍정적이든 간에, 누구나 공통적으로 가지는 생각이 있다면, 그것은 '나나 내 자식은 매춘업에 종사하지 않기를'이라는 바람일 것이다. 세상에는 정말 하기 싫은 일이 존재한다. 무슨 일이 있어도 나와 내 가족만큼은 정말로 절대로 하지 말았으면 싶은 일이 있다. 정말로 직업에 귀천이 없는가? 모두 여왕벌이 되고 싶어하지, 누군들 일벌이 되고 싶어하겠는가?

이익은 종종 사람들 사이에 분수를 정해 놓고 이를 지켜야 한다고 말한다. 그의 말은 오늘날의 입장에서 볼 때 현대인의 좌절감을 부추긴다. 그러나 이익에게 '분수를 지키는 것'은 절대 신분 계급적 분수를 지키라는 숙명론이 아니었다. 이익은 노비제 철폐, 무신계급과 서얼 출신의 차별 폐지, 여성의 재혼을 주장하는 진보적 인물이었다. 그러나 이익은 오히려 신분제보다도 더 절망적인 생명의 숙명에 대해 이야기한다. 재력이건, 육체적 힘이건, 정신적 힘이건 간에 생명은 원하는 것을 모두 얻지는 못한다는 단순한 사실이다. 그렇다고 원하는 것을 얻지 못했다는 좌절이 자신이 원하는 것을 가진 사람을 향한 질투와 폭력으로 변질되어도 괜찮다는 정당성은 없다. 그렇기에 이익은 인간이 각자 당면한 분수를 지키며 질서를 지키는 것에 대해 말했을 뿐이다. 임금과 신하의 관계는, 생명의 숙명을 나타내는 다양한 관계의 한 요소일 뿐이다.

귀천을 비판하는 캠페인에서 가장 난해한 문제는 바로 우리 자신이 스스로 귀천을 만들고 있다는 점에서 온다. 인간은 모두 평등했는데 임금벌의 권력이 세상 모든 귀천을 만들었다고 생각하는 사람에게 이익의 생각은 매우 전근대적으로 다가온다. 왕과 신하라는 귀천의 세계관을 가진 이익을 소위 '옛날 사람'이라고 치부해 버린다. 왜 가장 진보적이었

유학자의 동물원

던 실학자들조차 권력을 전복시킬 생각을 하지 못했을까? 왜 귀한 사람과 천한 사람을 나누는 세계관을 버리지 못했던 것일까? 당장 당신이 왜 당신이나 당신의 가족은 결코 매춘업에 종사하지 않기를 바라는지 한번 생각해 보라. 내가 결코 하고 싶지 않은 일을 하는 누군가의 '천함'을 생각해 보자. 누군가는 이 '천한 일'을 사회가 금지시키거나 감소시켜야 할 문제라고 생각한다. 하지만 누구 마음대로? 당신이 보기에 마음이 편치 않아서? 내가 결코 하고 싶지 않은 일, 무슨 일이 있어도 결코 하지 않을 일을 하는 사람을 대하는 우리의 자세는 결코 매춘업이라는 특수한 직업에 한정되지 않는다. 우리의 삶 속에는 수많은 귀천이 존재한다. 그리고 동정심과 경멸이 섞인 형태로 수많은 '천함'을 대한다. 비만, 흡연, 음주 문제에서 자유롭지 못한 사람들을 바라보는 우리의 시선도 그렇다. 비만이나 흡연 문제는 천한 사람들을 선량한 척하면서 씹을 수 있다는 이점 덕분에 누구에게나 인기 있는 안줏거리이다.

누군가는 나의 일벌이다

우리는 비만, 흡연, 음주의 사회적 비용을 따져가며 이 사람들을 악의 구렁텅이에서 건져낼 방법을 고민한다. 정영호, 고숙자의 연구[주21]에 의하면, 2005년도 비만, 흡연, 음주에서 기인한 질병의 사회경제적 비용은 대략 간추려 비만에 2조 원, 흡연에 3조 6천억 원, 음주에 3조 8천억 원이라고 한다. 이 세 가지 질병의 사회경제적 비용은 2005년도 국민의료비 49조 원[주22]에서 각각 4%에서 7%의 비중을 차지한다. 이렇게 생각하면 그 비용이 대단히 크게 보인다. 그러나

일벌과 임금벌이 생긴 모습이 달라서 각자의 숙명에 따라 사는 것만큼, '어떤 사람들처럼 살고 싶지 않은' 우리의 욕망이란 꿀벌의 '생긴 모습의 숙명'만큼이나 강력하다.

남일호, 「화조화첩」, 조선, 국립중앙박물관

KT&G는 매년 대략 40조 정도의 세금을 낸다.[주23] 그런데 흡연에 기인한 질병의 비용은 3조 6천억에 지나지 않는다. 주류세는 1999년부터 2009년까지 매년 평균적으로 25조 원 정도다.[주24] 이에 비하면 음주로 인한 손실은 정부 입장에서는 봐줄 만한 비용이다. 게다가 이 사회적 비용은 직접비용과 간접비용을 합산하여 도출한 것이다. 직접비용이란 질병을 치료하는 데 쓰이는 비용을 말하며, 간접비용이란 조기 사망에 따른 손실액 및 치료를 위해 직장을 다니지 못한 시간에 따른 손실액을 합한 것이다. 국민의료비를 정부가 전액 부담하는 것도 아니다. 2005년 정부는 49

유학자의 동물원

조 원의 국민 의료비 중 절반인 25조 원을 부담하였다.^{주25} 따라서 우리의 세금이 부담하는 질병의 비용은 더욱 낮을 것이다.

민간의 입장에서도 정부의 입장에서도, 그리고 사회 문제를 고민하는 권력 비판자들에게도, 흡연 인구와 음주 인구는 자신을 희생하여 흑자를 남겨주는 고마운 존재인 것이다. 담배세와 주류세가 다른 사람의 건강을 위해 쓰인다. 그러나 우리가 뚱뚱하고 술 마시고 담배 피우는 사람들을 구제하기 위해 노력하는 마음속에는 사실 '나는 절대 저 사람들처럼 담배 피우고 뚱뚱해지지 않을 것'이라는 안도감과 경멸감이 동시에 섞인 바람이 들어 있다. 흡연 인구, 음주 인구, 비만 인구는 '내가 절대로 되고 싶지 않은 종족'에 속하는 천한 사람들이다. 그러나 그 천한 종족이 내는 세금의 양을 생각해 보라. 그들이 내는 세금이 일벌이 토해 내는 꿀이라는 노동의 결과물과 닮아 있지 않은가? 세상의 문제는 임금벌과 일벌을 나누는 귀천의 권력에 있는가? 실은 서로가 서로에게 귀천의 관계에 있는 사람들이 또한 서로가 서로를 먹여 살리고 있다는 사실에 있다.

천지가 위와 아래로 갈려 있으되 서로 길러주고, 물과 불은 용납되지 않지만 서로 길러준다. 모든 물건이 서로 길러주지 않는데 스스로 이루어지는 것은 없다. 원수와 고굉의 노래를 읊으면 군주와 신하가 서로 길러줌을 알게 되며, 망대망생(罔戴罔生)의 모(謨)를 읽으면 귀천(貴賤)이 서로 길러줌을 알게 되며, 오교 삼거(五敎三居)의 전(典)을 읽으면 교화와 형벌이 서로 길러줌을 알게 되며, 의상 호시(衣裳弧矢)의 괘(卦)를 읽으면 문사와 무사가 서로 길러줌을 알 수 있으며, 사학 망태(思學罔殆)의 교훈을 읽으면 지식과 실천이 서로 길러준다는 것을 알 수 있다.

- 이익, 『성호사설』 제19권, 「경사문」, 교양(서로 길러주다), 한국고전번역원, 김철희 옮김

당연히 이익과 같은 실학자들은 전근대적이다. 그러나 그 전근대는 서구의 전근대가 아니다. 모든 역사는 각각 서로 다른 전근대를 가지고 있다. 그 전근대를 권력 비판이라는 유물론적 역사관의 틀에서만 바라볼 수는 없다. '우리 것'을 부활시키자는 민족주의적 사관 역시 '저 임금벌이 모든 악의 근원이야'라는 생각에서 벗어나지 못하고 있다. 한형조는 유교의 예가 "〈차등〉을 인정하는 것은 〈이념〉이라기보다는 〈현실〉"이라며 예는 수평, 또는 수직적 관계의 구분, 즉 인간 사이의 불평등하거나 평등한 관계를 유교적 이론의 "〈본질적 기반〉으로 요청하지 않는다"[주26]고 적는다. 유교는 권력관계를 본질적인 기반으로 삼는 것이 아니라 조정해야 할 현실로 볼 뿐이다. 따라서 우리는 권력 비판의 틀에서 벗어나, 우리가 절대 하고 싶지 않은 일을 하는 사람들을 다시 보아야 한다. 임금벌의 권력을 비판하는 사람들은 자신은 결코 성매매업에 종사하거나 담배를 피우게 되지 않기를 원한다. 그러나 그 천한 사람들은 어쩌다 그렇게 되었을까? 그들이 천해진 이유와 상관없이 우리는 결코 그들과 같아질 수도 없고, 그들처럼 되기를 원하지도 않는다. 마치 일벌과 임금벌이 생긴 모습이 달라서 각자의 숙명에 따라 사는 것만큼, '어떤 사람들처럼 살고 싶지 않은' 우리의 욕망이란 꿀벌의 '생긴 모습의 숙명'만큼이나 강력하다는 사실을 지금 당신이 증명하고 있다.

내가 종사하고 싶지 않은 직종에 누군가는 이미 종사하고 있다. 내가 절대 살고 싶지 않은 삶을 누군가는 이미 살고 있다. 대체 그들이 그런 삶을 살게 된 숙명은 어디에서 오는가? 사회구조가 그들을 그렇게 만

들었나? 이렇게 물어보자. 내가 그들처럼 되고 싶지 않으려 하는 숙명은
대체 어디에서 오는가?

비둘기, 권위를 말하다

넌 내 친구가 아니야

비둘기 고기, 친구의 살

여기 스스로 친구도 별로 없고 기질도 허약하다고 말하는 사람이 하나 있다. 조선 후기 실학자들 가운데 한 명인 이덕무다. 그는 서자로 태어나 높은 벼슬에 오르지는 못했지만 규장각에서 활약하며 정조의 신임을 얻기도 한 학자이다. 몸이 허약해서 요즘 시대로 치면 '홈스쿨링'을 받았는데, 굶어죽을 정도는 아니지만 가난했고, 어린 딸과 여동생을 먼저 떠나보냈다. 늘 잔병치레를 하다가 큰 병에 걸린 적도 있었지만, 전체적으로 큰 굴곡 없는 인생을 살았던 것으로 보인다. 규장각에 근무하며 많은 서책을 접했고, 청나라 문물에 개방적이었던 그가 쓴 글이 박물학적 성격을 띠는 것은 당연한 수순이다. 특히 동물에 대한 서술은 이익의 『성호사설』에 나오는 동물 서술과 꽤나 흡사하다. 『성호사설』을 많이 인용하기도 한 것으로 보아 그도 여타 실학자들처럼 『성호사설』에서 많은 영향을 받았던 것으로 보인다. 친구도 별로 없고 몸도 좋지 않아서 가만히 앉아 세상일을 관찰할 시간이 많았을

테니, 이덕무는 이익만큼이나 동물을 자세히 관찰할 줄 알았다. 그 역시 다양한 동물들을 기르고, 동네방네 떠도는 신기한 동물 이야기를 모아서 적기도 하였으며, 애완동물을 향한 사람의 애매한 태도에 대해 개탄하기도 했다.

동물은 우리의 친구일까, 먹이일까? 우리는 왜 어떤 동물은 친구처럼 사랑하고, 어떤 동물은 맛있게 얌얌 먹을까? 친구를 먹는 일이 용납될 수 없기 때문에 우리는 먹는 동물과 애완동물을 구분한다. 애완동물을 먹는 행위를 떠올린다면 어떻게 생각해도 기분이 좋지 않다. 그러나 여기 친구의 살을 뜯어먹은 소년의 이야기가 있다.

마땅히 사랑해서는 안 될 것을 사랑하여 그 정당함을 얻지 못하는 것은 어리석기 때문이다.
우리 집 행랑채에 소년 하나가 기거하고 있었다. 그 소년은 비둘기 길들이는 것을 지나치게 좋아하여 잠시도 비둘기 얘기를 하지 않는 적이 없었는데 옷 입고 밥 먹는 일조차 잊어버릴 지경이었다. 그런데 하루는 어떤 개가 비둘기 한 마리를 물어 갔다. 소년이 쫓아가 비둘기를 뺏고는 어루만지고 눈물을 흘리며 매우 슬퍼하였다. 소년은 곧 비둘기 털을 뽑고 그것을 구워 먹을 때도 서글픈 생각이 들었다. 그러나 비둘기 고기는 꽤 맛이 있다고 했다. 이것은 인자함인가, 아니면 욕심인가. 어리석을 따름이다.
- 이덕무, 『청장관전서』 제50권, 「이목구심서 3」, 한국고전번역원, 이석호 옮김(교정: 인용자)

온갖 더러운 도시 괴담의 주인공이자 닭둘기라는 애칭을 가진 비둘기는 한때 동아시아 곳곳에서 서신 전달용, 애완용, 반찬용, 도박 싸움용, 그리고 군사 작전용으로 인기가 많던 조류였다. 비둘기에게 잿물을 먹여 하루 종일 힘들게 먹은 콩을 토해내게 하여 말에게 먹였다는 동물 학대의 현장도 있다.

> 내가 요동에 이르렀을 때, 한 전방에서 먹이는 비둘기 수천 마리가 떼를 지어 저녁이 되면 날아 돌아와 각각 제 집을 찾아든다. 전방 안에는 큰 돌 구유에 미리 잿물을 만들어 두었다가 요동 들에 나가 콩을 배부르게 주워 먹은 비둘기가 돌아와 다투어 잿물을 먹고 콩을 모두 토해 놓으면 이것으로 말을 먹였다.
> – 박지원, 『열하일기』, 동란섭필, 한국고전번역원, 이가원 옮김

조선 유학자 남용익(南龍翼)의 여행기 『문견별록(聞見別錄)』을 보면 집집마다 비둘기를 키우던 일본인의 모습을 볼 수 있고, 많은 청나라 여행기를 보면 비둘기에 방울까지 매달아 놓고 키우는 중국인의 모습을 발견할 수 있다. 『연행기사(燕行記事)』에서는 닭싸움보다도 심하게 비둘기 싸움을 시키는 청나라 풍속도 소개된다. 고려 공민왕은 애완용 비둘기 수백 마리를 길러 달마다 12곡의 곡식을 축냈다고 하며, 조선에서도 궁정에 비둘기를 비롯한 다양한 새를 기르는 사람이 있어 외국 사신의 공물로 비둘기가 쓰이기도 했다. 이덕무 역시 스스로 집비둘기를 기르고 있었고, 집비둘기 기르는 일에 열중한 사람들의 폐해를 지적하기도 한 것으로 보아, 비둘기를 기르는 집이 조선에도 어느 정도 있었던 것으로 추정된다.

그렇다면 비둘기 반찬은 어떤 맛일까? 조선에서도 혐오 식품에 대한

동물은 우리의 친구일까, 먹이일까? 친구를 먹어서는 안 되지만, 우리는 가끔 친구로 삼는 동물을 먹기도 한다. 여기 친구의 살을 뜯어먹은 소년의 이야기가 있다.
이인문, 「목양취소도」, 18세기, 한국저작권위원회

특유의 관념이 있었을 터다. 치료용으로 뱀고기를 먹어야 한다는 의원의 말에 눈물까지 흘리며 거부감을 표시하는 환자들의 이야기를 보면, 뱀고기에 대한 조선 사람들의 혐오감이 느껴질 것이다. 조선 학자들의 문헌을 보면 뱀고기는 오늘날과 마찬가지로 대체로 혐오 식품이었던 것으로 보인다. 그러나 비둘기고기는 훌륭한 잔칫상 위에 올라앉아 있는 품목으로 등장한다. 따라서 비둘기고기는 소고기처럼 일반적인 고기는 아니었더라도, 큰 거부감 없이 받아들여지는 음식이었던 것 같다. 이렇게 보면 조선을 포함하여 동아시아에서 집비둘기의 정체성은 다른 가축들과는 다르게 반찬용과 애완용의 모호한 경계에 걸쳐 있던 것으로 보인다. 유럽에서도 비둘기는 사람에게 먹히는 'pigeon'과 새하얗고 고귀한 'dove'로서 의미상의 분리를 보인다. 비둘기는 애완동물의 지위와 음식의 지위에 애매하게 걸쳐 있는 특이한 동물이라 할 수 있다.

먹을 수 있는 친구

이덕무(李德懋)의 행랑채에 기거한 소년의 행동 역시 비둘기의 애매한 지위를 보여주는 이야기라고 볼 수 있다. 이덕무는 비둘기의 지위를 애매하게 만드는 소년을 혐오스럽게 바라본다. 고깃덩이로 변한 친구가 맛있다고 한다. 당신이 비둘기라면 이 상황이 엄청 서글플 것이다. 친구인 줄 알았던 소년이 내 살을 먹고 있다. 소년도 분명 슬프기는 할 것이다. 그런데 고기가 맛있기도 하단다. 비둘기가 살아 있을 때는, 소년은 분명 비둘기의 훌륭한 친구였을 것이다. 먹여주고 재워주는 훌륭한 친구 말이다. 그 대가로 소년이 비둘기로부터 원하던 것은 무엇이었을까? 날개 달린 작고 귀여운 것이 파드득거리는 사랑스러움, 내가 먹이를 주는 대로 잘도 받아먹는 피동적 태도, 그리고 따뜻한 체온이 서린 몸이 아니었을까. 대부분의 사람들이 애완동물에게 원하는 것은 이런 것이다. 이런 요구 사항을 충족시키는 살아 있는 비둘기는 얼마나 좋은 친구였을까? 그리고 모든 요구 사항을 완벽하게 배신하는 죽은 비둘기는 얼마나 낯선 존재인가?

애초에 사람이 동물을 사랑하는 게 문제였다고 이덕무는 말한다. 동물과 사람 간의 잡다한 차이를 우열 관계로 정의할 수 없지만, 정말 단순하고도 명백한 우열 관계가 하나 있다. 그건 바로 사람이 동물을 먹을 수 있는 힘이 있다는 것이다. 사자가 사슴을 먹을 수 있듯이, 족제비가 쥐를 먹을 수 있듯이, 사람은 동물을 먹을 수 있다. 이런 점에서 사람은 동물보다 강하다. 강하기 때문에 먹을 수 있는 것이 아니라, 먹을 수 있기 때문에 강한 것이다.

이덕무가 보기에 소년은 비둘기의 친구가 아니다. 소년이 비둘기를 먹었기 때문이다. 그런데 소년의 입장에서 생각해 보면, 비둘기는 죽고 나서도 소년의 좋은 친구였을지도 모른다. 비둘기는 살아서는 따뜻한 몸과 재롱을 선사해 소년을 기쁘게 해주었고, 죽어서는 맛있는 고기까지 제공해 주었기 때문이다. 그런데 이거 어디서 많이 들어본 이야기가 아닌가? 그렇다. 모두가 잘 알고 있는 동화 『아낌없이 주는 나무』가 떠오른다. 아낌없이 주는 생명이 나무라는 식물이어서 우리가 이 이야기의 심각성을 잘 느끼지 못하고 있는데, 몸뚱아리가 잘려 밑동만 남은 시체가 친구랍시고 걸터앉은 인간에게 쉴 자리를 제공한다는 이야기가 끔찍하지 않단 말인가? 나무라는 친구가 비둘기라는 포유류만 되어도 두 친구의 관계가 매우 혐오스러워지는 것을 이덕무가 벌써 지적했다. 아낌없이 주는 생명이 식물이 아니라 새 따위의 하찮은 동물로만 바꿔어도 이렇게 기분이 좋지 않은데, 아낌없이 주는 생명이 개나 고양이였다면 더 언짢았을 것이다.

아낌없이 주는 친구

아낌없이 주는 나무가 살아 생전 소년에게 제공한 것이 얼마나 많았던지 생각해 보자. 그네를 매달게 해주고,

돈이 필요하다는 소년에게 사과를 팔아 돈을 벌게 해주고, 집이 필요하다는 말에 가지를 잘라 집을 짓게 해주고, 거기다가 외국여행을 하고 싶다는 말에 자신을 숭덩 잘라내어 배를 만들도록 해준다. 이렇게 끊임없이 요구만 하는 소년은 사이코패스임이 틀림없다. 분명히 아내가 죽고, 자식 농사가 망하는 바람에(왜 다 늙어서 나무 밑동에 혼자 앉았는가) 비참한 노년을 보내는 소년이 공황 상태에 빠져 밑동에 앉아 쉬는데 나무는 행복하다고 한다. 그렇다. 나무는 소년의 좋은 친구다. 이덕무가 살아서 이 이야기를 들었다면 온몸으로 혐오감을 표시했을지도 모른다. 이덕무가 들려준 소년과 비둘기 이야기에서 우리 역시 혐오감을 느낀다. 그런데 왜 우리는 이런 혐오감 없이 아낌없이 주는 나무 이야기에 감흥을 받는가. 그 이유는 당신의 존재가 분명 비둘기 또는 소년, 둘 중 하나에 해당될 것이기 때문이다. 당신이 모든 면에서 완벽하게 비둘기나 소년은 아니라고 해도, 당신은 분명 좀 더 비둘기에 가깝거나, 아니면 소년에 더 가까울 확률이 높다. 당신이 비둘기나 아낌없이 주는 나무에 가깝다면 이 이야기는 불쌍한 당신에게 신성함을 부여하고, 당신이 소년에 가깝다면 이 이야기는 강자의 운명이라는 명분을 주며 당신의 죄책감을 덜어줄 것이다.

우리는 이야기가 너무 극단적일 때 끔찍함보다는 신성함을 느낀다. 게다가 희생하는 존재는 극도로 수동적인 식물이기에 그 신성함이 배로 증폭된다. 그러나 이덕무는 본질적으로 똑같은 이야기를 전혀 다르게 서술한다. 이덕무에게는 소년과 비둘기의 관계가 끔찍하고 어리석다. 행랑채의 소년은 자기가 먹을 수 있는 존재를 친구처럼 사랑했다. 약속을 지키려는 책임감이 없다면, 사람은 자기가 먹을 수 있는 것과 친구 할 수 없다. 지금 먹지 않아도 결국 언젠가는 먹게 되기 때문이다. 아무리 나는

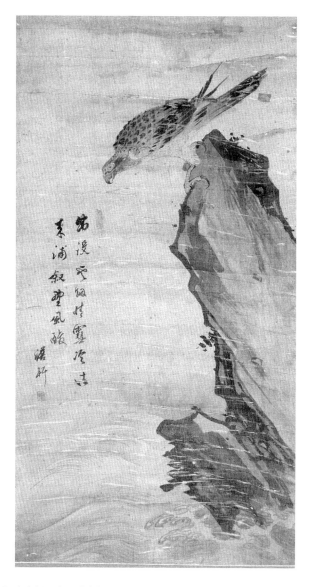

애초에 사람이 동물을 사랑하는 게 문제였다. 동물과 사람 간의 잡다한 차이를 우열 관계로 정의할 수 없지만, 정말 단순하고도 명징한 진실 하나로 우열 관계에 둘 수 있는 차이가 하나 있다. 그건 바로 사람이 동물을 먹을 수 있는 힘이다는 것이다. 사자가 사슴을 먹을 수 있듯이, 족제비가 쥐를 먹을 수 있듯이, 사람은 동물을 먹을 수 있다.

담헌, 「암상응도」, 조선, 국립중앙박물관

비둘기를 먹지 않을 것이라고 맹세해도 소용없다. 기근이 닥쳐 먹을 것이 없을 때, 당신은 형제를 먹겠는가, 비둘기를 먹겠는가? 여기에서 이런 질문도 해볼 수 있다. 형제를 먹겠는가, 이웃을 먹겠는가? 자국인을 먹겠는가, 외국인을 먹겠는가? 절대 친구를 먹지 않겠다고 다짐했다면, 극악의 실업률 속에서도 트럭 운전사는 모자라는 유럽에서 트럭 운전사로 취직하여 유럽인들의 친구가 되어보는 워킹홀리데이를 권장한다.

권위의 후달림

사람은 아주 어릴 때부터 자신과 상대방이 가진 권위의 양을 재어가며 친구를 사귄다. 그 권위를 대놓고 권위라고 부르면 온 세상이 너무 시답잖은 정치판으로 보이므로 우리는 무의식중에 그 권위를 취향의 문제일 뿐이라고 포장한다. 브랜드가 찍힌 옷을 좋아하는 취향, 어떤 식의 말을 쓰는지에 대한 취향, 머리가 커지면 어떤 세계관과 정치관을 가졌는지도 취향의 대상이 된다. A 취향을 가진 친구 앞에서 나의 권위가 후달린다면, 나와 비슷한 권위의 양을 가진 B 취향을 가진 친구랑 잘 지내면 된다. 모든 종류의 취향 앞에서 권위의 양이 후달린다면 그것은 왕따요 비둘기와도 같은 존재다. 지상낙원이 도래하여도 세상에는 항상 소외받는 사람이 존재할 것이다. 영혼도 취향과 권위의 대상이기 때문이다.

우리는 항상 우리보다 권위가 많거나 떨어지는 사람들과 더불어 살 수밖에 없다. 자식은 태어나자마자 권위 있는 부모를 따르고 권위 있는 자를 친구로 두고 싶어 한다. 아무리 소수자의 취향을 가진 사람이라도 자신의 권위보다 떨어지는 권위를 가진 사람을 소수자로 취급하는 우를 범한다. 힘이 약한 인간은 힘센 사람의 애완동물이 되거나 아니면 그에게 잡아먹히게 된다. 사랑하는 것과의 관계 역시 그렇다. 소년이 비둘기를 사랑한다면, 그 사랑의 이유는 무엇인가? 소년이 사랑하는 건 살아 있는 비둘기인가, 비둘기 뼈에 붙은 고기인가? 살기 위해 먹어야 하는 음식에 대한 사랑, 내가 빌어먹을 양식을 벌어오는 남편에 대한 사랑, 나의 권위를 끊임없이 확인시켜 주는 열등한 존재에 대한 사랑, 나 혼자 즐겁자고 남을 희롱하는 사랑. 비둘기를 희롱거리로 삼다가 죽으면 그 고기를 먹는 것도 사랑이라고 주장할 수 있다. 너도 나도 제멋대로 제가 좋아하는 것을 마음껏 탐닉하고 이를 사랑이라 한다.

"양고기는 개미를 사모하지 않는데, 개미가 양고기를 사모한다."
– 『장자』, 「서무귀」

순(舜) 임금은 동아시아 전통에서 성인 중의 성인으로 불리는 군주다. 그런데 『장자(莊子)』의 서무귀는 백성을 사랑하는 순 임금이 누린내 나는 양고기와 같다고 말한다. 개미 같은 백성들이 누린내를 맡고 몰려드니, 양고기는 곧 개미들에게 신나게 먹힌다는 것이다. 장자(莊子)는 정신적 권위자로서 자신과 비슷한 엘리트인 유학자들에게 사랑이 얼마나 폭력적인 것인지를 경고한다. 같은 정신적 엘리트인 처지에, 이 나라 저 나라 전전하며 백성들의 사랑을 구걸하는 유학자들이 불쌍하게 보였던 것이다. 유학자는 군자에게 백성의 사랑을 얻는 법을 강론한다. 그러므로 유학자는 군자라는 매개체를 통하여 백성의 사랑을 구걸하는 것이 된다. 장자는 정신적인 엘리트들이 자신을 양고기로 만들지 말고 살아 있

사람은 자기가 먹을 수 있는 것과 친구할 수 없다. 지금 먹지 않아도 결국 언젠가는 먹게 되기 때문이다. 아무리 나는 비둘기를 먹지 않을 것이라고 맹세해도 소용없다. 기근이 닥쳐 먹을 것이 없을 때, 당신은 형제를 먹겠는가 비둘기를 먹겠는가. 여기에서 이런 질문도 해볼 수 있다. 형제를 먹겠는가 이웃을 먹겠는가. 자국인을 먹겠는가 외국인을 먹겠는가.

이도영, 「풍엽서금」, 19~20세기, 간송미술관, 한국미술정보센터, 한국저작권위원회

유학자의 동물원

는 양으로서 고고하게 살기를 바라는 것이다.

　반면 군사 기술자 집단이었던 묵가(墨家)는 전 인류를 향한 사랑의 화신으로서 엘리트들이 아주 장대하게 증식하는 양고기가 되기를 바란다. 묵가는 막강한 군사 기술력을 가진 집단으로 남의 가족도 나의 가족처럼 사랑하자고 주장했다. 오늘날로 치면 핵무장의 균형으로 이루어지는 평화를 추구한 것이다. 핵무기 기술자들이 담합하여 평화를 추구한다면 인류는 엄청난 힘 앞에서 질서를 이룰 수밖에 없다. 이 상태에서 기술자들은 전 인류를 향한 사랑을 베풀 수 있다. 인류 역시 기술로 이룩한 크디큰 양고기가 눈앞에 있으니 식량 안보의 문제가 해결된다. 그 결과 내 가족뿐 아니라 남의 가족도 사랑하며 살 수 있다. 살코기만을 실험실에서 '배양'하여 대형 목장의 폐해와 식량난을 해결하고자 하는 현대 과학의 성과를 본다면, 말 그대로 기술로 이룩하는 자가증식의 양고기도 머지않았다. 이것이 묵가의 이상향이다.

　장자와 묵가의 이야기의 공통점은 사랑하려면 힘이 필요하다는 것이다. 오직 권위 있는 자만이 사랑할 수 있다. 양은 개미를 밟아 죽일 수 있다. 그렇기 때문에 개미를 밟아 죽이지 않는 사랑을 베풀 힘이 있는 것이다. 양은 개미보다 권위가 크지만, 양고기가 되어버리면 개미보다 권위가 작아진다. 그래서 개미들이 양고기를 사랑하게 되어 마구 갉아먹는 것이다. 『장자』가 유자들에게 말하는 것은, 권위도 없는 양고기 주제에 개미들을 사랑하려 하지 말고 가만히 찌그러져 있으라는 것이다. 실제로 중국 및 조선에서 이렇게 찌그러져 있던 유학자들이 많았으니 장자의 동정 어린 비난은 이해할 만하다. 묵가의 크디큰 양고기 역시 기술이라는 권위가 있어야 가능하다. 소년 역시 인간이라는 권위를 가지고 말 못하고 힘없는 비둘기를 사랑하지 않는가? 어쨌든 소년은 비둘기를 먹이고 길러주었으므로 비둘기를 사랑한 것이다.

그런데 비둘기가 원한 것은 무엇일까?

              그러나 문제가 있다. 권위자들은 권위 없는 것들이 무엇을 원하는지 모른다. 사람은 애완동물이 무엇을 원하는지 죽었다 깨어나도 알 수 없다. 비둘기가 원하는 게 무엇인지도 모르는데 원하는 것을 준다고 할 수 있는가? 게다가 원하는 것을 주는 것이 언제나 비둘기에게 옳은 일일까? 사람이 비둘기를 사랑해서 비둘기에게 좋은 게 뭐란 말인가?

    사랑은 두 사람이 서로에게 베푸는 것이라고 하지만 실제로는 한 사람이 계획하는 일방적인 약속에 영향을 받는 것에 불과하다. 우리가 보기에 건전하고 평등한 사랑을 나누는 사람들은 분명 있다. 그러나 건전하고 평등한 사랑은 서로 비슷한 양의 권위를 가진 두 사람이 만났을 때 가능한 것이다. 하지만 그런 경우는 얼마나 찾기 힘든가? 내가 너를 사랑하겠다고 제멋대로 혼자서 약속하는 것, 그것이 사랑이다. 그리고 그 약속의 실천은 오직 권위자만이 할 수 있다. 바로 이 점을 이덕무가 지적한 것이다. 소년은 비둘기를 잘 먹이고 돌봐줌으로써 비둘기를 사랑하겠다고 스스로에게 약속한다. 비둘기가 죽었다면, 사랑하는 사람이 죽은 것처럼 묻어주어야 한다. 일방적인 약속이긴 하나, 약속을 했으면 지키라는 것이다.

    아무리 묵가적 사랑으로 가득 찬 세상이 도래해도 사랑은 권위자가 실천하는 것이며, 권위 없는 인간들은 결국 언제나 비둘기가 될 수밖에 없다. 사랑이라는 포장 아래 보호받든 부림을 당하든, 비둘기들은 언제나 권위자에게 먹힐 위험에 노출되어 있다. 제 밥그릇이 급한 시기에 가장 먼저 먹히는 존재다. 그러니 먹지 않겠다는 약속을 지키지 않는 권위자의 사랑이 제일 무섭다. 따라서 이덕무가 소년에게 말하는 것이 이렇다. 일방적인 약속조차 지키지 못할 너는 애초에 친구 하지 말라, 친구와 사랑이라는 지키지 못할 약속에 속이 썩는 것은 비둘기요 결국 제 살코기마저 제공하게 될 존재는 소년이 아니라 비둘기다.

3부

생명의
억하심정

작자미상, 「화조」, 조선, 국립중앙박물관

"사물을 생성하는 것은 하늘이고 물건을 사용하는 것은 사람이다. 그러므로 옹이가 많아 쓸모없는 참나무와 가죽나무는 베어 버려 소나무나 대나무를 잘 자라게 하고, 호랑이와 이리 등 살상하는 맹수를 죽여서 사슴과 노루를 편하게 하고, 간사하고 아첨하는 무리를 쫓아내어 어진 신하를 보호하는 것이니, 이는 곧 천지의 지극한 인이다."

– 정약용, 『다산시문집』 중에서

조물주가 한 짓이 참 괴상하다. 어째서 나는 너를 혐오하게 되었을까? 너는 왜 하필 나의 피를 빨아먹어야만 살 수 있는 걸까? 『회남자』에서 사람이 깨끗이 목욕을 하고 나면 '우린 대체 어디서 살아야 하나'며 서캐와 이가 서로를 위로한다고 한다. 서로가 서로의 몸을 자원으로 갖는다. 그러니 유학자들은 파리나 서캐가 더럽고 성가시다고 미워하기는 양심이 편치 않음을 고백한다. 모든 생명이 그저 우연하게 태어났을 뿐이며 파리나 서캐 역시 그렇다. 그 우연한 사건에 따르는 고행은 그 생명이 모조리 짊어지게 된다. 그것은 분명 억울함이다. 이 억울함은 너무 태생적이고 근본적이라서 어느 누구도 이의를 제기하지 않는다. 누구나 태어난 대로 살아야 하는 고행을 시작했기 때문이다. 우리가 온갖 억울함과 소원을 토로하는 하늘조차, 입이 있다면 '나도 하늘로 태어나서 억울한 점이 있다'고 말하지 않겠는가.

파리의 억하심정

동물의 앙갚음

유학자들, 해충의 복수를 두려워하다

　　　　　　　　사람이라면 누구나 종종 억하심정을 느
낀다. 그리고 작든 크든 화풀이와 앙갚음을 하고 싶다는 생각에 시달리
기도 한다. 그렇기에 세상의 모든 사상들은 억하심정을 해소하기 위해서
앙갚음의 매뉴얼을 작성해왔다. 억하심정은 되돌려주어야만 해소되기
때문이다. 유학자들은 앙갚음의 매뉴얼을 만들며 가장 하찮은 존재의 억
하심정까지 고민해야 했다. 그들은 사람은 물론이요 파리 한 마리, 쥐 한
마리의 억하심정도 무시하면 안 된다고 하였다. 이덕무는 불교 등 여타
사상들이 작성한 앙갚음의 매뉴얼과 경쟁하는 유학자들에게 힘을 실어
주기 위해 유학이 만들어 놓은 앙갚음의 매뉴얼이 부처가 만든 매뉴얼보
다 우월하다며 다음과 같이 홍보하기도 한다.

　　쥐는 쌓아 놓은 불경 책 가운데에 쥐구멍을 만들고 글자를 갉아서 책
　　을 버려놓는다. 또 똥과 오줌을 싸서 더럽힌다. 그 쥐가 몇 마리 새끼

를 낳았는데 어떤 놈은 눈이 멀었고 어떤 놈은 발을 절어 하나도 완전한 놈이 없었는데 이는 부처의 보응(앙갚음)이다. 만일 우리 (유학의) 도(道)로 본다면 애초에 그 쥐를 쫓아버리거나 잡아야 한다. 부처는 홀로 대인이 아닌가. 쥐에게 무슨 원한이 있어서 남모르게 그 새끼에게 해를 가하는가. 그 참혹하고 잔인한 것은 윤리가 없기 때문에 시작되었다.

- 이덕무, 『청장관전서』 제48권, 「이목구심서 1」, 한국고전번역원, 이식 옮김(교정: 인용자)

세상 만물에 은혜를 미쳐야 한다고 생각하는 성왕이나 유학자의 입장에서 생명으로 태어나 느끼는 모든 억울함을 무시할 수 없다. 억울하게 당해서 앙갚음을 하는 동물 이야기는 은혜 갚는 동물 이야기보다 덜 알려져 있지만, 조선 민담에는 사람에 의해 피해를 입고 앙갚음을 하는 동물 이야기가 꽤 많다. 억울함을 느끼고 복수하는 동물은 단순히 흥밋거리가 아니라 조선시대 왕들의 정신세계에도 깊이 영향을 미치는 존재였다. 민담에서는 주로 사람에게 새끼를 잃고 그 사람의 자식을 저주하는 듯한 동물 이야기가 자주 등장한다.

땔나무를 팔아 생활하는 어리석은 백성이 있었다. 그는 암말 한 필이 있었는데, 새끼에게 젖을 먹이게 되면 부리는 데 방해될까 염려하여 암말이 망아지를 낳자 두 번씩이나 말똥무더기 속에 묻어 버리고는 스스로 좋은 계책이라고 여겼다. 이 백성이 연달아 아들 둘을 낳았으나 끝내는 모두 변소에 빠져 죽었다. 또 매를 기르는 자가 있었는데, 장마철에 매한테 먹이로 줄 것이 없었다. 마침 암탉이 아홉 개의 알을 품고 있는 것을 보고 한 개를 가져다 먹였다. 차례로 가져다 먹이다 보니

한 개만 남게 되었는데 암탉은 그래도 여전히 알을 품고 있었다. 마침 내 마지막 남은 알마저 가져다 먹이자 암탉은 그제야 원통한 듯 한 번 울부짖고는 홀연히 사라졌다. 이 백성에게는 끔찍이 사랑하는 아들 하나가 있었는데, 겨울에 땔나무 더미에서 놀다가 뱀에게 손가락을 물려 그 자리에서 죽었다. 그 뱀의 절반은 아직도 닭이었다.

- 성대중, 『청성잡기』 제3권, 「성언」, 자식을 앗아간 인과응보, 윤미숙 외 옮김

중종대 유학자 김안로(金安老)가 유배 생활을 하면서 들은 온갖 야담을 기록한 책 『용천담적기(龍泉談寂記)』에는 심지어 벌레가 억울함을 느끼고 그 정신이 사람에게 깃들어 보복하는 이야기도 있다.

송원(松原)의 어떤 선비가 집을 지으려 하였다. 처음 터를 닦아 흙을 삽으로 파니 흙과 돌 사이에 거북 같은 여러 벌레들이 한 군데 엉켜 있는데, 깊이 팔수록 더욱 많았다. 그 벌레들을 모두 잡아 죽이고는 집을 다 짓고서는 그곳으로 이사해 살았다. 1년이 못 가서 그 선비의 아내가 갑자기 미친병이 나서 귀신 들린 말로 선비에게 말하기를, "네가 어떤 사람이기에 감히 우리 사는 곳을 빼앗아가며 우리 종자를 모조리 죽였는가. 우리는 땅속의 금돼지라서 사람에게 해를 끼치지 않는데 사람이 도리어 우리를 이렇게 몰살시키는가." 하였다.
선비가 놀라고 괴상히 여겨 묻기를, "네가 금돼지라면 내가 너희 족속들을 죽인 일이 없는데 어찌 그런 말을 하는가. 네가 내 아내를 병들게 하니 사실은 너희들이 사람에게 해독을 끼치는 것이다. 내가 너희들의 집을 모두 파헤쳐서 가차 없이 다 죽여 버릴 것이다." 하니 아내가 말하기를, "너에게 잡혀 죽은 거북 같은 벌레가 모두 나의 종들이다. 나

유학자의 동물원

는 깊이 황천 밑에 살고 있으니 비록 온 나라의 군사들을 다 동원해서 손끝이 닳도록 파헤쳐도 어찌 그 단단하고 두터운 땅을 황천에 통하도록 팔 수 있겠는가." 하였다.

선비가 공손하게 사과하고 말하기를, "저승과 이승이 같지 않으며 깊은 곳과 얕은 곳이 서로 다른데 어찌하여 이다지도 서로 방해를 한단 말이오." 하니, 그 아내가 말하기를, "이미 네가 우리 무리들을 죽였으니 어찌 용서하겠는가." 하였다. 말이 끝나자 아내의 병이 더욱 심해져 죽고 말았다. 선비가 두렵고 겁이 나서 가족들을 데리고 이사하고 말았다. 그리고 몇 년 되지 않아 병이 식구들에게 퍼져 결국 한 사람도 남지 않고 모두 죽어버렸으니 매우 괴상한 일이다…… 저 선비는 거북 같은 벌레를 모두 다 죽였으니, 하늘이 낸 생물들을 거의 표독스럽게 죽여 버렸던 것이 아닌가. 생물들의 원한에 대한 갚음이 이치상 없을 수 없다.

- 김안로, 『용천담적기』, 한국고전번역원, 이한조 옮김

야담에서 안갚음(은혜 갚음)과 앙갚음의 일화들이 빠지지 않고 등장하는 이유는 그만큼 인간이 받은 만큼 돌려주는 마음에 크게 휘둘리기 때문일 것이다. 받은 만큼 돌려주는 행위는 조선인들의 야담이나 감상 속에서 따뜻한 일화인 동시에 무시무시한 세계의 법칙으로 등장한다. 은혜 갚음의 일화도 많기는 하다. 내가 살려준 뱀이나 거북이가 저 멀리 가버리는데, 사라지기 전에 고개를 돌리고 잠시 나를 바라본다. 그것이 마치 나에게 고맙다는 인사를 하는 듯하다. 살려줘서 고맙다고 인사를 전하는 것은 은혜를 갚는 것이다. 유학자들은 자연 세계를 바라보면서 이렇게 따스한 감상을 즐겼다. 그러나 이 따스한 은혜 갚음의 논리는 보

유학자들은 모든 동물의 억하심정까지 고민한다. 그들이 가장 두려워했던 억하심정은 특히 벌레와 파리처럼 더럽고 작은 동물에서 나온 것이었다. 유학자들은 크게 해를 끼치지는 않지만 성가시고 집안을 더럽히는 파리 앞에서 도리어 죄송함을 느끼고, 오히려 용맹하고 신령해 보이는 호랑이를 혐오스럽게 여겼다.

작자미상, 「호랑이」, 조선, 국립중앙박물관

유학자의 동물원

복의 논리와 하등 다르지 않다. 동물이 은혜를 갚을 수 있다면 원수를 갚을 수도 있다. 그리고 육식을 하고 농작물의 피해를 없애기 위해 온갖 가축과 벌레를 죽여야 하는 것이 사람의 운명이기에, 죽어나가는 모든 동물의 억하심정은 두려움을 자아낸다.

유학자들의 세계에서 특이하다 할 점은, 그들이 두려워한 억하심정이 벌레와 파리처럼 더럽고 작은 동물에 한정되었다는 점이다. 그들은 호랑이나 뱀 같은 포식동물을 격살하는 것에 전혀 두려움을 가지지 않았다. 유학자들은 크게 해를 끼치지는 않지만 성가시고 집안을 더럽히는 파리 앞에서 도리어 죄송함을 느끼고, 오히려 용맹하고 신령해 보이는 호랑이를 혐오스럽게 여겼다. 오늘날 사람들은 포식자의 지위를 갈망하며 호랑이처럼 남들 위에 군림하고 싶은 마음에 호랑이나 사자의 용맹을 좋게 여긴다. 그러나 유학자들은 호랑이나 똥파리나 모두 똑같은 해충으로 생각했다는 점을 알아야만 생명의 억울함에 대한 이들의 생각을 이해할 수 있다.

해충이란 반감을 일으키는 동물들이다. 더럽고 징그럽게 생긴 동물만큼 즉각적인 반감을 불러일으키는 것이 없다. 서구 문명은 거의 모든 가축에 대한 혐오감을 표시하는데, 특히나 돼지에 대한 역겨운 감정은 이루 말할 수 없다. 하찮고 더러운 존재 앞에 설 때 사람은 자신의 가장 저열한 인격과 만난다. 돼지가 본성적으로 하찮고 더러운 것이 아니다. 사람이 돼지를 하찮고 더러운 것으로 낙인찍는다. 동물이나 인간을 '해충'이라고 낙인찍는 정당성을 말하는 과정에서, 그 사람의 정당성 역시 함께 드러날 수밖에 없다. 『동물농장』의 작가 조지 오웰은 탄광촌 르포 『위건 부두로 가는 길』에서 신체적 반감은 극복할 수 없다고 말한다. 어떤 호감이나 비호감의 감정도 몸으로 느끼는 것만큼 근본적일 수 없다는 것이다. 그나마 솔직한 표현이다.

조선의 유학자들 역시 더럽고 하찮은 동물에 대해 이야기했다. 어리석은 인간에 대한 비유적 표현 속 더러운 동물이 아니다. 유학자들의 몸을 괴롭히고, 추잡한 냄새를 풍기고, 시각적으로 혐오스러운 동물에 대해서다. 다만 그들이 온몸으로 혐오한 동물은 가축이 아니었다. 인간에게 봉사하는 가축을 유학자들이 더럽게 여겼을 리 만무하다. 조선 유학자들에게 원초적인 혐오감을 불러일으킨 동물은 다음과 같다. 파리, 모기, 서캐, 벼룩, 쥐, 뱀, 거미, 송충이. 승냥이, 이리, 호랑이 등이다. 이들의 공통점은 무엇일까? 여름날 사람을 괴롭히고, 사람의 피를 빨고, 재산을 오물로 더럽히거나 파손시키고, 꿀만 먹고 사는 죄 없는 나비들을 거미줄로 교활히 잡아먹고, 뱀독으로 죽이고, 마을로 내려와 사람을 물어죽이고, 과실나무를 갉아먹는다. 만물에 해를 끼치는 동물이야말로 유학자들의 혐오 대상이었다. 매미는 소음 공해의 한 주범으로 매년 여름 우리의 미움을 받지만, 사람에게 직접 해를 끼치거나 다른 동물을 마구 잡아먹는 동물이 아니었기에 유학자들에게는 미움받지 않았다. 유학자들의 혐오를 불러일으키는 동물의 조건은 그저 성가시거나 더럽기만 하면 되는 게 아니었다. 해충이라는 말 그대로 반드시 다른 생명체에게 해가 되는 것이어야 했다.

파리는 오래전부터 사람의 혐오를 한 몸에 받던 동물이다. 파리는 여기 저기 똥을 싸 사람의 물건을 더럽히고, 사람을 성가시게 하는 동시에 달디단 음식에 대한 욕심으로 자멸하는 어리석은 동물로 그려진다. 유학자들 역시 이런 파리를 미워했지만, 단지 성가시게 구는 행동 때문에 파리를 미워하기는 양심이 편치 않음을 고백한다. 정약용은 파리에게 '너는 나와 서로 원한이 없건마는 너는 잠시도 내가 자리 펴고 잠들기를 허

　　　　　　　　　　　　　　　　　　유학자의 동물원

락하지 않는다'며 덮어놓고 미워하기엔 미안하다는 심정을 표현한다. 그러나 호랑이나 이리처럼 다른 생명을 포식하는 욕심 많은 동물에 대해서는 가차없다. 심지어 송시열은 황제를 상징하는 신령스러운 동물인 용마저 욕심이 많다고 비난할 정도였다. 어느 날 하인에게 정원의 뱀을 격살하라고 지시하는 정약용의 글에는 그 포식에 대한 혐오가 드러나 있다.

뱀은 고물고물 자라는 무고한 미물들을 함부로 물어 해치며, 두꺼비 따위는 하나도 놓아주지 않는다. 특히 개구리와 올챙이는 작든 크든 가리지 않고, 비둘기·까치의 살찐 것이나, 제비·참새의 파리한 것도 먹어서 토하는 법이 없다. 뱀은 밤낮으로 수색하여 둥우리를 엎고 알을 찾아 삼키니, 그 자식들이 다 없어짐에 초조히 부르짖는 어미들의 소리가 처량하고 애처롭다. 그러나 의로운 매도 오지 않고 새매도 한 마리 공격하지 않는다. 이에 교만방자하게 횡행하여 마음대로 배를 채운다.

의로운 매도 새매도 뱀을 잡아먹지 않으니 사람이 대신 뱀을 처벌하야 한단다. 이 지시에 따를 수 없다는 자가 정약용에게 말한다. 뱀에게는 뱀의 본성이 있는 것인데, 어째서 작은 미물들을 살리자고 뱀을 죽이냐는 것이다. 또한 뱀이 세상에 나온 것도 하늘의 조화인데 유독 뱀만 죽이는 것은 자연의 이치에 맞지 않는다고 하였다. 그러자 정약용은 다음과 같이 대답한다.

사물을 생성하는 것은 하늘이고 물건을 사용하는 것은 사람이다. 그러므로 옹이가 많아 쓸모없는 참나무와 가죽나무는 베어 버려 소나무나 대나무를 잘 자라게 하고, 호랑이와 이리 등 살상하는 맹수를 죽여서 사슴과 노루를 편하게 하고, 간사하고 아첨하는 무리를 쫓아내어 어진 신하를 보호하는 것이니, 이는 곧 천지의 지극한 인이다.

— 정약용, 『다산시문집』 22권, 「잡문」, 뱀 격살에 대한 해, 한국고전번역원, 장순범 옮김

(교정: 인용자)

오늘날의 입장에서 보면 정약용은 생태계의 교란자다. 파리의 어리석은 욕심이나 뱀과 이리의 잔인한 욕심은 모두 자연이 낳은 삶의 방식일 뿐이다. 그러나 정약용은 자연이 낳은 삶의 방식이라고 모두 용인하지 않는다. 사람이나 식물을 포식하는 행위는 도저히 존중할 수 없다고 한다. 정조 역시 호랑이나 소리개의 포식이 그들 본래의 성질임은 인정하지만, 차마 그 꼴을 볼 수는 없다고 말한다.

한가로이 있을 때 연신(강론, 또는 경연에 참석하는 신하)과 함께 경서와 사서를 논하고 있었는데, 갑자기 고양이 한 마리가 쥐를 잡아 난간을 타고 달려가 지붕 처마로 올라가 붙잡아 던지고 으르렁대며 잡아먹으려 하였다. 하교하기를, "범이 먹이를 물어뜯고 매가 붙잡으며, 소리개가 움켜쥐고 고양이가 잡는 것은 본래의 성질이며 직분이다. 그러나 나는 그들이 생명으로 생명을 상하게 하는 것을 보고 싶지 않다." 하고, 좌우에 명하여 속히 쫓아 버리도록 하였다.

— 정조, 『홍재전서』 제177권, 「일득록」 17, 훈어 4, 이강욱 옮김

이에 비해 유럽인들은 사자와 독수리와 같이 위엄 있는 포식동물을 귀족의 상징으로 사용해 왔다. 레오나르도 다빈치는 프랑스 왕을 위한

유학자의 동물원

것으로 추정되는 사자 모양의 로봇 설계도를 남긴 바 있다. 왕의 위엄을 상징하는 사물로 동물의 왕인 사자보다 적절한 것은 없었을 것이다. 왕에게 바쳐지는 돼지 모양의 로봇은 상상하기 힘들다. 그러나 사자와 비슷한 포식자 호랑이에 대한 조선 유학자들의 감정은 경외감이 아닌 증오일 뿐이었다. 위엄의 상징은 용, 봉황, 거북, 기린이었지 포식동물이 아니었다. 마을에 내려와 사람을 잡아먹는 호랑이는 백성의 생명 보존을 위해 죽어야 하는 동물이었고, 옛 성인들도 호랑이 등의 맹수를 죽이는 것으로 군자의 도를 실천했다. 많은 조선 유학자들이 백성을 수탈하는 탐관을 호랑이에 비유했다. 호랑이는 언제나 인간의 법이 관리하는 대상이었다.

서구에서도 처벌을 받는 법적 대상으로서의 동물을 발견할 수 있으나, 처벌받는 동물은 포식자 야생동물이 아니라 가축이었다. 아르멜 르 브라 쇼파르(Armelle Le Bras-Chopard)에 의하면 맹수들은 '본성적으로 사납기 때문에' 법적 관리 대상이 아니었다.[주27] 대신 사람을 죽이거나, 악마와 내통하거나, 사람과 성관계를 맺은 가축들은 마치 사람처럼 재판대에 올려져 판결을 받고 사형되었다. 똑같이 사람에게 해를 끼친 '나쁜 짐승'이지만 유학적 세계에서 포식동물은 관료적 관리 대상이었고, 서구에서 포식동물은 인간의 힘으로 어쩔 수 없는 불가항력의 존재라 하여 처벌 대상이 아니었다. 정약용이 자신의 정원을 관리하기 위해 하인들을 불러놓고 뱀을 격살하는 이유와 그 서약을 장대하게 설명한 것은, 정원이라는 소왕국을 관리하는 관료의 입장을 보여준 것이나 마찬가지다. 호랑이를 제어하지 못하는 정부의 무능력을 탓하는 글이 조선 후기 유학자들의 글에 자주 등장하는 것으로 보아, 제 아무리 두려운 맹수의 왕 호랑이라도 관료제에 종속되어 죽음을 맞이해야 하는 존재였다고 볼 수 있다.

비록 그 기운이 능히 사슴을 먹을 수 있고, 그 힘이 능히 코끼리를 삼키며, 또 그 몸이 신선이 산다는 낭풍의 동산을 두르고, 그 꼬리가 광대한 곤륜산을 감싸며 하늘을 날아오르고, 신통한 영험을 가진다고 해도, 마땅히 쳐부수어 포육도 만들고 국도 끓여서 진인(秦人)의 먹이로 제공해야 한다.

– 정약용, 『다산시문집』 22권, 뱀 격살에 대한 해, 한국고전번역원, 장순범 옮김

제 아무리 큰 몸집과 위엄을 뽐내며 전설 속의 산을 날아오르는 동물이라고 해도, 해충은 해충이다. 갈퀴를 휘날리는 사자가 아무리 멋있어도, 그 발톱이 아무리 강력해도 유학자들에게는 아무 의미가 없다. 사람에게 해를 끼치는 동물이라는 점에서, 포식자는 똥파리라는 해충과 하등 다를 바 없는 한 묶음이다. 그럼 여기서 포식자가 아닌 파리처럼 하찮은 해충들을 생각해 보자. 같은 해충이지만 포식동물은 인간이 죽고 사는 문제가 걸렸으므로 오로지 격살이 답이다. 뱀을 잡지 않으면 당장 정약용의 정원에서 어린아이와 부녀자가 뱀에 물리게 될지도 모른다. 그렇지만 작고 하찮은 해충들 앞에서 유학자들은 어쩔 줄을 모른다. 파리나 모기, 서캐, 쥐들이 사람에게 자잘한 더러움을 안겨주는 해충이기는 하지만, 어찌 되었든 그들 역시 살기 위해 안간힘을 쓰는 존재들이며, 사람을 잡아먹는 포식동물도 아니기 때문이다.

여기서 생명의 억울함을 다루는 유학자들의 생각을 고려인 이규보(李奎報)의 생각과 비교해 볼 필요가 있다. 이규보는 시 여러 편을 통해서 쥐, 송충이, 파리, 모기 등 하찮은 동물에 대한 혐오감을 꽤나 자주 드러낸 바 있다. 이규보는 더럽고 귀찮은 해충들을 모조리 잡아 용광로에 넣어버리고, 고양이를 풀어 너희 족속을 잡아 죽이겠다는 협박조의 시를

제 아무리 큰 몸집과 위엄을 뽐내며 전설 속의 산을 날아오르는 동물이라고 해도, 해충은 해충이다. 갈퀴를 휘날리는 사자가 아무리 멋있어도, 그 발톱이 아무리 강력해도 유학자들에게는 아무 의미가 없다. 사람에게 해를 끼치는 해충이라는 점에서, 포식자는 똥파리라는 해충과 하등 다를 바 없는 한 묶음이다.

윤두서, 「격룡도」, 17~18세기, 선문대박물관, 한국저작권위원회

풀어낸다. 오늘날에도 쥐나 바퀴벌레를 보면 누구나 질색한다. 이런 '질색팔색 하는 마음'을 여과 없이 드러낸 이규보의 시는 소박하고 평범한 생활의 감상 정도로 볼 수 있다. 그러나 똑같은 혐오 동물 앞에서 조선 유학자들은 다른 감상을 풀어낸다. 그들은 소박하고 평범한 생활의 감상을 적으면서도 만물을 길러야 한다는 부모의 자세에서 한 치도 벗어나지 않았다. 정약용은 얄미운 모기가 자기 몸을 물어뜯는데도, 내가 누추한 흙바닥에 누워 모기를 부른 것이라며 나의 피빨림이 모기 '너의 탓이 아니다'라고 한다.

심지어 한 나라의 왕도 벌레들의 억하심정을 걱정한다. 특히 소나무를 갉아먹는 송충이를 잡는 일은 꼭 필요한 일이긴 했지만, 그럼에도 영조와 정조는 송충이들의 억하심정을 두려워하는 모습을 보인다. 조선의 왕들은 백성들을 동원한 송충이 잡기를 시행하였고, 날마다 잡아다 바쳐야 할 송충이의 양을 정하기도 하였다. 그렇기에 '주민들이 파묻은 송충이를 다시 파서 바치는 폐단'이 있기도 했는데, 한 신하가 폐단을 없애기 위해 송충이를 잡으면 태워 죽이자는 건의를 했다. 그러나 영조는 "묻는 것도 오히려 부족하여 태워 죽이려기까지 하는가?"라며, "맹자도 말하기를, '맹수는 그저 몰아낼 뿐이다.'고 하였다. 이것도 생명이 있는 것이니 태워버리는 것은 너무 심하지 않겠는가? 여러 날 잡게 하여 백성들에게 폐단이 많은 것이니, 다 잡게 하는 것은 즉시 중지하도록 하라(『조선왕조실록』, 영조 17년 4월 11일, 한국고전번역원 옮김)"는 명을 내린다. 받은 만큼 돌려주는 생명에 대한 두려움, 게다가 호랑이와 같은 포식자도 아닌 작은 생명을 없애는 두려움이 왕의 의식까지 지배하고 있었던 것이다. 훗날 영조의 손자 정조는 더 현명한 방법으로 (폐단을 없애는 동시에) 보은/보복하는 두려움에서 벗어난다. 벌레가 바다로 들어가면 물고기와 새우로 변하니, 잡은 송충이를 바다에 던지라는 것이다.

> 일찍이 듣건대, 벌레가 날아 바다로 들어가면 물고기와 새우로 변한다
> 고 하였다. 복파(伏波)가 무릉(武陵)을 다스릴 때의 밝은 징험이 아직
> 까지 전해지니 이에 여러 날을 깊이 궁리한 끝에 법령을 만들었으니
> 지금부터는 송충이를 주위서 구포(鷗浦) 해구(海口)에 던지도록 하라.
> 여주(驪州)의 능수(陵樹)에도 충해가 있다고 하니, 화성(華城)의 예를
> 그대로 따라 강물에 던지도록 하라.
> – 정조, 『홍재전서』 29권, 「윤음 4」, 벌레들을 담아 던지는 데에 관한 윤음, 한국고전번
> 역원, 김경희 옮김

이렇듯 더럽고 혐오스러우면서 가장 약한 존재 앞에서 유학자들은 숙
연해진다. 유학자들의 이상적인 동물은 깨끗하고 도덕적인 동시에 매우
유약한 동물이다. 백로, 이슬만 먹고 사는 매미, 살아 있는 동물은 먹지
않는 상상의 짐승 추우(騶虞) 등이 그것이다. 깨끗하면서 약한 존재를 지
향하는 유학자들에게, 비록 혐오스럽더라도 약하기 짝이 없는 동물들은
같은 해충이라도 포식동물과는 다른 의미로 다가왔을 것이다. 김성일(金
成日)은 성가시게 피를 빨아먹는 모기를 미워할 수도 좋아할 수도 없는
감정을 다음과 같이 적는다.

> 너의 삶 참으로 탄식이 나올 만하다
> 하늘 본디 생물에게 후한 법인데
> 어찌하여 온갖 근심을 만나게 하였나
> 사람의 피로 네 배고픔 면해야 하니

사는 방법이 혹 잘못된 것은 아닌가

미물인 너를 족히 책할 수 없으나

조물주가 한 짓이 괴상하구나

- 김성일, 『학봉집』 제2권, 상사(上使)가 지은 '모기를 미워하다'의 운을 차운하다. 한국고전번역원, 정선용 옮김

그렇다. 조물주가 한 짓이 참 괴상하다. 어째서 나는 너를 혐오하게 되었을까? 너는 왜 하필 나의 피를 빨아먹어야만 살 수 있는 걸까?『회남자(淮南子)』에서는 사람이 목욕을 하면 서캐와 이가 서로 애도를 한다고 한다. 사람이 깨끗이 목욕을 하고 나면 '우린 대체 어디서 살아야 하나'며 서캐와 이가 서로를 위로한다는 것이다. 서로가 서로의 몸이 자원이다. 사람 몸의 조그만 피부 껍질을 먹으며 살아가는 빈대와 사람을 통째로 잡아먹는 호랑이는 모두 사람을 자원으로 삼아 살아간다. 이렇게 보면 다른 생명을 자원 삼지 않고 사는 것은 없다. 생산량이 많지 않은 사회라면, 맑은 곡식과 야채를 먹고 살아도 결국 남의 살이 되었을 수도 있는 음식을 내가 먹는 것일 수 있다. 그렇다면 유학자들이 자랑하는 깨끗함이란 결국 위선에 불과한데, 정약용은 오징어에게 비웃음을 당하는 고고한 백로의 이야기로 자신의 위선을 고백한다.

(오징어가 백로에게 말하기를)

기왕에 고기 잡아먹으려면서

무슨 멋으로 청백한 체하는가

본색일랑 감춰두고 적당하게 살아가소

그리하면 고기를 산더미같이 잡아

암컷도 먹이고 새끼들도 먹일 수 있네

백로가 오징어에게 말하기를

네 말도 일리는 있다마는

하늘이 나에게 결백함을 주었으며

자신이 보기에도 더러움이 없는 나인데

어찌하여 그 작은 밥통 하나 채우자고

얼굴과 모양을 그렇게 바꾸겠나

고기가 오면 먹고 달아나면 쫓지 않고

꼿꼿이 서 있으며 천명대로 살 뿐이지

이에 오징어가 화를 내고 먹물을 뿜으며 말하길

멍청하다 백로야 너야말로 굶어죽어 마땅하리

　- 정약용, 『다산시문집』 제4권, 「시」, 오징어 노래, 한국고전번역원, 양홍렬 옮김

　백로의 고고함과 무능력, 위선을 동시에 표출하는 이 시는, 정약용이
오징어뿐만 아니라 백로인 자기 자신에게도 '혹시 잘못 살고 있는 것은
아닌가'라며 물어보는 것과 마찬가지다. 그리고 또 다른 시에서 정약용
은 이렇게 고백한다. '우스워라 나야말로 철저한 멍청이로세.'[주28] 유학자
들은 포식자의 위엄을 박탈하고 그들을 파리보다 못한 해충으로 격하시
킴으로써 파리나 벌레 같은 약한 존재의 정신적 위엄을 지키려고 했다.
호랑이의 고기 욕심은 파리의 육즙에 대한 욕심과 다를 바 없이 혐오스
럽다. 그러나 결국 똑같은 해충인 주제에 호랑이가 파리보다 낫다고 하
면 파리의 기분이 어떻겠는가? 그래서 유학자들이 포식동물을 해충이라
고 경계한 것이다. 그러나 파리가 육즙을 먹어야만 살 수 있다는 사실은
변치 않는다. 그렇기에 '혹 잘못 살고 있는 것은 아닌가'라는 소리를 들

는 파리의 억하심정도 대단할 것이다. 여기서 파리의 억하심정을 소인의 억하심정으로 대치해 보면 유학자들이 그깟 파리나 벌레를 왜 그렇게 신경 썼는지 이해가 갈 것이다. 소인은 파리처럼 모두의 미움을 받는 존재지만, 소인 역시 '혹 잘못 살고 있는 것은 아닌가'라는 소리를 듣는다면 분명 억울한 감정부터 느낄 것이다.

모든 생명이 그저 우연하게 태어났을 뿐이며 파리나 소인 역시 그렇다. 그 우연한 사건에 따르는 고행은 그 생명이 모조리 짊어지게 된다. 그것은 분명 억울함이다. 그런데 이 억울함은 너무 태생적이고 근본적이라 어느 누구도 이의를 제기하지 않는다. 누구나 태어난 대로 살아야 하는 고행을 시작했기 때문이다. 누구의 억울함은 들어주고 누구의 억울함을 무시할 수 없다. 하지만 만물의 부모 입장에 서 있는 유학자들은 만물의 억울함을 똑같이 들어보자고 제안한다. 그것은 분명 불가능한 일이다. 양반과 노비, 성인과 소인 사이의 억울함을 듣기도 쉽지 않고, 사람과 네발 동물 사이의 억울함을 듣기도 쉽지 않다. 당장 우리는 육식에 대해 합의하기도 힘들지 않은가. 사람과 물고기 사이의 억울함은 어떤가? 사람과 식물 사이의 억울함은? 우리는 사람에게 먹히는 식물의 고통을 이해할 수 있을까? 지금으로선 절대 불가하다. 하물며 무기물인 돌무더기의 억울함은 어떤가. 상상만 해도 정신이 어지럽다. 그러나 이익은 이런 종류의 고민까지 건드린다.

> 딱딱한 저 흙이나 돌은 "어찌하여 하늘이 나에게는 초목처럼 생의(生意)를 부여해 주지 않았는가?" 할 것이고, 초목은 "어찌하여 하늘이 나에게는 금수처럼 지각(知覺)을 부여해 주지 않았는가?" 할 것이고, 금수는 "어찌하여 하늘이 나에게는 사람처럼 존귀(尊貴)함을 부여해 주

유학자의 동물원

호랑이의 고기 욕심은 파리의 육즙에 대한 욕심과 다를 바 없이 혐오스럽다. 그러나 결국 똑같은 해충인 주제에 호랑이가 파리보다 낫다고 하면 파리의 기분이 어떻겠는가?
심사정, 「호취박토도」, 1768년, 국립중앙박물관

지 않았는가?" 할 것이지만, 설령 하늘이 입이 있다면 어찌 말이 없겠는가?

- 이익, 『성호사설』 7권, 「인사문」, 원천우인, 한국고전번역원, 성백효 외 옮김

짐승이나 식물, 흙이나 돌의 억울함을 말하는 것도 머리가 어지러운데 이익은 심지어 하늘도 태어난 것이 억울하지 않겠냐고 말하고 있다. 우리가 온갖 억울함과 소원을 토로하는 대상인 하늘조차, 입이 있다면 '나도 하늘로 태어나서 억울한 점이 있다'고 말하지 않겠냐는 것이다. 억울함이란 만물을 관장하는 정서이며, 심지어 하늘조차 억울함을 느낄 수 있으리라는 것이니, 이익의 천재성과 치밀함에 감탄치 않을 수 없다. 우리가 이렇게 만물에 내재된 억울함을 말하기 어려운 이유는, 그것이 영적인 숙명론으로 변질될 수 있기 때문이다. 사람과 사람 사이의 억울함을 이야기하면 세상을 바꿀 수 있다. 그러나 사람과 동물, 동물과 돌덩이 사이의 억울함을 이야기하게 되면, 모든 만물이 억울함이라는 공통분모로 평등해지기 때문에 영적인 숙명론에 갇혀 사람은 옴짝달싹할 수가 없다. 이익의 '원천우인(怨天尤人)'은 분명 그러한 영적인 숙명론의 냄새를 풍긴다. 그러나 이익의 숙명론은 전혀 종교적이지 않다. 이익의 숙명론은, 모두가 억울하다면 누구의 억울함부터 타파하는 것이 좋을지에 대한 고민을 시작하는 현실일 뿐이다.

억울함을 해소하기 위해 사람은 '공정함'이라는 개념을 도입했다. 그러나 공정함은 사회적인 개념이 아니라 본능의 산물이기도 하다. 동물들도 공정성과 부당함을 느낀다. 데일 피터슨은 『동물의 도덕적 삶』이라는 책에서 '이번엔 내 차례야'라는 구절로 이러한 마음을 간결하게 표현한다.[29] 데일 피터슨은 이 책에서 아프리카 보츠와나에 사는 개코원숭이

　　　　　　　　　　　　　　　유학자의 동물원

무리 중 암컷 19마리의 우정에 대해 소개한다. 19마리의 암컷 중 95%는 평균적으로 4마리의 암컷들하고만 털 손질 하는 시간을 가졌다. 털 손질 하는 시간도 편중되어 있었다. 오직 한 마리의 암컷 친구와 보내는 시간이 다른 털 손질 친구들과 보내는 시간의 2배를 차지했던 것이다.[주30] 내가 받은 만큼 돌려주기 위해서는, 당연히 돌려주어야 할 대상을 확실히 기억해야 한다. 이 원숭이들은 누가 제일 큰 은혜를 베풀었는지 기억하고 그만큼 은혜를 갚은 것이다.

불공정에 분개하는 원숭이 이야기도 있다. 브로스넌과 드 발은 2004년도에 카푸친 원숭이를 대상으로 '정당한 거절'에 대한 실험을 했다. 이 실험에서는 사람에게 작은 돌조각으로 포도알을 교환하는 원숭이와 이를 목격하는 또 다른 원숭이가 있다. 목격자 원숭이는 자신도 달콤한 포도알을 받기를 기대하고 돌조각을 건넨다. 하지만 그는 밍숭한 오이조각을 받는다. 원숭이는 오이조각을 먹지 않고 실험자에게 던지며 격분한다.[주31] 받아야 할 포도알을 받지 못하고 오이조각을 받은 데 대해 오이조각을 던져버리는 분노로 앙갚은 것이다.

위의 두 가지 사례에서 우리는 앙갚음의 두 가지 중요한 요소를 발견할 수 있다. 갚음의 대상을 정하는 것과 갚음의 정당함을 인식하는 것이다. 내가 피해를 입었다면, 내게 피해를 입힌 놈은 누구인지, 내가 받은 피해가 얼마나 부당한 것인지 알아야 한다. 그러나 그것을 공정하게 인식하는 일은 얼마나 어려운가? '눈에는 눈, 이에는 이'라지만 아무리 생각해도 금돼지벌레의 앙갚음은 너무 심하다고 느껴진다. 되갚지 않고는 살 수 없는 생명으로서, 과연 우리는 공정하게 되갚음을 할 수 있을까? 당장 팔은 안쪽으로 굽는다고 하지 않는가? 데일 피터슨은 상기한 책에서 침팬지들의 공정성 역시 사회적 친밀도에 따라 편중된 모습을 보인다고 밝혔다. 시어머니가 마음이 내키지 않으면 며느리가 3일에 5필의 옷감을 짜내어도 미워한다는 이덕무의 글을 보면 공정성이 얼마나 상대적이고 주관적이며, 심지어 야만적인 개념이 될 수도 있는지를 알 수 있다.

> 마음 갖기를 공평하게 하지 못하여 사랑하고 미워하는 것이 한쪽으로 치우치면 매우 지각없는 사람이다. 3일에 5필(匹)을 짜내었는데도 시어머니는 고의적으로 느리다고 혐의하는 것은 미움에 치우친 것이고, 장인(丈人) 집에 있는 까마귀를 처가로 인해서 좋아하는 것은 사랑에 치우친 것이다. 또 이보다 더 심한 것이 있다. 기괴하고 간사한 것이 마음에 스며들어 생긴 고질은 고치기가 어려우니 또한 슬프지 아니한가. (……) 미워하는 가운데 착한 것을 고르고 사랑하는 가운데 나쁜 것을 알아야 아주 공정함이 있는 것이다.
>
> ― 이덕무, 『청장관전서』 제48권, 「이목구심서 1」, 이식 옮김

누구나 자신의 억하심정이 정당하다고 주장하며, 자신의 판단이 세상에서 가장 공정하다고 아우성이다. 경제학자 밀턴 프리드먼(Milton Friedman)은 공정에는 어떤 객관적 기준도 없다고 했다. 공평은 이기주의에서 파생되었다는 나쓰메 소세키의 소설 한 구절처럼, 이러한 생각은 굳이 경제학자가 아니더라도 얻을 수 있는 통찰이다. 그러나 우리는 공정함의 기준이 결코 '모두에게' 공정하지 않다는 사실을 쉬이 수긍하지 못한다. 억하심정 때문이다. 당장에도 엄마 뱃속에서 나온 동생을 바라보는 첫째의 마음에는 자신만의 공정성 개념을 배신하는 현실에 대한 억하심정이 가득하다. 자신이 받던 관심의 절반 또는 그 이상을 동생이 가져갔기 때문이다. 공정성은 한 인간의 원초적 감성을 지배하는 가장 야

만적인 모습에서부터 사회를 지배하는 가장 도덕적인 모습까지 여러 차원에 걸쳐 있다. 두 남녀가 결혼하여 사회보장을 받을 수 있다면, 동성의 두 연인도 같은 것을 누려야 공정하다는 논리에서 볼 수 있듯이, 공정성은 계속 변화하는 개념이기도 하며, 또 계속 변화해야 옳다.

　불행히도 만물의 억울함을 해소하기 위한 유학자들의 공정함의 매뉴얼은 실패로 끝났고, 이는 역사 속으로 사라졌다. 세상에는 분명 영혼의 가난함에서 오는 억울함도 있지만 그보다 더 근본적인 것은 육즙과 고기, 돈 등 재산의 가난함에서 오는 억울함이다. 자본주의 이전 생산량이 한정된 사회에서는 내가 먹는 것이 항상 남의 것을 빼앗아 먹게 되는 결과를 낳는다. 그러니 한정된 자원을 잘 나눠주는 것이 이 사회의 목표가 된다. 따라서 유학자들은 포식자들을 엄벌하고 파리와 같은 소인들을 위로하고 잘 구슬리는 방법을 쓰며 자원을 최대한 공정하게 나누는 방법을 쓸 수밖에 없었던 것이다. 그러나 이 방법은 실패했다. 누군들 포식자가 되고 싶어하지 파리가 되고 싶겠는가? 유학자들은 만물의 부모가 되는 길을 선택했지만, 결과적으로 근본적인 문제를 해결하지 못했던 것이다. 다만 그들은 만물의 무의식을 지배하는 억하심정을 읽어냄으로써 인간이 세계를 마주하는 태도를 새롭게 제시한다. 억하심정이란 받은 만큼 돌려주지 못한 좌절감이다. 내가 돌려받아야 할 가치는 결국 내가 평가하는 나 자신의 가치와 연관이 있을 수밖에 없다. 내 삶은 얼마짜리인가? 나의 삶이 어떤 가치를 가지는지에 대한 이 질문에 솔직하게 다가갈 수 있을 때, 우리는 비로소 조선 후기 실학자들의 진면목을 볼 수 있다.

소와 말의 억하심정

내 목숨을 사고파는 동물원의 경제

가축의 억울함은 하소연할 데 없다

파리의 억울함도 안타깝지만 어찌 보면 가축의 억울함이야말로 동물들 세계에서 제일가지 않을까 싶다. 태어나 죽을 때까지 이득 없이 인간에게 봉사만 하는데 당연하다. 특히 사람 먹을 것도 부족한 사회라면 더더욱 그렇다.

또 신민으로서 초막이라도 지을 수 있는 자라야 겨우 제 몸이나 가릴 뿐이오니, 그의 노비가 된 자들은 가릴 것조차 없어 모두 바람·서리·얼음·눈 속에 내놓이게 될 것이옵니다. 노비가 이러할진대, 더구나 말과 소는 어떻게 하겠습니까. 마소는 비록 미물이오나 또한 지각이 있사온데, 올해는 흉작으로 꼴도 모자라오며 또 천도로 인해서 피로와 상해가 평시의 백배가 넘을 것이오니 그 굶주림과 추위로 인한 아픈 마음이 어찌 사람의 마음과 다르겠사옵니까.

- 권근, 『동문선』 제55권, 「주의」, 천도 중지를 주청하는 첫째 글, 한국고전번역원, 이기원 옮김

가축이 원래 가축으로 태어난 것도 아닌데 들판에서 뛰어다녀야 할 짐승을 사람이 옭아매는 것도 과연 옳은지 물을 수밖에 없다. 특히 소의 코를 뚫는 것이 소의 본성에 부합하는가라는 문제는 조선 유자들에게 인기 있는 토론 거리였다. 여기에 한 소리 얹은 성대중(成大中)은 잡아먹을 거라면 비둘기와 친구하지 말라던 이덕무와 교류했던 유학자다. 이덕무는 짐승을 착취하는 주제에 짐승과 친구를 하겠다니 말이 되지 않는다고 비난한 바 있다. 여기에 성대중은 짐승을 착취하는 것 자체가 생명의 부조리를 내포하고 있다고 말한다.

> 만물이 제때를 만나는 것이 사람에게는 피해가 된다. 벼룩이나 전갈이 사람을 물어뜯을 때 어찌 사람의 괴로움을 알겠는가. 그저 제때를 만난 것이니 맹수는 더 말할 것도 없다. 그러므로 잡초가 때를 만나는 것은 곡식의 해악이고, 참새와 쥐가 때를 만나는 것은 창고의 해악이며, 소인이 때를 만나는 것은 군자의 해악이고, 오랑캐가 때를 만나는 것은 중국의 해악이다. 이런 식으로 따져 나가면 해가 되는 것들을 일일이 헤아릴 수 있겠는가.
>
> 하늘은 이들을 모두 같이 길러 주는데 성인이 적절하게 조정하여 너무 성한 것을 억제해서 그 해악을 제거한다. 뿐만 아니라 그것들이 사람에게 쓰일 수 있도록 유도하였다. 허나 이는 그 본성에는 어긋나는 것이니, 소의 코를 뚫고 말에 굴레를 씌워 옭아매며 새매에 줄을 매달아 사냥하는 것이 어찌 그들의 본성에 맞는 일이겠는가.
>
> - 성대중, 『청성잡기』 4권, 「성언」, 만물과 사람의 공존, 한국고전번역원, 김혜경 외 옮김

내가 살겠다고 벼룩과 전갈과 맹수가 날뛰는데 사람이 뭐라 할 말은

없다. 사람도 소와 말을 사용하기 때문이다. 거기에 사람은 소의 코를 꿰고 말에 굴레를 씌우기까지 하였다. 소는 코까지 뚫려가며 밭을 갈고 비쩍비쩍 말라가며, 말은 안장과 굴레에 무거운 짐까지 옮기며 평생을 고생한다. 사람의 손아귀에 잡히지 않았다면 차라리 자유로이 거닐다 호랑이에게 잡아먹힐지언정 이런 천고는 겪지 않았을 것이다. 차라리 그게 낫지 않은가? 대체 무슨 정당성이 있어서 가축이 사람 때문에 이리 고통받는 것일까? 성대중은 그 근본적인 문제가 너무 마음에 걸렸던 것이다.

조선 후기 많은 유학자들이 한 번쯤 소와 말 문제에 대해 고민했었다. 조선의 소와 말이 겪는 고통이 너무나 컸기 때문이다. 조선시대 소들은 제대로 먹지도 못하면서 밭을 갈다가 도살되었다. 밥값을 못하는 사람도 널렸는데, 소는 '꼴값'을 충분히 하고도 모자라 자기 살까지 사람에게 내어준다. 이수광도 사람들이 소고기를 너무 좋아한다며 소가 지나치게 도살됨을 경계하였다. 박제가(朴齊家)는 조선에서 하루에 500마리의 소가 도살된다고 주장하며 소를 무작정 잡으니 농사를 지을 소가 없다고 한탄했다. 이익은 사람들이 말을 키우는 방법을 잘 몰라 말이 더 큰 고생을 하게 된다고 하였다. 박지원 역시 『열하일기』에서 사람의 어리석음 때문에 안 그래도 본능을 거스르며 사는 가축이 더 큰 고생을 하고 있음을 설명한다. 말을 병신으로 만드는 위태로움을 여덟 가지로 나누어 둔 박지원의 상세한 설명을 읽자면 말로 사는 것이 얼마나 힘든 일인지 구구절절하게 다가온다.

대개 우리나라의 말 다루는 방법은 몹시 위태로운 것이다. 옷소매는 넓고 한삼(汗衫) 역시 길므로 그것에 두 손이 휘감겨서 고삐를 잡거나 채찍을 드날리려 할 때 모두 거추장스러움이 첫째 위태로움이다.

차등적 인간관을 가진 유학자가 오히려 상하를 넘나들며 차등적 계층이 가지는 억울함을 읽어낸다. 그러나 이러한 고통은 애초에 강한 존재가 약한 존재인 마소를 굴레와 코뚜레로 얽어매는 차등적 세계에서 시작된 것이다. 그렇다면 그 차등적 세계를 해체할 수 있는가? 마소를 쓰지 않고 살 수 있을까?

김식, 「우도」, 16세기, 국립중앙박물관

그런 형편이므로 부득이 딴 사람으로 하여금 견마를 잡게 하니, 온 나라의 말이 벌써 병신이 되어 버린다. 이에 고삐를 잡은 자가 항상 말의 한쪽 눈을 가려서 말이 제멋대로 달릴 수 없음이 둘째 위태로움이다. 말이 길에 나서면 그 조심함이 사람보다 더하거늘, 사람과 말이 서로 마음이 통하지 않으므로 마부(馬夫) 자신이 편한 땅에 디디고 말을 늘 위태한 곳으로 몰아넣으므로 말이 피하려는 곳에 사람이 억지로 디디게 되고, 말이 디디고 싶어하는 곳에서 사람이 억지로 말을 밀어버리니, 말이 사람을 되받는 것은 다름 아니라 항상 사람에게 노여운 마음을 품은 까닭이니, 이는 셋째의 위태로움이다. 말이 한 눈은 이미 사람에게 가려졌고 남은 한 눈으로 사람의 눈치를 살피노라고 온전히 길만 보고 걷기 어려우므로 잘 넘어지기 일쑤이니, 이는 말의 허물이 아닌데도 채찍을 함부로 내리치니 이는 넷째 위태로움이다. 우리나라 안장과 뱃대끈의 제도는 워낙 둔하고 무거운데 더군다나 끈과 띠가 너무 많이 얽혀 있다. 말이 이미 등에 한 사람을 싣고 입에 또 한 사람이 걸려 있으니, 이는 말 한 필이 두 필의 힘을 쓰는 것이라 힘에 겨워서 쓰러지게 되니 이는 다섯째 위태로움이다. 사람이 몸을 씀에도 오른편이 왼편보다 나음을 보아서 말 역시 그러할 것임에도 불구하고, 말의 오른 귀가 사람에게 눌리어 아픔을 참을 수 없으니 할 수 없이 목을 비틀어서 사람과 함께 한 옆으로 걸으며 채찍을 피하려는 것이다. 사람은 곧 말이 그 목을 비틀어서 옆으로 걷는 것을 사납고도 날랜 자태라 하여 기뻐하기는 하나 이것은 말의 본정이 아니니 이는 여섯째 위태로움이다. 말이 채찍을 늘 받아 오니 그 오른편 다리만이 편중되게 아플 것임에도 불구하고 탄 사람은 무심히 안장을 버티고 앉아 있고, 견마잡이는 갑자기 채찍질하므로 몸을 뒤쳐서 사람을 떨어뜨리게 하고는 도

유학자의 동물원

리어 말을 책망하나, 이 역시 말의 본의가 아니니 이는 일곱째 위태로움이다. 문무를 막론하고 벼슬이 높으면 반드시 좌견(左牽, 말의 왼쪽에 다는 긴 고삐)을 잡으니 이는 무슨 법인가. 우견(右牽, 말의 오른쪽에 다는 고삐)이 이미 좋지 않거늘 하물며 좌견이며, 짧은 고삐도 불가한데 하물며 긴 고삐이겠는가. 일반인의 집에 출입할 때는 오히려 긴 고삐를 매도 될 법 하나, 임금의 어가를 모시는 신하로서 다섯 길이나 되는 긴 고삐로써 위엄을 보이려 함은 옳지 않은 일이다. 그리고 이는 문관(文官)도 불가한데 하물며 영문(營門, 군영으로 통하는 문)으로 나아가는 무장(武將)이겠는가. 이는 이른바 스스로를 얽매는 줄을 찬다는 겪이니 이 곧 여덟째 위태로움이다.

- 박지원, 『열하일기』, 「막북행정록」, 구일계측, 한국고전번역원, 이가원 옮김(교정: 인용자)

말과 혼연일체라도 된 것 같은 글이다. 남의 육체와 고통에 대한 상상력이 없는 사람은 절대 이런 관찰을 할 수 없다. 동아시아에서 가축의 한쪽 눈을 가리는 것은 매우 일반적인 관습이었다. 한쪽 눈을 가려서 맷돌을 돌리거나 사람을 따라갈 때 한눈을 팔 수 없도록 한 것이다. 이런 눈가림이 오히려 말이 길을 가는 데 방해만 된다는 생각, 사람이 오른쪽을 쓰는 것이 더 편하므로 말도 그러할 것이라는 생각, 말이 참다 참다 노여움을 품게 된다는 생각은, 동물의 억울함까지 감지하려는 박지원의 노력에서 나온 것이다. 그러나 이러한 고통은 애초에 강한 존재가 약한 존재인 마소를 굴레와 코뚜레로 얽어매는 차등적 세계에서 시작된 것이다. 그렇다면 그 차등적 세계를 해체할 수 있는가? 마소를 쓰지 않고 살 수 있을까?

말과 소의 사족은 천연(天然)이라 하고, 쇠코를 뚫는 것과 말머리를 묶는 것은 인위(人爲)라 하니, 이는 사람의 지혜가 하늘과 함께하는 것이다. 머리 묶는 것을 굴레라 하고, 코 뚫는 것을 코뚜레라 하니, 굴레와 코뚜레가 없다면, 마소는 제재하기 어려우리라. 말은 사람을 차고 사람을 물지만, 달릴 때는 날아가는 날개와 같고, 소는 뿔이 호랑이를 대항할 만하고 등에 천근의 무게를 짊어진다. 그러나 어린아이가 호령을 해도 귀를 숙이고 매를 받아들이는 것은 왜 그럴까? 망아지·송아지 때로부터 구속을 받은 것이 습성이 되어 아무렇지 않기 때문이니 이것이 바로 제재의 술법이다. 이와 마찬가지로 형법은 백성들을 제재하는 굴레이고 코뚜레인지라, 역시 그 시행하기를 오래 해야 할 것이니, 급기야 귀와 눈에 익숙하고 마음과 뜻이 안정된다면, 이 천하가 비록 넓지만 채찍 하나로써 부릴 수 있는 것이다. 만약 그렇지 않고 놓아 두어 한계를 넘은 뒤 제어하려 한다면, 아마 채이고 물리거나 뿔에 부딪치게 되리라.

– 이익, 『성호사설』 제12권, 「인사문」, 형법 제민, 한국고전번역원, 이진영 옮김(교정: 인용자)

이익은 차등적 세계를 해체할 수 없다고 한다. 동물 착취는 동물 세계를 식민화시킨 것이고, 착취당하는 동물은 식민지 시민보다 못한 노예나 다름없다. 어느 누구도 그 착취를 정당화하지 못한 채 착취를 계속한다. 이익은 여기에 한 수 더 놓기를, 굴레와 코뚜레를 제제의 술법에 비유하며 인간이 인간을 다루는 데에도 필요한 것이라 한다. 가축이나 백성이나 동물원에 살려면 코뚜레에 얽혀져야 한다는 생각이다. 그 동물원의 자원이 한정되어 있을 때는 더더욱 그렇다. 이익은 여러 편의 글에서

『연원직지』에서 김경선은 청나라의 말은 그 성질이 너그럽고 유순하여, 몸집이 작은데도 반
드시 울어대고 발로 차려고 하는 조선의 말을 만나도 조용히 피하고 그와 겨루려 하지 않는
다고 쓴다. 그는 가축에서도 대국의 기풍을 볼 수 있다고 감탄한다. 그러나 가축의 성질이
애초에 다르기 때문에 그러한 것일까? 아니면 다루는 사람의 문제일까?

윤두서, 「진단타려도」, 1715년, 국립중앙박물관

재물이 하늘에서 떨어지는 것이 아니므로 '이편에서 이익을 보면 저편에서는 손실을 입는 것'이라 말했다. 그는 조선 사회를 부가 한정되어 있어 사슴 한 마리를 놓고 여럿이 싸우게 되는 제로섬 전략의 사회로 바라보았다.

> 비유해 말하자면 마치 이웃집 말이 뛰어 달아날 때에는 오직 그 주인만이 붙잡을 수 있고 다른 사람은 모두 옆에서 보기만 할 뿐 움직이지 않는 것은 분수가 정해졌기 때문이고, 또 들판의 사슴이 숲으로 달아날 때에 힘으로 잡을 수만 있다면 하던 일도 집어치우고 사슴을 쫓아가지 않을 사람이 없을 것이며, 이 사슴을 이미 잡게 되면 공을 다투면서 서로 싸울 자가 있을 것이니, 이는 분수가 정해지지 않았기 때문이다.
> – 이익, 『성호사설』 제19권, 「경사문」, 선종 식치, 한국고전번역원, 김철희 옮김

누구나 사슴과 말을 사로잡고 싶어 한다. 그러나 사슴과 말이 한정되어 있을 때, 그것을 놓고 서로 싸우는 인간들은 자멸하기 쉽다. 그 자멸을 막기 위해 각자의 분수가 정해져 있어야 한다는 것이다. 이러한 사회에는 가축으로 쓰이는 마소의 억울함, 그리고 한정된 자원을 차지하지 못한 사람의 좌절감이 팽배하다. 제로섬 사회에서 그 좌절감을 해소시킬 방법은 세 가지다. 첫째는 이익이 주장한 대로 절약하고 살면서 자신의 분수를 지키는 것이고, 둘째는 남의 재산을 빌려 쓰는 것이고, 셋째는 제로섬이 아닌 포지티브섬의 세계로 이행하는 것, 즉 사슴과 말을 목축하여 자원을 늘리는 것이다. 불행히도 조선 사회는 두 번째 방법에 천착하게 된다. 남의 재산을 빌리고 이자를 감당하지 못하여 허덕이는 사람들이 늘어나게 된 것이다. 남의 재산을 빌려 쓰는 것에는 쌀 한 말을 빌리거나, 쌀 한 말을 살 만한 화폐를 빌리는 두 가지 방법이 있다. 그런데 재

유학자의 동물원

산을 빌려주는 사람이 화폐를 자신이 원하는 만큼 주조할 수 있다고 치자. 이 사람은 백성들에게 흩뿌리듯이 돈을 빌려줄 수 있을 것이다. 만약 이 사회가 농업 기술이 발달하여 백성들이 너도 나도 풍년이고, 이자도 갚고, 재산으로 많은 쌀을 얻을 수 있다면, 돈을 어느 정도 찍어내는 것이 나쁘지 않을 것이다. 문제는 대단한 농업 기술이 없던 조선 사회다. 백성들이 돈을 빌리는 시기는 대개 이른 봄이다. 빌린 돈으로 종자를 사는데, 이른 봄에는 곡식의 공급이 적고 수요가 많아 비싼 값을 들이고 쌀을 사게 된다. 농민들은 주로 가을에 상환을 하는데, 이 시기에는 곡식의 공급은 많고 수요가 적기 때문에 곡식의 가격이 '천해진다(한자 문화권에서 다른 재화에 비해 그 가치가 내려감을 일컫는 말).' 돈을 갚기 위해 곡식을 아무리 내다팔아도 얻을 수 있는 돈이 적다. 결국 노동력으로 살 수 있는 돈이 터무니없이 적다. 그런데 돈을 빌려주는 사람이 화폐를 미친 듯이 찍어낸다면 백성들에게는 아무런 희망도 없다. 현상유지도 안 되는 생산성과 화폐의 남발이 결합되어 백성들은 살인적인 실질이자율을 부담하게 되는 것이다. 이익이 길을 가다 만난 걸인들과 나눈 대화를 보면 이것이 조선 후기의 상황이었음을 보여준다.

도시에서는 곡식의 가격이 지극히 천하니 아직도 쌓인 곡식이 많다는 것을 알 수 있고, 흉년을 허물하는 것은 그 실상이 아님을 더욱 분명히 깨달았다. 가난한 자의 말에, "곡식이 천한 것이 도리어 원망스럽다. 곡식이 천하면 돈 얻기가 더욱 어려워 굶주림이 더욱 심하게 된다. 재물은 부자에게로 몰리고 백성의 재산은 탕갈되었으니, 비록 풍년이 든다 해도 그 곤란은 여전할 것이다."고 하였다.
- 이익, 『성호사설』 제14권, 「인사문」, 유민환집, 한국고전번역원, 정지상 옮김

나는 곡식의 가치가 천해져서 농민에게 손실을 입힌다는 사실이 믿기지 않는다. 국가의 조세는 오직 곡식이니, 곡식으로 조세를 받고 화폐법을 일체 금지한다면 어찌 이런 염려가 있겠는가? 그 폐단은 화폐법을 시행함으로부터 시작되었다. 즉, 풍년이 들면 조세나 사채를 모두 돈으로 받아 그 이익을 도모하므로 백성들은 곡식을 돈으로 바꾸어 내게 되니, 어찌 손해를 입지 않겠는가?

    - 이익, 『성호사설』 제16권, 「인사문」, 미천 상농, 한국고전번역원, 정지상 옮김

부유한 사회의 진정한 지표는 화폐 유통이 아니라 이자율이다. 이자는 화폐보다 더 오래된 역사를 가지고 있다. 함무라비 법전에서부터 복리 이자가 있었고, 명목화폐 유통이 전무하던 시대에도 한반도에는 다양한 이자와 이자 관련 법률 및 행정이 존재했다. 이자는 인류 정신의 원형을 이루고 있다고 봐도 과언이 아니다. 재화가 없는 사람은 이자를 지불하겠다는 약속을 하고 재화를 얻어 농사를 지을 수밖에 없기 때문이다. 『난중잡록』에 제주 고씨와 양씨 일가의 조상에 대해 이야기가 있다. 태고에 사람이 생기기 전, 하늘이 고씨와 양씨를 한라산 밑에 내려보낼 때 아름다운 여인, 그리고 망아지와 송아지의 종자를 함께 주었다고 한다. 여자와 가축이라는 최초의 상품화폐를 대출해 주는 것이 하늘의 업무였으며, 인류 초기 금융의 시작이었던 것이다. 여러 문명에서도 신전은 제식을 행하는 곳인 동시에 자원을 빌려주는 장소였다. 소 한 마리를 빌리는 사람은 소 한 마리로 농사를 짓고 가족과 소를 먹여 살리는 등 재화를 증식시키는 동시에 이자도 지불해야 한다. 이런 임무를 시행할 만한 것인가, 아니면 처자식 모두 뿔뿔이 흩어지는 것이 나은가. 이를 결정하는 것은 모두 이자율의 적절함이다. 따라서 이자율의 적절함은 경제 부흥의 초석이다.

조선 후기 부패한 관리와 토호의 수탈을 막기 위해 관에서는 이자율을 법으로 정해 두었고 이자가 원금의 100%를 넘지 않도록 보호막도 설정해 두었다. 그러나 이 보호막은 재정 수입을 목적으로 원치 않는 백성에게까지 억지로 환곡 해주는 관리들의 부패로 의미가 퇴색된 상황이었다. 관가와 부유한 민가에서는 화폐를 쌓아두고 사치품을 사거나, 화폐를 내키는 대로 주조했다. 설상가상으로 조선 후기에는 중앙관청만이 아니라 50개가 넘는 지방관청이 모두 화폐주조권을 가지고 있었으며, 이들은 재정 확보를 위해 화폐를 원하는 대로 주조할 수 있었다. 이런 화폐로 곡식을 싸게 산 후 이를 일본과 교역하여 얻은 은으로 외국의 사치품을 사다 날랐다. 사치풍조는 더 가난한 계층으로까지 퍼지게 된다. 가난한 사람들이 분수를 모르고 술을 마시고 머리장식과 예쁜 그릇을 사거나, '남들 하는 만큼' 관혼상제를 치르겠다고 돈을 빌린 후 빚더미에 앉는 과정을 이익은 이야기한다.

지금 쓰는 돈은 만든 지가 백 년도 채 못 되는데, 점점 얇아지고 작아져서 처음 만든 돈과 비교하면 거의 반절은 가벼워졌다. 국가에서 쓰는 돈을 임시로 그 가벼움과 무거움을 제멋대로 정하는 것이 옳겠는가? 우리나라는 면적이 넓지 않고 교통도 얼마든지 편리한데 돈을 만들어 쓸 필요가 있겠는가? (……) 사치하는 데 편리함이 돈 같은 것이 없다면, 이 돈이 백성에게 무슨 유익이 있겠는가? 까닭에 사치를 금하자면 이 돈을 없애 버리는 것이 상책이다. 또 폐단이 이뿐만이 아니다. 탐욕부리기에 편리하고 재물을 늘리기에도 편리하고 도적이 훔쳐가기에도 편리하다. (……) 내가 저자에 가는 사람을 보건대, 마을마다 돈꿰미를 허리에 차고 가서 술에 취하여 서로 붙잡고 돌아오니, 허비가 몹시 심하다. 다만 몹시 흉년이 드는 해에 상선(商船)으로 멀리 곡식을 무역해 온다면 조금 나을 것이나, 못사는 백성은 돈이 없는데 무슨 수로 무역할 수 있겠는가? 단지 모리하는 자의 첩경(捷徑)만 만들어 줄 뿐이다. (……) 또 나의 생각에는, 재정은 가난하고 천한 자를 기준해서 법을 만들어, 쓰기에 불편하게 해야만 일은 반절로 줄어들고 공효는 클 것이다. 매양 가난한 백성을 조사해 보니, 어떤 이는 밥은 먹어도 반찬이 없으며, 어떤 이는 죽만 먹고 밥이 없으며, 어떤 이는 죽도 없어서 나물만 먹는다. 진실로 살아갈 수만 있다면 재정은 허비가 적은 것이다.

- 이익, 『성호사설』 제4권, 「만물문」, 전초회자, 한국고전번역원, 김철희 옮김

이익은 돈의 편리함에 미혹되어 함부로 돈을 빌린 후 패가망신하는 사람들, 그리고 최소한의 의식주를 위해 돈을 빌리는 빈민층을 구제할 방법은 화폐의 폐지밖에 없다고 주장한다. 임금의 가치하락으로써 숨겨둔 이빨을 드러낸 실질이자율이 조선 사회를 병들게 했으며, 그 숨겨진 이자율을 조정할 정부의 권위가 땅에 떨어진 시점에서는 아예 화폐를 폐지하고 실질가치인 곡식을 상품화폐로 삼는 것만이 살 길이라고 주장한 것이다. 이익은 화폐를 금지하고 농경사회로 돌아가자는, 반상업적 가치를 추구하기 위해 이런 주장을 한 것이 아니다. 농업이나 목축의 기술을 발전시켜 생산성을 높이지 않는다면, 쉽게 화폐를 빌려 쓰는 것은 단지 현재의 만족을 위해 미래의 가난을 사는 행위라고 말하는 것이다. 이익은 조선 사회의 생산성이 비약적으로 늘어날 것이라고 기대하지 않았다. 그래서 그는 밥이 없어서 죽만 먹든, 죽도 없어서 나물만 먹든, 분수에 맞는 생활을 요구할 수밖에 없었던 것이다.

최소한의 의식주를 위해 돈을 빌리는 사람들을 제외하고 말하자면, 사람은 절대 분수에 맞는 생활을 할 수 없다. 유학자들은 백성들이 호랑이나 이리를 부러워하지 않도록 호랑이와 이리를 해충의 지위로 격하시켰다. 그래도 호랑이와 이리보다 힘이 약한 존재들은 항상 자기보다 강한 존재를 부러워한다. 특히 사람은 언제나 부자를 부러워하고, 상대적 박탈감이라는 단어로 '부러움'을 포장하며, 도리어 절대적으로 빈곤한 사람들을 사지에 몰아넣기까지 한다.

> 범과 이리 어린 양을 잡아먹고
> 붉은 피가 입술에 낭자한데도
> 그놈들 위세가 당당하여
> 여우 토끼는 인자하다고 한다네
> ─ 정약용, 『다산시문집』 제5권, 근심이 오네(憂來), 한국고전번역원, 양홍렬 옮김

제로섬 사회에서는 먹는 문제도 해결이 되지 않아 돈을 빌릴 수밖에 없는 사람들이 가장 고통받는다. 그렇다고 이 사람들을 위해서 다 같이 절약하자고 말하는 이익의 처방전은 현실적이지 않다. 토끼와 여우는 자원을 쉽게 빌려서 빨리빨리 호랑이로 변신하고 싶어할 터이다. 그러니 밑바닥에 있는 사람들의 억울함을 조금이라도 줄이려면 절약이라는 방법보다는 다같이 쓸 수 있는 물자가 더 늘어나는 사회를 만드는 것이 현실적이다. 그런 현실성 있는 주장을 제시한 인물이 바로 박제가이다. 그는 무역이라는 방법으로 생산성을 높여 제로섬 사회에서 가장 고통받는 존재인 가축의 억울함까지 줄일 수 있다고 주장한다. 그 예로 그는 청나라에서는 가축마저 조선의 빈민들보다 나은 삶을 살고 있다고 말한다.

코뚜레 없이 사는 소들

청나라를 여행하고 돌아온 조선 후기 유학자들의 글에 공통적으로 나타나는 현상이 있다. 바로 청나라 소는 코가 꿰이지 않았다는 사실에 대한 놀라움의 표현이다. 청나라인들이 항상 코뚜레를 사용하지 않았던 것은 아니었다. 그들은 어느 순산부터 쇠코를 꿰지 않았고, 그것이 조선인들에게는 놀라움으로 다가왔다.

거의 백여 마리나 되는 소가 떼를 지어 풀을 뜯는데, 몇 사내가 긴 채찍을 들고 삿갓을 쓰고 소를 보호하였다. 수레에 멍에 메우는 것들은 모두 코를 뚫지 않았고, 또한 목을 묶지도 않았으니, 멍에하고 부리는 데에 법이 있음을 배울 만하였다. 소를 도살하여 매매하는 방법은 곳곳이 같았다. 말을 기르는 자들 역시 말굴레를 씌우지 않는데도 말 타고 달리기가 편리하였으며 말을 모는 자는 왼쪽에 있었다. (……) (말들은) 동서가 한결같았고 한 사람도 돌보는 자가 없었는데도 한 마리도 머리를 흔들고 발로 차는 말이 없었으니, 이 또한 이상스러운 일이었다. 관인이 여기에 이르러서 말에서 내려 대궐에 들어가고 말은 모두 꼿꼿이 움직이지 않았으니, 평일에 잘 멍에하고 부렸음을 알 수 있다. 대저, 저 나라 땅의 가축들은 지극히 양순하여 일찍이 조금도 차고 물며 서로 싸우는 것을 볼 수 없었다. 밭가는 사람들은 꼭 소만 부리지 않고 말·노새·나귀를 아울러 거리낌 없이 통용한다.
- 작자미상, 『부연일기』, 「주견제사」, 금축, 한국고전번역원, 김성환 옮김

박지원의 『열하일기』를 포함하여 많은 연행문 작가들이 중국에도 옛

적에는 코를 꿰는 목축법이 있었다고 적는다. 그러나 어떤 사건을 계기로 청인들은 더 이상 소의 코를 꿰지 않게 되었다는 것이다. 청나라의 생산성 향상으로 대형 목축을 하게 된 결과 일일이 소에 코뚜레를 하는 것이 오히려 비효율적인 일이 되었을 가능성도 있다. 작자미상의 위 글에서 대형 목축을 하는 모습, 그리고 여타 연행문에서도 청나라에서는 7~8마리 이하로 소를 키우는 집은 하나도 없었다는 증언을 보면 그러한 추정이 가능하다. 또한 『부연일기』의 저자는 방목되어 있으면서도 도망하거나 말썽부리지 않는 말들의 모습에 놀란다. 그는 청나라의 가축들이 지극히 양순하기 때문에 물거나 발로 차거나 서로 싸우지 않는다고 말한다. 『연원직지(燕轅直指)』에서 김경선(金景善)은 한 술 더 떠 청나라의 말은 그 성질이 너그럽고 유순하여, 몸집이 작은데도 반드시 울어대며 발로 차려 하는 조선의 말을 만나도 조용히 피하고 그와 겨루려 하지 않는다고 쓴다. 그는 가축에서도 대국의 기풍을 볼 수 있다고 감탄한다. 그러나 가축의 성질이 애초에 다르기 때문에 그러한 것일까? 이갑(李𩓣)은 그렇지 않다고 주장한다.

소는 우리나라에 비하면 몸뚱이가 조금 작고 뿔은 매우 긴데 반드시 안으로 굽어져 있다. 우리나라 소는 코를 뚫어야 부릴 수 있는데, 청인들은 원래 코를 뚫는 일이 없고 다만 뿔에 노끈을 매어 제어한다. 그러므로 우리나라 소를 저 사람들에게 팔면 곧 코를 뚫은 나무를 없애고 뿔을 매어서 모는데 감히 달아나지를 못하니 제어하는 기술이 있음을 볼 수 있다.

– 이갑, 『연행기사』, 「문견잡기」, 상권, 한국고전번역원, 이식 옮김

말과 소의 고통을 줄이는 기술을 수입하다

박제가 역시 온순한 성격을 가진 대국의 가축에게 감탄하는 데 그치지 않고, 가축을 다루는 사람의 제어 기술이 더 중요함을 인식했다. 그 역시 『북학의(北學議)』에서 코가 꿰이지 않았는데도 밭을 잘 가는 소와 사람의 채찍 없이도 온순한 말의 모습을 증언한다. 사람에게 쓰일 수밖에 없는 짐승의 운명일지라도, 기술이 있다면 사람과 마소 모두가 서로의 고통을 줄일 수 있다는 것이다. 박제가에 따르면 그 기술의 한 방편은 번식을 통해 소의 숫자를 늘리고 소 말고 다른 가축도 기르는 것이다. 이로 인해 인간은 소 자원을 늘리고, 소는 노동으로만 점철된 삶을 살다가 도살되는 것으로 생을 마치지 않을 수 있다. 이것은 박제가에게 도덕적으로나 경제적으로나 합당한 방법이었다.

소를 절대로 도살할 수 없게 한다면, 몇 년 안에 모든 농부가 제때에 밭을 갈 수 있을 것이다. 어떤 사람은, "우리나라에는 다른 가축이 없는데, 소 잡는 것마저 금한다면 고기를 먹을 수 없게 된다."고 반론을 펴기도 한다. 그러나 그렇지 않다. 소의 도살을 금해야 비로소 백성들이 다른 가축을 기르는 일에 힘을 쓰게 된다. 그러면 돼지나 염소도 번성할 것이다. (……) 어떤 사람은, "돼지고기나 염소고기는 우리나라 사람에게는 익숙하지 않아서 병이 날까 염려스럽다."고 한다. 이 또한 그렇지 않다. 식성은 길들이기에 달린 것이다. 중국 사람들은 어째서 그 고기를 먹어도 병들지 않는 것인가? 율곡은 평생 동안 쇠고기를 먹지 않았다. 그리고 이렇게 말했다. "소의 힘을 이용해 만든 곡식을 먹

"말을 타고 만 리길을 가면서 마부에게 걸어서 따라오기를 강요하는 것은 오직 우리나라뿐이다. (⋯⋯) 때문에 마부로 중국에 같이 들어가는 자는 모두 죄수처럼 쑥대머리를 하고 맑거나 비가 오거나 상관없이 걸어서 가야 한다." – 박제가, 『북학의』
김득신, 「반상도」, 한국저작권위원회

으면서 또 그 쇠고기를 먹는다면 과연 그것이 옳은 일이겠는가?" 이치에 합당한 말이다.

– 박제가, 『북학의』, 「내편」, 소, 서해문집, 박정주 옮김

박제가가 인용한 '어떤 사람'의 이야기를 들어보자면, '우리나라에는 다른 가축이 없는데, 소 잡는 것마저 금한다면 고기를 먹을 수 없게 된다'는 제로섬의 세계관을 엿볼 수 있다. 다른 가축이 없어 소라도 잡아먹

지 않을 수 없다는 뜻이다. 이에 박제가는 '절약'이라는 제로섬의 세계관을 전복시키는 포지티브섬의 세계관을 제시한다. 바로 생산성이다. 다른 가축을 많이 키우고 그 가축도 잡아먹는 습관을 들이면, 소의 숫자도 늘어나고, 늘어난 소로 농사를 지으니, 농사의 생산성도 늘어난다는 것이다. 생산성이라는 단어는 결코 기업가의 탐욕이나 쉬지 않는 공장의 쇳소리를 표상하는 것만이 아니다. 그렇다면 산림이 믿을 수 없을 만큼 황폐화되고, 국가가 비축한 환곡재정은 점점 떨어져가고, 국가적 은 보유량은 형편이 없는 상황, 언제 폭동이 일어날지 모르는 정체된 경제인 조선 후기 사회에서 어떻게 생산성을 촉발시킬 수 있는가. 모두 알고 있듯이 박제가가 제안한 답은 교역이다.

박제가는 중국에서 수입된 새로운 지식과 재화로 국가 구성원 중 가장 천한 존재인 동물의 삶마저 개선할 수 있다고 보았다. 박제가가 율곡 이이의 도덕론을 예로 들어 설명한 것은, 새로운 지식과 재화를 이용하여 가축의 코뚜레와 굴레를 걷어내어 짐승의 고통을 덜어줘야 한다는 것이다. 고급 재화와 지식이 정체된 사회에서 저절로 생기는 것은 아니다. 그렇기에 박제가는 교역으로 선진 재화와 지식의 혜택을 보자고 주장한 것이다. 박제가의 권고를 무시한 조선 사회는 결국 외압적 방식으로 재화와 지식을 수입하게 된다. 식민지로서 말이다.

자유 또는 보호

하지만 교역 문제만큼 사람들의 이성을 엉망진창으로 흐리는 것도 없다. 교역 역시 교환 행위이기 때문에 적자를 원하는 사람은 아무도 없다. 모두 다 흑자를 원하기 때문에 남의 적자 가능성과 나의 적자 가능성을 공정하게 평가하지 못한다. 나의 밥값은 언제나 소들의 꼴값보다 더 가치 있다고 생각한다. 값싼 임금이 무기인 외국인 노동자 앞에서는 인권의 수호자가 되어 노동자 수입을 옹호하지만, 막상 자기 밥통이 자유무역의 무대에 오르는 것은 원치 않는다. 높은 임금을 받던 노동자들이 저임금이라는 경쟁력 앞에서 패배하는 좌절이나, 낮은 생산성의 화이트칼라 종사자가 선진적 시스템의 생산성 앞에서 패배하는 좌절이나 똑같지만, 어디에서는 자유무역을 옹호하고 어디에서는 보호무역을 주장한다. 예를 들어 EU가 프랑스의 한국차 수입 감시 요청을 거절하니 쌤통이라는 생각이 들지만, 막상 수입차 관세 폐지에는 반대한다. 일단 내가 고시에 합격한 후에는, 인력시장 확대를 반대한다. 고시 합격 전에는 아마 다른 의견을 부르짖었을 것이다.

> 만약 중국의 배가 표류하여 바닷가 고을에 닿는다면, 그 배에는 반드시 배 만드는 기술자를 비롯해 많은 기술자가 있을 것이다. 그들이 머무는 동안에 우리의 숙련된 기술자로 하여금 그 배의 모습과 제작 방법 등을 모두 배우게 해야 한다. 그런 후에야 그들이 돌아갈 수 있도록 허가해 주어야 한다. 그런데 간혹 중국인들 중에는 배를 포기하고 육로로 돌아가는 경우가 있다. 그럴 때 선박 제작법을 배우지 않는 것은 둘째 치고, 해당 지방 관리에게 즉시 그 배를 불태워 버리게 한다. 도대체 무슨 이유로 그러는지 모르겠다.
> – 박제가, 『북학의』, 「진북학의」, 서해문집, 박정주 옮김

도대체 왜들 배를 불태우는지 알 수 없는 박제가의 답답한 심정이 지금 와서 읽어도 절실히 느껴진다. 배를 불태운 것은 기존 체계에 변화를 일으키는 모든 요소를 차단하려는 조선 관리들의 헛된 노력이 아니었나 싶다. 나의 밥값으로 언제까지나 소의 꼴값을 무한정 사들일 수 있는 상태, 경쟁 없는 상태에서만 부를 축적하기를 원한다는 점에서 인간은 모두 중상주의자들이다. 중상주의란 무역 관계에서 강력한 보호주의로 무장한 채 흑자만을 내는 국가의 전략을 일컫는다. 이들은 자신의 억울함이 공정함의 기준이라고 주장할 것이고, 어떻게 해서든 자신의 좌절만은 피해 보려고 노력할 것이다. 누구나 자신이 속한 집단의 이익을 추구하는 부족주의적 사고를 가지고 있다. 부족주의는 정부의 보조금을 타내려는 사람들에 의해 부의 재분배라는 이념 문제로 탈바꿈된다. 각자가 억울하다고, 자신의 억하심정이 가장 중요하다고 말하는 것은 너무나 당연하다. 그러나 호랑이가 되고 싶은 토끼가 파리들을 제치고 자신부터 먹여 살리라고 소리칠 수 있다. 겉으로는 못 사는 나라에 온갖 요란한 원조를 해주며 파리처럼 살아가는 사람들을 위하는 척하지만, 뒤로는 자국 농부들에게 원조금의 몇 배나 되는 보조금을 지급하여 못 사는 나라의 농업생산을 좌절시키고 그들을 더 못살게 한다.[주32]

자본주의는 (자유주의자들은 창조적 파괴라고 부르는) 끊임없는 경쟁으로 인간에게 좌절을 허용한다. 우리는 그렇기 때문에 좌절을 막아야 한다고 주장한다. 그러나 누구의 좌절을 금지할 것인가. 배를 불태우던 사람들이 느끼던 좌절? 자본주의는 원래 소박했던 인간에게 탐욕을 불러일으키는 장치가 아니라, 언제나 창궐했던 인간의 탐욕을 좌절시키는 장치일 뿐이다. 그러나 정치가들과 중상주의자들은 자본주의가 악의 근원이라면서 뒤로는 자신들의 이기주의를 도모하며, 자본주의에 대한 대중의 감상적이고 낭만적인 반발 심리를 이용해서 부족주의적 영달을 추구한다.

최약자의 좌절을 막는 일은 정말 중요하다. 그러나 도덕 판단보다는 국민들의 기분이 '좋아지는' 정책으로 좌절 금지가 이루어진다. 정치인들은 분명히 당신의 억하심정을 건드리고 그 억하심정이 다른 사람의 억울함보다 더 공정한 기준이라고 말해 줄 것이다. 그런 정치인들은 선거에서 당선되는 것만이 중요하기 때문이다. 반면 박제가는 그러한 좌절 금지는 공정하지 못하다고 주장한다. 그는 특히나 다음과 같은 선견지명을 보임으로써, 보호무역은 결코 지속될 수 없음을 인식하였다.

> 만약 지금 당장은 중국 동남 지역과 교역할 수 없다면, 먼저 압록강 건너의 요양 지방의 배들과 교역하면 된다 (……) 다만 중국 배하고만 교역하고 그 밖의 다른 나라와는 통상하지 않는다면, 이는 일시적인 것이지 올바른 방법이 아니다. 국력이 점점 강해지고 사람들의 생업이 안정되면 점차 그들과도 교역해야 한다.
>
> – 박제가, 『북학의』, 「진북학의」, 서해문집, 박정주 옮김

하지만 그 와중에도 교역으로 혜택을 받을 존재에 대한 도덕적 건전함을 절대 잃지 않았다. 소처럼 꼴값을 충분히 하고도 남는 사람들이 더 나은 환경에서 살 수 있는 기회를 생각했던 것이다. 그러기 위해 박제가는 독점적으로 자원을 독식하거나 놀고먹는 사람들은 양반이건 농부이건 포지티브섬의 경쟁 세계에서 살아야 한다고 주장한다. 조선 후기 처참하게 황폐화된 산림은 한정된 나무를 가지고 싸우는 제로섬 전략의 결과였다. 황폐화된 산림은 재난에 취약하며 농업생산량을 떨어트리는 악순환을 부른다. 폐쇄된 경제 구조에서 사람의 밥값을 위해 소의 꼴값은

더더욱 천해지며 소는 언제나 고통받는 구조로 이어질 수밖에 없다. 박제가에게 교역은 새로운 경쟁의 창출 아니면 자멸의 문제였다. 또한 제로섬 세계에서 고통받는 짐승들과 짐승보다도 못하게 사는 사람들을 구제할 가장 현실적인 방안이었다. 마소에 대한 청나라의 선진지식을 열거하며 박제가는 다음과 같이 쓴다.

> 말을 타고 만 리 길을 가면서 마부에게 걸어서 따라오기를 강요하는 것은 오직 우리나라뿐이다. 단지 걸어서 따라갈 뿐 아니라, 항상 행렬의 곁을 떠나지 못하게 한다. 때문에 마부로 중국에 같이 들어가는 자는 모두 죄수처럼 쑥대머리를 하고 맑거나 비가 오거나 상관없이 걸어서 가야 한다. 우리나라의 하인이나 일꾼들이 자주 병드는 이유는 모두 여기에 있는 것이다. 일본의 도쿠가와 이에야스는 "물건을 지나치게 많이 실어서 소나 말이 자주 다친다"고 명했다고 한다. 일본에서는 짐승들도 이런 대접을 받는데, 우리나라에서는 사람들조차 그런 대접을 받지 못하고 있는 것이다.
>
> - 박제가, 『북학의』, 「내편」, 서해문집, 박정주 옮김

법제적 투명함이 동반된 자유주의는, 시간의 문제일 뿐 결국 모두에게 공평하게 좌절을 허용하게 된다. 반면 우리는 언제나 보조금과 보호주의라는 도망갈 구멍을 파는 데 바쁘다. 그러나 애초에 삶 자체에 도망갈 구멍이란 없다. 마부와 양반은 서로의 위치를 바꿀 수 있을까? 마소와 사람의 위치를 바꿀 수 있을까? 그리고 더 근본적인 문제가 있다. 당신이 도저히 사랑하기 싫은 사람을 사랑할 수 있겠는가? 당신의 사랑을 구걸하는 그는 결국 당신이 사랑하는 사람과의 경쟁에서 패배할 것이다.

지금 당장 경쟁완화를 위해 사랑에 패배한 그에게 당신의 사랑을 나누어
주는 복지 정책을 실시해 보기 바란다.

순 임금과 제비새끼의 억하심정

자식이라는 업보

동물의 왕, 만물의 부모

지금까지 억울한 동물 이야기에 나타
난 조선 유학자들의 두려움을 살펴보았다. 세상은 풀조차 밟지 않는 착
한 짐승 추우(騶虞)만 사는 곳이 아니며, 혐오스러운 생명이라도 그 억하
심정을 무시했을 때 되돌아오는 화살을 생각하지 않을 수 없다. 유학자
들은 혐오스러운 동물 모두에게 부모 노릇을 해야 한다. 사람 입장에서
피부와 옷 속에 숨어 사는 이를 죽일 수밖에 없지만, 사람을 물지 않고는
살아갈 수 없는 이의 억울함도 들어봐야 한다는 것이다.

어리석은 백성이 기한에 못 이겨서 도적이 되어 삶을 구하니, 마치 이
와 같다고 할까? 이가 옷 속에 숨어 있어 사람을 물지 않으면 살아갈
수 없고, 이미 형체가 있으니만큼 죽음을 면하려 함은 이상한 것이 아
니다. 이의 입장에서 볼 때 차라리 죽을지언정 사람을 물지 않겠다고
하겠는가? 물어서 피부를 상하면 사람이 못 깨달을 이치가 없어, 사람

도 부득이 불에 태워 죽이니, 물지 않으면 굶어 죽고, 물면 또 타서 죽기 마련이다. 어리석은 백성이 도적질을 해가면서 삶을 구하는데, 비록 부득이해서 잡아 죽이지만, 그 정은 용서할 만한 점이 있으니, 증자가 "만약 그 실정을 파악하거든 불쌍하게 여기고 기뻐하지 말라." 하였다.

– 이익, 『성호사설』 제12권, 「인사문」, 기한작도, 한국고전번역원, 이진영 옮김

유학자는 백성의 부모로서 노심초사하며 모든 생명의 억하심정을 어르고 달래야 하는 존재다. 그러다 보니 유학자의 가장 큰 두려움은 부모 역할에 실패하는 것이다.

내가 어렸을 때 촉새 새끼 두 마리를 얻어서 채롱 속에 넣어 두고 손수 길렀다. 새가 커지자 놓아주어서 제 마음대로 가도록 내버려두었다. 그러나 그 촉새 새끼는 날아갔다가 다시 돌아오곤 하였다. 혹은 하루 한 번 오기도 하고 혹은 하루 걸러서 한 번 오기도 한다. 날아와서는 내게 가까이 다가와 울면서 날개를 치는데, 마치 먹이를 달라는 것처럼 한다. 이에 먹을 것을 던져주었는데, 이처럼 하기를 몇 달을 했다. 새도 오히려 이와 같은데, 사람으로서 은혜를 잊고 덕을 배반하는 자가 있는 것은 무슨 까닭인가.

– 이수광, 『지봉유설』, 「금충부」, 새, 을유문화사, 남만성 옮김 (교정: 인용자)

사람은 동물이 자기를 기억해 줄 때 감동한다. 내가 키우던 촉새가 다 자라서 이제 촉새를 놓아주는데, 그 새가 나를 기억하고 다시 찾아와 준다면, 그것은 내가 쏟은 사랑에 보답하는 것이다. 만물의 부모로 사는 유

학자로서, 이수광이 촉새 두 마리에게 느낀 감정은 성공한 부모로서의 자부심과도 같다. 보답이 따르는 사랑이야말로 사람의 마음을 춤추게 한다. 그러다 보니 이들에게 가장 큰 두려움은 바로 효도하지 않는 자식의 존재일 것이다. 그러나 잘 생각해 보면, 효도하지 않는 자식의 존재는 어느 정도 부모의 잘못이다. 특히 오늘날 한국에서처럼 뱃속에서부터 하버드 입학을 준비하고, 정신적, 육체적 고문을 받으며 살아가는 아이들에게 유학의 효 개념은 가당치도 않게 다가올 것이다. 세상에는 온갖 억울한 사람들이 많지만, 부모가 만드는 불행 속에서 크는 아이들만큼 억울한 인생들이 없다. 옛 사람들은 제 자식을 극진히 사랑하는 사람을 송아지를 핥아 주는 소에 비유하곤 하였는데, 모든 자식들이 그런 소 같은 부모 밑에서 자란다면 좋겠지만 현실은 그렇지 않다. 이런 현실을 어린 나이에 깨우친 조선 최악의 왕 연산군의 어린 시절을 보자.

> 윤씨가 폐위된 뒤에 폐주가 세자로 동궁에 있던 어느 날, "제가 거리에 나가 놀다 오겠습니다." 하므로 성종이 허락하였다. 저녁 때 대궐로 돌아오자 성종이 "네가 오늘 거리에 나가서 놀 때 무슨 기이한 일이 있더냐?" 하니 폐주는 "구경할 만한 것은 없었습니다. 다만 송아지 한 마리가 어미 소를 따라가는데, 그 어미 소가 소리를 내면 그 송아지도 문득 소리를 내어 응하여 어미와 새끼가 함께 살아 있으니 이것이 가장 부러운 일이었습니다." 하였다. 성종은 이 말을 듣고 슬피 여겼다. 대개 연산군이 본성을 잃은 것은 윤씨가 폐위된 데 원인이 있는 것이지만 왕위에 처음 올랐을 때는 자못 슬기롭고 총명한 임금으로 일컬어졌었다(아성잡기).
> – 이긍익, 『연려실기술』 제6권, 연산조 고사본말, 폐비 윤씨의 복위, 한국고전번역원, 신석초 외 옮김

아무리 자식들에게 효도를 종용하는 유교 문화라 하여도, 자식의 치사랑은 결국 내리사랑이라는 전제조건하에 성립됨을 유학자들이 모를 리 없었다. 효라는 당연한 '예'를 성립시키기 위해 동아시아인들은 부모의 내리사랑에 대해 고민을 해야 했을 것이며, 그 와중에 동물의 부모자식 관계로부터 영감을 얻을 수도 있을 것이다. 사냥꾼이 수달을 잡아 가죽을 벗겼는데, 그 남은 뼈가 영취산을 넘고 성거산에 들어가 다섯 마리 새끼를 끌어안고 있었다는 원통사 절의 이야기는 내리사랑의 절절함을 알려준다. 『공자가어(孔子家語)』에 안회(顏回)는 네 마리의 새끼를 천하로 떠나보내는 어미새의 곡소리를 사람의 곡소리와 대차시키며 내리사랑이 새들에게서도 발견되는 자연스러움이라고 확인시킨다. 그런데 이는 진실이 아니라고 주장하는 이익의 의견도 있다. 어미새의 슬픈 울음은 안회의 수사법에 불과하다는 것이다.

일찍이 모든 새에게 징험하여 보니, 작은 제비에서부터 큰 황새에 이르기까지 그 새끼를 길러서 날개가 자라 날게 되는 것을 보면 그 부모는 기쁜 기색만 현저히 드러낸다. 또한 자식들이 날아서 흩어지면 부모자식이 서로 무심히 잊어버리는데, 어찌 어미새가 슬피 울면서 자식들을 보낼 리가 있겠는가? 새는 본디 한 둥지에서 자라날 때부터 천하로 흩어져 날아갈 일만 생각한다. 그러니 저 새가 우는 것이 사람이 애곡하는 것과는 아주 다르니, 새의 울음이 슬퍼서 우는 울음인지 아닌지도 알기 어려운데 하물며 그 울음이 어떤 일에서 연유한 것인지 어찌 분별할 수 있겠는가?

\- 이익, 『성호사설』 제18권, 환산지조, 한국고전번역원, 김철희 외 옮김

이익은 지각이 있는 무리라면 부모자식 간의 애틋한 감정이 당연하다는 동아시아의 관습적 생각이 잘못되었다고 지적한다. 또 까마귀가 특히 효심이 깊다는 통념 역시 잘못되었다고 말하기도 한다.

세상에서 말하기를, "새와 짐승은 어미가 있는 줄은 알면서 아비가 있는 줄은 알지 못한다."고들 한다. 그러나 무릇 집을 짓고 사는 새들은 집을 만들고 알을 안을 때부터 벌레를 물어다 먹이고 키우는 데에 이르기까지 암컷과 수컷이 함께 온갖 애를 쓰지만, 새끼가 커서 제대로 날고 쪼아 먹게 되면 아비만 알지 못할 뿐 아니라, 어미조차 서로 잊어버린다.

호랑이 같은 따위는 제 새끼에게 고기를 씹어 먹이면서까지 크기를 기다리지만 역시 새와 마찬가지로 아비와 어미를 잊어버린다. 또는 산과 들에서 사는 짐승들도 암컷과 수컷이 분별이 있고 움직임과 그치는 데에 서로 따르지 않는 것이 없으니, 나뭇가지에서 사는 새와 다름이 없을 것이다.

세상에서 까마귀를 반포조(늙은 어미새에게 먹을 것을 물어다 주는 새)라고 이야기들 한다. 나는 일찍이 징험해 보니, 까치와 참새도 또한 이와 같은 것이 있으나 다만 많이 보지는 못했다. 추측건대, 까마귀도 반드시 일일이 다 그렇지는 않을 것이고 간혹 타고난 효성에 따라 반포하게 되었을 뿐일 것이다.

– 이익, 『성호사설』 제5권, 「만물문」, 금수부지부, 한국고전번역원, 김철희 옮김

어느 시대나 동물에 대한 다양한 통념이 있기 마련인데, 동아시아 전통에서 까마귀는 반포조라 하여 효도하는 새로 통했다. 부모새에게 먹을 것

유학자의 동물원

을 물어다 주는 까마귀는 효를 숭상하는 동아시아인들의 지나친 상상의 결과일 뿐이다. 이익은 소박한 관찰을 통해 까마귀를 포함한 대부분의 새들이 둥지를 떠나면 부모나 자식이나 서로를 잊는다는 결론을 내렸다. 그러나 이익을 제외하면 여전히 제비나 참새도 어버이에게 효도한다는 생각이 지배적이었다. 이러한 생각은 2000년 전 순자의 글에서도 찾아진다.

> 지각이 있는 무리라면 그의 무리를 사랑하지 않는 것이 없을 것이다. (……) 작은 것으로는 제비나 참새가 있는데 역시 한동안 슬피 운 다음에야 떠날 것이다. 그런데 혈기가 있는 종류들 가운데에서 사람보다 더 지각이 있는 것은 없다. 그러므로 사람들은 죽을 때까지 끊임없이 어버이의 정을 그릴 것이다. 장차 어리석고 고루하며 음탕하고 사악한 사람을 따른다면, 그들은 아침에 죽은 이를 저녁이면 잊어버릴 것이며, 그런 대로 내버려두면 새나 짐승만도 못하게 될 것이다. 그런 자들이 서로 함께 모여 살면 어찌 혼란해지지 않을 수가 있겠는가?
> – 순자, 『순자』, 「예론」, 을유문화사, 김학주 옮김

순자는 지각이 있는 무리면 효도를 하는 것이 당연하니 효도를 하지 않는다면 새나 짐승만도 못한 인간이라고 말한다. 조선 사람들은 이렇게 지각이 있는 무리 중에서 부모자식 간의 정이 강한 동물로 주로 제비를 떠올렸다. 제비는 사람에게 해가 없는 동물이자 친근하고 사랑스러운 존재로 생각되었다. 종종 집이 불에 타 무너지는데 들보에서 짹짹되는 어리석은 짐승으로 표현되기도 했지만, 제비 자체의 어리석음을 표현하는 것이 아니라 관례적인 수사법이었을 뿐, 유학자들은 제비를 더할 나위 없이 아름답고 평화로운 존재로 묘사하는 데 익숙하다. 유학자 윤증(尹

拯)은 모자간의 정을 '어미제비와 새끼가 서로 먹여 주며 재잘거리는 즐거움'으로 표현한 바 있다.

제비가 사는 집에 효자 효녀가 나게 되었을 때, 제비가 온통 흰 새끼를 낳아 그 집안의 상서로움을 표현했다는 이야기도 있다. 이는 일반 백성에게 자주 회자되는 흥미로운 이야깃거리였다. 입을 벌리고 기다리는 새끼들에게 부지런히 먹이를 물어다주는 제비는 과연 부모자식 간 사랑을 상징할 수 있는 자격이 있다. 정조는 제비의 모성에 감동하여 어연(御宴)을 중단하기도 하였다. 제비가 입에 먹이를 물고 둥지에 가까이 가려는데, 어연이 열리는 상황에 당황하여 주위만 왕왕되는 어미 제비의 모습이 안타까웠던지 정조가 잠시 자리를 피해 주었던 것이다. 제비는 수컷의 가사 참가율이 매우 높기에 모성이 아닌 부성이었을 확률도 높지만 말이다.

효에 비해 모성애와 부성애의 위치는 상대적으로 비중이 적은 유학의 세계에서, 제비의 모성과 부성은 평생 효도만 하고 살아온 유학자들에게 자연주의적인 안도감을 안겨주었을지도 모른다. 그러나 불행은 평화롭게만 보이는 제비 가족에게도 일어난다. 조선 중기 유학자 김성일(金成日)은 어느 제비 가족의 불행한 가족사를 목격한 자기 아버지의 이야기를 통해 인간들의 가족사를 반성해 보기도 한다.

아버지께서 대들보에 있는 제비집을 보셨는데 주둥이가 노란 제비새끼가 가득 들어 있었다. 제비집 안에서는 제비 한 마리가 죽고 남은 제비 한 마리가 새끼들을 기르고 있었다. 얼마 뒤에 수놈이 다른 암놈을 한 마리 데리고 와서 두 마리가 함께 제비집으로 들어갔는데, 제비 새끼들이 모두 먹이를 달라고 입을 벌리다가 땅바닥으로 떨어졌다. 아버

유학자의 동물원

정조는 제비의 모성에 감동하여 어연을 중단하기도 하였다. 제비가 입에 먹이를 물고 둥지에 가까이 가려는데, 어연이 열리는 상황에 당황하여 주위만 왕왕대는 모습이 안타까웠던지 정조가 잠시 자리를 피해 주었던 것이다. 제비는 수컷의 가사 참가율이 매우 높기에 모성이 아닌 부성이었을 확률도 높지만 말이다.

심사정, 「연비문행」, 18세기, 간송미술관, 한국미술정보센터, 한국저작권위원회

지께서 가서 살펴보니, 새끼들이 모두 부리에 쪼여져 있었다. 뒤에 데리고 들어온 제비가 새끼들을 해친 것이었다. 이에 아버지께서는 깜짝 놀라면서 말하기를, "동물들도 이와 같은데 하물며 사람이겠는가. 이것은 하늘이 나를 경계시킨 것이다." 하였다. 그리고는 즉시 시 한 수를 지어 좌우에 걸어 놓고서 깨우쳐서 훈계하는 뜻으로 삼으셨다. 그러자 계모들이 모두 위엄스러운 훈계에 감복하여 우리 남매들을 보호하고 기르기를 더욱더 부지런히 하면서 혹시나 미진한 부분이 있지 않을까 걱정하였다.

- 김성일, 『학봉집』 제7권, 「행장」, 성균관 생원을 지낸 아버지의 행장, 한국고전번역원, 정선용 옮김

아버지의 생애를 기록한 김성일의 글을 보면 그의 어머니 민씨가 8남매를 남기고 병으로 죽었다고 나온다. 그러자 그의 아버지는 아내의 몫까지 다해 가며 아이들을 키웠다. 그는 젖을 먹지 못해 우는 아이에게 궁여지책으로 젖도 나오지 않는 자신의 젖을 물리기까지 했다. 그러다 첩을 들이게 된 후로 첩이 혹여나 피가 섞인 자식이 아니라고 아이들에게 해를 끼칠까 고민이 많았다. 그러던 와중에 그는 제비새끼들이 계모 제비에게 쪼임을 당하고 죽은 것을 발견한다. 이후 이 제비 이야기를 혹여나 자식들에게 가해질 수 있는 부모의 박해를 막기 위한 경계의 일화로 삼는다. 물론 모든 자식들이 이러한 보호 속에서 살아가는 것은 아니다. 계모의 박해에 관한 유명한 이야기가 있지 않은가? 바로 순 임금의 이야기다.

성인 중의 성인인 순 임금 역시 아버지와 계모에게 죽을 뻔하였다. 순의 아버지는 계모와 함께 순을 태워 죽이려 했지만 실패했고, 우물에 묻어 죽이려고도 했지만 실패했다. 제비새끼들의 죽음만큼 서글픈 일이다.

유학자의 동물원

그러나 두 번이나 죽을 고비를 넘겼음에도 순은 극진히 부모를 공양했다. 도저히 믿기지 않는 일이다. 자신을 학대하는 부모까지 공양하는 유교의 효는 우리를 불편하게 만든다. 내리사랑은 있어도 치사랑은 없다고 하는데, 내리사랑도 없는 경우에 유교의 효는 오늘날 무슨 의미를 가질 수 있단 말인가? 순 임금은 거의 짐승만도 못한 자신의 부모를 극진히 '사람' 취급을 해주는데, 이것이 어떻게 가능하단 말인가?

유학의 시초를 밝히는 것은 이 책의 범위를 넘어서지만, 적어도 유학을 만들어온 수억의 인간들의 행보에서 유학의 효는 부모가 자식을 예로 교화시키는 논리로 나타나지는 않는다. 오히려 그 반대다. 유학의 효는 순 임금처럼 자식이 부모를 사람으로 교화시키는 예이다. 그리고 이것은 유학 문헌에서 수없이 나타난다. 조선에서 그토록 차고 넘쳤던 효자효녀들의 이야기는 부모의 학대에도 끝없는 관용을 베푼 순 임금의 이야기와 닮아 있다. 이런 자식들의 행보는 대체적으로 짐승 같은 부모를 감복시켜 부모를 사람으로 재탄생시키는 과정으로 이루어져 있다. 이 논리는 신하가 간언을 통해 왕을 깨우치는 과정과 닮아 있다. 임금도 잘못하면 죗값을 치러야 한다는 맹자(孟子)의 역위(逆位) 논리를 이익 역시 재확인시킨다.

왜 억울한 자식들이 악독한 부모를 사람으로 만들어야 하는가? 자식들의 억하심정은 안중에도 없는가? 특히나 상고시대 부모의 시신을 매장하지 않은 어떤 사람에 대한 『맹자』의 이야기를 보면 더 고개가 갸우뚱해진다. 이야기에 등장하는 이 사람은 부모의 시신을 산골짜기에 던져버린다. 그런데 그는 부패하는 시신을 보고 이마에 땀을 흘린다. 그 땀은 바로 사람으로서의 각성으로 해석된다. 부모의 시신을 그냥 들판에 던지는 것은 짐승의 행위나 마찬가지고, 그가 이마에 땀을 흘리기 전까지 그는 인간으로 각성하지 못했다는 것이다. 이러한 해석과 달리 이 사람과 부모와의 관계가 어땠을지 먼저 생각해 보자. 그 관계는 애틋하고 특별한 관계였을까? 아니면 오늘날처럼 부모의 장난감으로 살아가는 자식들 같았겠는가?

고전을 읽을 때 우리가 종종 빠지는 습관이 있다. 고전에 등장하는 사람들이 죄다 먼 옛날 최초로 신성한 인간성을 부흥시킨 존재로 보는 편견이다. 어떤 고전에 한 인간이 등장하여 부모의 시신을 유기했다가 이를 후회했다면, 이를 마치 전 인류적 차원에서 새로이 시작된 도덕의 부흥으로 보려한다. 그런데 역사시대의 인간이 대체 뭐가 특별하다고 최초의 도덕적 의식을 부흥시킨 존재였겠는가? 예나 지금이나 밥과 짝만 있으면 그만인데 말이다. 지금 이런 사람이 뉴스에 등장했다면 우리는 어떤 생각을 하겠는가? 분명히 저놈은 미친놈이고 부모는 더 미친놈이었을 것으로 생각한다. 그 생각은 정확히 맞다. 상고시대라고 해서 다를 것이 있을까? 상고시대란 사람이 아직 불로 음식을 익혀 먹지 못하던 '아주 옛날'을 가리킨다. 그러나 서서히 예가 확립되고, 천자가 아직 누추한 곳에서 지내던 검박하고 순박한 시절이기도 하다. 이런 시절이라고 해서 부모의 시신이 땅에 묻히지 않고 여기저기 버려졌었다고 볼 수는 없다. 오늘날 고고학은 매장의 풍습이 오래전에 존재했었다고 밝혔다. 맹자 역시 부모의 시신을 버린 사람을 일반화시키지 않고 특별한 상황으로 본 것 같다.

그렇다면 대체 왜 그랬을까? 당신이 생각하는 '미친놈 이론'이 맞다. 자식과 부모의 관계가 이익이 말한 어미새와 새끼새의 관계였거나 그보다 못한 관계였기 때문이다. 자식을 소유물로 취급했다면, 그리고 그 소유권자가 죽었다면, 그 시신을 그냥 내다버려도 상관없는 것이다. 자식이 소유물로서 부림의 고통에만 처해 있었다면, 더더욱 시신을 내다버림

유학의 세계에서 효에 비해 모성애와 부성애의 위치는 상대적으로 비중이 적다. 아무리 냉혹하고 잔인한 부모라도 자식은 마음을 다해 공양을 해야 한다.

김식, 「고목우도」, 16~17세기, 국립중앙박물관

에 거리낌이 없었을 것이다. 오늘날 한평생 부모가 주는 정신적 고행에 지쳐 나가떨어진 청춘들이 부모의 죽음에 오열하지 않는 것과 같은 이치다. 심지어 해방이라고 생각할 인간도 있을 테다.

사람들은 한국 청소년의 행복지수가 OECD국 중 최저라는 사실에 애달파 할 줄이나 알지 정작 인터넷에서 상상도 못할 과격한 언변으로 제 부모를 욕하는 '안티 엄마' 커뮤니티가 올라오면 패륜아들이라 욕하기 바쁘다. 정의로운 네티즌들께서 바삐 달려가 공격하자 이 커뮤니티는 곧 폐쇄되었다. 부모가 사준 컴퓨터로 인터넷을 하면서 부모 욕하는 한심한 종자들, 그게 그 아이들에게 찍힌 낙인이었다. 부모가 제 자식 다리가 끊어져라 패대기를 쳐야 사람들은 누군가의 삶이 지옥임을 알아준다. 그러나 정신적 고문을 당하는 아이들에게는 냉정하기 그지없다. 학원 지옥과 부모의 모욕적이고 불공정한 언행 속에서 아이들은 참고 또 참는다. 그걸 못 참으면 도중에 자기 인생을 끝장내거나 남의 인생을 망쳐놓는다.

내가 받은 모든 고통을 나 혼자 꾹꾹 눌러 담고 살 수 없다. 그러면 사람은 미쳐서 자신을 죽이든가 남을 해친다. 그러나 유학은 그런 종류의 화풀이를 선택하지 않는다. 유학은 화풀이를 선택하기에는 너무 이성적이다. 화풀이와 복수, 즉 앙갚음은 다르다. 화풀이는 억하심정을 만들어 낸 주체와 억하심정을 해소하는 대상이 다르다. 이런 보답의 불일치를 유학은 인정할 수 없다. 유학은 오직 복수만을 인정한다. 복수는 화풀이와 달리 고통을 준 주체와 억하심정을 해소하는 대상이 똑같다. 부모가 고통을 주었다면, 부모에게 보복해야 한다.

그렇다면 유학의 보복은 무엇인가? 그것은 용서이다. 용서는 앙갚음의 일종인 것이다. 『맹자』에 등장하는 사람이 이마에 땀을 흘리고 부모를 땅에 묻은 이유는 부모를 용서하기 위한 몸부림이다. 짐승과 다를 바

호랑이나 이리 같은 짐승에게 복수하는 방법은 짐승을 죽이는 것도 짐승을 괴롭히는 것도
아니다. 짐승을 사람으로 만들어 악독함이라는 '대를 이어서 전수될 수밖에 없는' 자연의 섭
리를 인위적으로 끊어놓는 것이 바로 효라는 복수다.
이암, 「구도」, 16세기, 국립중앙박물관

없는 부모를 사람답게 매장해 줌으로써, 부모를 사람답게 만드는 과정이다. 김성일의 아버지가 새끼제비를 죽인 계모(실은 계부일 확률이 크지만) 제비에서 교훈을 얻은 과정 역시 효의 또 다른 얼굴임을 알 수 있다. 효는 자식과의 관계에서 부모를 사람으로 만드는 과정이므로, 그 주체는 중요한 것이 아니다. 그 주체가 자식으로만 생각되기가 쉬우나, 김성일의 아버지가 그랬던 것처럼 자식과의 관계에서 부모를 사람으로 만들기만 하면 그것은 이미 효이다. 왕에 대한 충성에 왕의 죄를 철저히 묻는 간언이 꼭 포함된 것처럼 말이다. 김성일의 아버지 김영중이 목격한 계모 제비(실제로는 수컷이었을 가능성이 높으나)가 제비새끼들을 죽일 수 있었던 이유는 아빠제비(역시 실제로는 암컷이었을 것이다)의 방관 때문이다. 김영중은 아빠제비가 한 실수를 자신이 하지 않기 위해 계모를 유교적 인간으로 만드는 동시에 자신 역시 순임금의 잔인한 아버지 고수의 길을 걷지 않도록 한 것이다.

그렇기 때문에 유학의 효란 아주 지독한 방법으로 자연에 역행하는 이성이다. 영혼의 빈익빈부익부와도 같이, 부모의 악독함은 다시 자식의 악독함으로 이어지는 것이 자연의 섭리다. 유학의 효는 자식들이 결국 사라져버릴 부모 세대까지 사람으로 만들 것을 주장한다. 호랑이나 이리 같은 짐승에게 복수하는 방법은 짐승을 죽이는 것도 짐승을 괴롭히는 것도 아니다. 짐승을 사람으로 만들어 '대를 이어서 전수될 수밖에 없는' 성질을 인위적으로 끊어놓는 것이 바로 효라는 복수다.

4부

인간이라는
미신

전기, 「화조충어도」, 19세기, 국립중앙박물관

해오라기

고기를 엿보러 오네

어떻게 하면 모든 생물 욕심이 없이

제각기 자기 생을 즐길 수 있을까

- 이황, 『퇴계선생속집』 중에서

이익은 항상 '형제간에 우애'라는 것이 동물에게서도, 그리고 인간에게서도 찾아보기 힘든 것이라 판단했다. 이익은 땅 싸움 재산 싸움하는 인간 형제들이 엄마 젖을 차지하려 싸우는 짐승들과 다를 바 없다고 생각한 것이다. 동물의 효성에 대해서도 회의적이었던 이익은 첫째 병아리가 제 어미를 사랑해서가 아니라 제 이익을 위해 어미닭을 따라다녔다 생각했다. 그러다 어느 날 밤에 산짐승이 닭둥우리를 뚫고 들어와 닭과 병아리들을 다 잡아가는 사건이 터졌는데, 오직 첫 번에 깐 암평아리 한 마리와 두 번째에 깐 병아리 두 마리만이 남아 있었다. 두 번째에 깐 병아리 두 마리는 어미도 없고, 의지할 데도 없었던 것이다. 그러나 첫째 암평아리가 형제들을 지극정성으로 돌보는 것을 목격한 이익은 동서고금에 이 암평아리에 비길 만한 동물이 없으며, 그 암평아리가 바로 우리 집 앞마당에 거처했다며 두고두고 기억하였다. 평생 싸우고 할퀴는 인간과 동물의 모습을 보았던 이익은 이 암평아리를 성자라 지칭하며 누구에게 가르침을 받은 적도 없고 소학을 읽은 적도 없는데 어찌 이런 짐승이 세상에 나왔는지 묻는다.

어리석은 비둘기와 깁스하는 꿩

초월적인 종교는 없다

어리석은 비둘기의 초월성?

거미의 그물은 까치의 둥우리만 못하고

까치의 둥우리는 비둘기의 집 없음만 못하네

거미의 기교 있음이 까치의 슬기만 못하고

까치의 슬기 있음이 비둘기의 어리석음만 못하도다

- 신흠, 『상촌집』, 상촌선생집 제2권, 「풍체」 16장, 지주(蜘蛛), 임정기 옮김

살아 있다면 누구나 연료가 필요하다. 생명은 꼭 무언가를 먹어야 움직일 수 있다. 그것도 한두 번 먹고 끝나는 게 아니라 죽을 때까지 먹어야 한다. 거미가 먹고 살기 위해 그물을 치듯이, 사람은 눈비를 피하기 위해 움막을 지어놓고 창을 던져 뭍짐승을 잡는다. 무엇 하나 공짜로 되는 일은 없다. 스스로 영원히 운동하는 존재는 없기에, 모든 짐승은 외부의 동력을 필요로 한다. 그 동력의 종류도 참 다양하다. 식물은 햇빛을 동력으로 삼고 동물은 식물을 동력으로 삼는다. 도구를 만드는 지능도

동력이 되고, 사회 규칙을 만드는 지능도 중요한 동력이다. 거미의 그물 치는 기교는 지능이라는 동력에, 까치의 슬기로움은 지혜라는 동력에 비유할 수 있겠다. 지능과 지혜라는 훌륭한 동력을 무색하게 만드는 비둘기의 동력도 있다. 그것은 지식이 없어 집도 짓지 못하는 어리석음이다. 어리석음이라는 동력은 어떻게 지능과 지혜의 탑을 무너뜨릴 수 있을까.

동력이란 자신의 몸을 움직이기 위해 꼭 필요한 것이다. 백성의 동력은 밥을 필요로 하고 왕의 동력은 군대를 필요로 한다. 부자의 동력은 돈을 필요로 하고 현자의 동력은 지혜를 필요로 한다. 그래서 밥이 적은 사람은 밥이 많은 사람을 이길 수 없다. 병사가 적은 왕은 병사가 많은 왕을 부러워하며 돈이 없는 자는 돈 많은 자를 부러워한다. 현자 역시 더 지혜로운 사람 앞에서는 더 많은 지혜를 원한다.

여기에 초월이라는 동력을 소개한다. 초월성이 개입되면 밥과 돈이 많은 자는 밥과 돈이 아예 필요 없는 자를 이기지 못한다. 지혜를 필요로 하는 사람 역시 지혜가 필요 없는 사람을 이길 수 없다. 초월이란 궁극적으로 아무것도 필요 없는 상태. 힘없는 대다수가 종교를 사랑하는 이유는 바로 이 초월성 때문이다. 가난한 사람들은 돈과 명예를 더 가지기 위해 노력하며 부자들을 부러워한다. 그러나 부자는 돈도 명예도 필요 없는 신을 이길 수가 없다. 그 사실이 신을 매우 매력적으로 보이게 한다.

아무것도 필요로 하지 않는 상태 역시 다양한 원인이 있다. 유대 전통의 신은 스스로 움직이는 동력 그 자체로 이미 전지전능하기에 더 이상의 필요를 느끼지 못한다. 전지전능함 자체가 신이기 때문에, 과학 혁명과 함께 인간이 전지전능해진 그 순간, 사람은 신의 권좌에서 신을 몰아내고 그 자리에 대신 앉을 수 있다. 반면 불교의 초월은 아예 삶을 필요로 하지 않는다. 삶을 필요로 하지 않아서 윤회하지 않고, 그래서 다시 태어나지 않는다. 삶 자체를 필요로 하지 않는다는 것은 궁극적으로 필요 자체도 없다는 뜻이다. 그렇다면 유교의 초월은 무엇일까? 바로 비둘기의 어리석음이다.

언뜻 보면 불교와 유교에서 시사하는 초월은 살짝 비슷해 보인다. 거미의 지능도 없고 까치의 슬기로움도 없는 상태, 지능 동력이나 지혜 동력도 추구하지 않는 상태인 어리석음은 어떤 것도 필요로 하지 않는 초월 상태와 비슷해 보인다. 그러나 이 비둘기의 어리석음은 불교의 초월과는 매우 다른 함의를 가지고 있다. 그 함의를 설명하기 위해 우선 거미의 기교와 까치의 슬기로움, 즉 유학자들이 생각한 동물의 지능과 지혜라는 동력을 알아봐야 한다.

제인 구달이 침팬지 연구를 시작하던 1960년대 이전 서구 사회는 인간만이 도구를 쓰는 동물이라 생각했으며, 유학적 전통과 단절된 동아시아인들 역시 동물은 인간보다 어딘가 많이 모자라는, 먹고 싸는 기계로만 여기는 경향이 있었다. 동물도 고통을 느끼고(두족류뿐 아니라 물고기도 당연히!), 동료와 침입자를 차별하고, 복수심을 느끼고, 공평함에 예민하다는 사실은 최근 40년 동안에서야 비약적으로 관찰되었다. 동물이 느끼는 고통에 대한 논의는 빅토리아 시대에 시작되었지만 귀족들의 유희 거리 정도였고 본격적인 논의는 1980년대 중반에서야 시작되었다. 서구 사회에서도 동물이 도구를 쓰는 지능적인 존재라던가, 도덕성을 지닌 존재라고 상상하는 은유적 표현이 존재했을 것이다. 이러한 은유는 어느 문화에서나 볼 수 있다.

동아시아에서는 도구를 쓰는 등 지능 및 지혜를 겸비한 동물의 존재가 은유적인 수사법으로만 쓰인 것이 아니었다. 지능과 지혜라는 동력은 인간만이 가진 것이 아니다. 동물도 지능, 지혜의 동력을 가지고 있고,

유학자의 동물원

이 동력을 인간만큼 효율적으로 사용한다는 생각은 은유를 넘어서 상식으로 통용되기도 하였다. 동물의 지능과 지혜는 동물 관찰의 선결 조건으로도 작동하였다. 선결조건이란 관찰에 앞서 형성된 관점이라 할 수 있는데, 『순자』의 한 대목을 보면 동아시아의 동물 관찰이 다음과 같은 선결조건을 가지고 있음을 알 수 있다.

> 물과 불은 기운은 있으나 생명이 없고, 풀과 나무는 생명은 있으나 지각이 없고, 새와 짐승은 지각은 있으나 의로움이 없다. 사람은 기운도 있고 생명도 있고 지각도 있고 의로움도 있다. 그래서 천하에서 가장 존귀한 것이다.
> – 순자, 『순자』, 「왕제」, 을유문화사, 김학주 옮김

이것이 순자가 정의한 동물이다. 지각은 있으나 의로움이 없는 존재다. 지각에 있어서 동물은 사람보다 더 현명하게 난관을 헤쳐 나갈 수도 있다. 우리는 동물이 인간과 다른 종류의 감각을 이용하여 각종 자연재해를 피한다는 사실을 안다. 옛사람들 역시 동물이 특수한 능력으로 재앙을 감지하고 위험에서 벗어난다는 것을 잘 알고 있었다. 동물이 이렇게 위험을 피하는 과정은 자연스럽고 명확해 보인다. 사람이 온갖 도구와 지식으로 겨우 날씨를 예측하는 데 비하면 동물은 매우 강력한 날씨 예측 동력을 가지고 있는 것 같다.

동물 중에 뱀보다 혐오스러운 것은 없다. 사람에게 욕하면서 "너는 뱀만도 못한 놈이야."라고 뱀을 끌어대면 아무리 무식하고 미천한 자라도 발끈 성내지 않는 경우가 드물다. 그러나 실은 책을 읽어 사리를 아

는 자도 뱀에 미치지 못하는 점이 있다. 옥당의 수각이 불어난 물 때문에 무너지기 하루 전 큰 뱀이 처마를 타고 내려왔는데 수많은 뱀들이 뒤따라 내려와 시내를 따라 가버렸다. 그것을 본 자들이 모두 의아해하며 "저것들이 어째서 제 집을 두고 떠나지?"라고 하였는데, 이튿날 밤 폭우가 쏟아져 궁궐의 도랑이 넘쳐흘러 수각이 마침내 떠내려가고 말았다. 강릉의 의운정은 지은 지 수백 년 된 건물이다. 그곳에 뱀 한 마리가 살고 있었는데, 이른 아침 홀연 밖으로 나와 마치 떠나기가 서운한 듯 용마루에 똬리를 틀고 있더니 내려와서는 창고로 들어가 버렸다. 미처 저녁이 되기도 전에 돌풍이 불어 지붕의 기와가 모두 날리더니 정자를 넘어뜨려 마룻대와 들보가 그대로 주저앉았다. 그 뱀이 일찌감치 옮겨 가지 않았다면 화를 면할 수 있었겠는가. 포천 서씨의 농장 하인들이 돈을 추렴하여 술을 사다 아궁이에 데우고 있었다. 그때 한창 눈이 내리고 있었는데 지붕의 뱀이 갑자기 밖으로 나와 구불구불 기어서 멀리 달아나고 참새들도 뒤따라 시끄럽게 지저귀기 시작했다. 사람들이 모두 이상하게 여겼는데, 잠시 뒤 불이 나 집이 잿더미가 되었다. 뱀의 슬기가 이와 같으니 칩거하여 몸을 보존하는 정도만이 아니다. 만일 세상의 군자가 일의 기미를 미리 알아 해를 멀리하기를 모두 뱀처럼 할 수 있다면 어찌 화가 미치겠는가.

– 성대중, 『청성잡기』 제5권, 성언(醒言), 뱀의 슬기, 한국고전번역원, 박재영 옮김(교정: 인용자)

뱀의 슬기를 부러워하기는 하지만, 우리는 재앙을 감지하는 동물의 능력을 지능 영역 밖에 있는 것으로 여기는 경향이 있다. 재앙의 감지는 동물의 몸뚱아리에 부여된 기계적 성질을 동물이 자신도 모르게 따르는

유학자들의 동물원에서는 꿈틀거리는 미미한 벌레라도 자신이 쓸 수 있는 기교를 이용한다. 기교들은 동물의 생김새와 처한 환경에 따라 모두 다르다. 각자가 환경에 적응하고 문제를 해결하는 독특한 방법을 가지고 있어서 어느 누구도 딱히 어리석거나 비지능적이라고 할 수 없다.

정선, 「과전청와」, 18세기, 한국미술정보센터, 한국저작권위원회

4 인간이라는 미신

것에 불과하다는 것이다. 동물의 슬기로움이 재해를 피하는 것을 넘어 스스로를 치유하는 능력도 포함하게 되면, 우리는 그제야 동물이 '지능을 지녔다'고 느껴질 만큼 '똑똑하다'는 생각을 하게 된다.

『북몽쇄언』에 이르면 "새끼 쥐가 뱀에게 물리면 어미 쥐가 콩잎을 씹어 물린 곳에 발라주면 모두 살아난다"고 했다. 또 어느 사람이 말하기를, "일찍이 꿩이나 숭어는 상처가 생겼을 때 모두 송진을 그 상처에 붙인다"고 했다. 이것은 더욱 괴상한 일이다. 대체로 새나 짐승이나 벌레까지도 저들의 독을 해독할 줄을 안다. 더구나 만물 중에 가장 신령스럽다는 사람으로서 약의 성품을 모르다니 될 말인가.

　- 이수광,『지봉유설』제19권,「식물부」, 약, 을유문화사, 남만성 옮김(교정: 인용자)

식물의 잎은 기본적으로 항균 성분을 가지고 있다. 동아시아뿐 아니라 타지역에서도 뱀에 물린 상처를 치유하기 위해 식물 잎을 이용하는 동물 이야기가 많다. 이런 이야기들을 단순히 설화로 취급할 수 없다. 식물의 즙을 상처 부위에 문지르는 경우는 많은 척추동물들에게서 발견되는 현상[33]이며 아픈 자식은 둥지 밖으로 떨어트리는 많은 조류와 달리 쥐는 동료나 자식처럼 친밀한 상대의 아픔에 반응하고 도움을 주려는 성향이 강하기 때문이다. 물론 이런 식의 이야기는 단순히 '그럴싸하다'는 느낌만으로 결론짓는 것이기에 더 많은 연구가 필요할 것이다.

다리가 부러진 꿩은 송진을 바르면 접골이 되고, 벌에게 쏘인 거미는 토란 줄기를 씹어 그 물을 바르면 낫고 쥐가 비소에 중독되면 변소에 급히 들어가 똥물을 먹으면 깨어난다. 유부·편작(중국의 저명한 의사)

이 꿩을 가르친 것이 아니고 거미와 쥐가 뇌공·기백(신화 속 의사)의 글을 읽은 것도 아니다. 또 병들지 않았을 때에는 무엇이 약이 되는지 모르고 있다가 병이 들면 재빨리 어떤 것이 약이 된다는 것을 자연히 안다. 곧 그 약물을 취하기를 자석이 바늘을 끌듯, 어린아이가 젖을 빨 듯 하였으니, 저들도 왜 그러한지는 모른다. 이는 하늘이 하는 것이요 자연히 알게 하지 않으면 누가 치료하여 주겠는가. 하늘의 마음은 어질도다. 잡다한 서적 가운데에 의학 서적이 만 권이 넘는데도 사람마다 제 병을 스스로 치료하지 못함은 물론 의술을 업으로 하는 자라도 사람을 살리지 못한다. 그것은 혹시 마음이 번잡하여 꿩·거미·쥐 등의 자연스럽고 또 전일한 것과 같지 못해서인가.

— 이덕무, 『청장관전서』 제48권, 「이목구심서 1」, 한국고전번역원, 이식 옮김(교정: 인용자)

동물의 지능이나 지혜가 드러난 행위를 목격한 인간은, 이덕무가 위에서 썼듯이 '왜 그러는지도 스스로 모른 채 자석에 끌리듯 약물을 취하게 된다'고 생각한다. 이런 생각은 일견 맞기도 하고 틀리기도 하다. 소화불량이나 불쾌감을 느낄 때 특정 식물이나 미네랄을 섭취하는 동물의 행위는 마치 뱀 공포증과도 같은 본능이다. 그러나 동물은 서식하는 환경에 따라 그 본능을 다르게 발현시키기도 한다. 지능이란 문제를 해결하는 능력이다. 이런 차원에서 우리가 인식하는 본능의 개념 속에만 동물을 묶어둘 수 없다. 세계 다양한 민담 속 동물이 사용하는 '약'과 '깁스'의 재료가 서로 다르다는 것을 보자. 송진을 발라서 상처를 치유하거나 부러진 다리에 송진을 발라 접골시키는 꿩 이야기는 웃고 넘어갈 것이 아니다. 수지를 몸에 바르는 동물들이 자주 목격되며, 진흙과 섬유질을 이용하여 마치 깁스를 만드는 것 같은 멧도요새에 대한 기록도 여러 건 남아 있기 때문이다.[주34] 쥐가 콩잎을 사용할 때 다른 환경에서 살아온 동물은 특정 병풀을 이용한다. 치유하는 행위에 사용되는 재료나 규칙은 각각의 동물이 처한 환경에 따라 달라진다.

동물에 대한 우리의 편견 중 하나는 한 종의 동물이 사는 환경이 다르더라도 그 종에게 주어진 자연의 명령, 즉 특정한 본능이 어디서나 일정할 것이라고 생각하는 데 있다. 그러나 일본의 한 연구진이 밝혀냈듯이 사슴이 원숭이들끼리의 대화를 엿듣고 먹이의 기회를 좇는 것[주35]처럼 같은 환경 속에서는 다른 두 개의 종 사이에서도 소통이 가능하다. 반면 같은 종이라도 다른 대륙에 서식하는 까마귀는 서로의 언어를 이해하지 못한다.[주36] 같은 환경에서 사는 처지에 서로 유대감을 느껴야 하는 관계라면 코끼리가 한국말을 하기도 한다. 에버랜드 동물원에 있는 말하는 코끼리 '코식이'는 사람이 손가락을 이용하여 휘파람을 부는 것처럼 코를 입에 집어넣어 코끼리의 구강구조로는 낼 수 없는 소리를 내어 한국말을 따라한다. 실제로 한국말을 이해한다고 보기는 어렵다. 다만 같은 환경을 공유하는 친밀한 사육사에게 유대감을 표명하기 위해, 코식이는 자연의 명령에 구속되지 않고 자기의 코를 이용하여 구강구조에 따른 음성학적 한계를 넘은 것이다.[주37]

쥐가 풀을 약으로 삼듯, 누에가 실로 집을 짓듯, 신은 초월을 밥으로 먹고 산다

동물의 치유 행위를 목격한 인간은 동물의 자연스러운 현명함에 감복하곤 한다. 인간 능력이 동물이 가진 치유 동력에 미치지 못함을 한탄하기도 한다. 이러한 감복과 한탄은 어느 문화권에서나 발견된다. 근대 계몽주의 철학자 루소(Jean-Jacques Rousseau)는 어떤 동물은 심한 상처를 입어도 "그것을 교묘하게 고치거나, 뼈와 다리까지 부러뜨렸는데, 시간이라는 외과의사 외에는 아무런 의사도 없이, 어떤 양생법을 쓰지 않고도" 낫게 된다고 감탄하였다. 동물은 인간처럼 절개수술이나 약제 중독 없이 자연스럽게 낫고, 동물이나 미개인들은 의사의 도움 없이도 건강을 회복하지만, 인간이나 '문명인'은 그렇지 못하다는 사실을 한탄한다. 루소에게 이러한 한탄은 인간에게 있어 더 위대한 운명을 위해 나아갈 수밖에 없는 초석일 뿐이다. 전지전능한 신의 권좌에서 신을 몰아내고 인간이 앉게 되는 시대적 배경이 바로 루소의 한탄을 가장한 인간 찬양 속에 녹아 있다. 루소는 자연명령에 굴복하여 잘 생존하는 동물의 방식을 부러워하면서도, 자연명령에서 한 치도 벗어나지 못하는 경우를 일컬으며 동물의 한계를 지적한다. 비둘기는 좋은 고기가 들어 있는 그릇을 옆에 두고 굶어죽으며, 고양이는 산처럼 쌓인 과일이나 곡식 위에 있어도 그것을 먹는 것이 자연명령에 어긋나면 먹지 못하고 굶어죽는다는 것이다.^{주38}

반면 유학자들의 동물 관찰 속에는 자연명령을 어기지 못해서 굶어죽는 고양이는 없다. 꿈틀거리는 미미한 벌레라도 자신이 쓸 수 있는 기교를 이용한다. 다양한 기교들은 동물의 생김새와 처한 환경에 따라 모두 다르다. 각자가 환경에 적응하고 문제를 해결하는 독특한 방법을 가지고 있어서 어느 누구도 딱히 어리석거나 비지능적이라고 할 수 없다. 각자 살아가는 데 도구로 삼는 지능과 지혜가 다양하기에 그 도구들을 하나하나 살피는 것은 인간의 양생에 이로운 일이기도 하다. 천하의 온갖 동물들의 기술을 습득하여 인간의 견문으로 삼자고 주장하는 최한기(崔漢綺)의 글을 보자.

내가 까치라면 거미그물보다는 단단한 나의 둥우리가 훌륭해 보이지만, 집 없이 사는 비둘기의 기술에 비교하면 집짓기를 해야 하는 수고로움이 너무 번잡하다. 그런데 생각해 보면 내가 가진 동력보다 못한 동력이 있고 훌륭한 동력도 있다는 것은 모두 '나'라는 기준점이 있어서 생긴 것이다.

조속, 「수조도(水鳥圖)」, 16-17세기, 서울대학교박물관, 한국미술정보센터, 한국저작권위원회

유학자의 동물원

미미한 벌레의 꿈틀거림이라도 양육과 생식이 있으면 생명을 보전하고 자손을 전할 수 있지만, 만일 그중에 한 가지라도 없으면 일찍 죽거나 자손이 끊긴다. (……) 양생의 방법은 각기의 형질이나 거처 습관에 따라 같지 않은데, 기를 빨아들이는 자, 이슬을 마시는 자, 부리로 쪼는 자, 발로 움키는 자, 깃으로 치는 자, 꼬리로 묶는 자 등은 모두 제 형질의 이기(인간이 가진 문명의 '이기'와 다를 바 없는 그 이기이다)로 음식물을 얻어 양생한다. 거미의 그물 치는 것과 승냥이의 무리가 진을 치는 것은 기계를 베풀어 양식의 수단을 삼은 것이고, 공공이 궐을 지고 비익조가 몸을 합하는 것은 각자가 공을 들이는 능력을 서로 통하여 양식의 수단을 삼는 것이다. 기미(氣味)가 서로 견제되고 강약이 상대되지 않는 것 등 무한한 조건이 있으나, 생식하는 방법은 또한 양육의 득실로부터 유래된다. (……) 고요히 거처하여 수양하기를 용과 뱀이 그 신령함을 보존하는 것같이 하고 때를 기다려 흥기하기를 기린과 봉황이 출현하는 것같이 하며, 힘을 모으고 무리를 협화하기를 벌의 관청에서의 군신이나 개미의 진영에서의 장졸과 같이 하여, 천하의 이목을 전하여 나의 견문으로 삼고 천하의 열력을 합하여 나의 경험으로 삼는다. 모든 나라의 풍속이 대동하고 바다와 육지의 산물이 교역하여 이루어주니, 사물의 능한 바와 사람의 능한 바 등에 모두 취할 만한 것이 있다. 그리고도 혹 미처 듣고 보지 못하여 내게서 의의를 일으키는 것은 반드시 물리와 인사가 나에게 앞서기도 하고 뒤서기도 하면서 부합되기 때문이다.

– 최한기, 『기측체의』, 추측록 제6권, 추물측사(推物測事), 물의 생양(生養)을 취하다, 한국고전번역원, 이종술 옮김(교정: 인용자)

"앞서기도 하고 뒤서기도 하면서 부합"되는 것은 무엇일까? 까치의 입장에서 거미와 비둘기를 바라보면 앞서기도 하고 뒤서기도 하면서 부합되는 상태를 이해할 수 있다. 내가 까치라면 거미그물보다는 단단한 나의 둥우리가 훌륭해 보이지만, 집 없이 사는 비둘기의 기술에 비하면 집짓기를 해야 하는 수고로움이 너무 번잡하다. 그런데 생각해 보면 내가 가진 동력보다 못한 동력이 있고 훌륭한 동력도 있다는 것은 모두 '나'라는 기준점이 있어서 생긴 것이다. 좀 더 설명하자면, 키가 너무 작아서 고민을 늘어놓는 사람에게, '그래도 넌 적어도 난장이는 아니잖니'라고 위로할 수밖에 없다는 것과 같다. 이런 위로는 굉장히 부당해 보인다. 키 작아서 고민인 사람한테 그래도 난장이는 아니니까 기운 내라고? 하지만 사실 이런 위로는 매우 합당하다. 애초에 키 작은 게 속상한 사람의 고민 자체가 자기보다 키 큰 사람이 존재하기에 생기는 것이기 때문이다. 자기보다 잘난 것이 많아서 생기는 고민과 열등감은 자기보다 못난 것이 존재한다는 사실에서 치유받을 수밖에 없다. 그게 부당하게 느껴진다면 애초에 자기보다 잘난 것이 있다는 사실에 속상해하는 자기 자신을 부당하게 여겨야 한다.

> 쇠똥구리는 스스로 쇠똥 굴리기를 좋아하여 용의 여의주를 부러워하지 않는다. 따라서 용도 여의주를 가졌다는 것을 스스로 뽐내어 저 쇠똥구리가 쇠똥 굴리는 것을 비웃어서는 안 된다.
> - 이덕무, 『청장관전서』 제63권, 선귤당농소, 한국고전번역원, 나금주 옮김

감히 용에게 자신을 비웃지 말라고 당당히 말할 수 있는 쇠똥구리의 자신감은 어디에서 생기는가? 애초에 쇠똥구리 자신이 용의 여의주

를 부러워하지 않는 마음가짐을 가져야만 가능한 것이다. 내가 나 자신을 부끄럽게 여긴다면 용에게 나를 비웃지 말라고 말할 수 없다. 무엇이 부족하다고 나를 부끄럽게 여긴다면, 그 무엇이 나보다 부족한 존재를 내가 더더욱 부끄럽고 비참하게 만들 준비가 되어 있다는 뜻이기 때문이다. 키가 작은 사람은 자신을 부끄럽게 여기듯 난장이를 더더욱 부끄럽고 비참하게 여길 준비가 되어 있다. 그렇기에 거미의 그물을 비웃는 까치는, 유학자가 보기에는 역으로 비둘기에게 비웃음을 당할 수밖에 없다.

까치에게는 거미의 동력이 보잘 것 없어 보이고 비둘기에게는 까치의 동력이 부질없어 보인다. 기교보다 착한 마음을 지닌 주인공들이 성공하는 이야기가 인기가 있듯 우리는 일반적으로 기교보다는 슬기로움이라는 동력을 더 높게 친다. 그러나 막상 지혜라는 동력도 비둘기가 보기에는 부질없다. 거꾸로 말해서 이것은 비둘기의 집 없음조차 어떤 동물에게는 부질없고 헛된 고생으로 보일 수도 있다는 뜻이다. 좀처럼 움직이지 않는 나무늘보에게, 발발거리며 돌아다니는 비둘기는 얼마나 부질없어 보일까? 자기 기준으로만 보면 자기 말고 다른 동물들이 동력으로 삼는 것들이 참 부질없기 그지없는데, 바로 그러한 이유 때문에 서로 부질없다고 말할 처지가 못 된다. 최한기가 썼듯 "모두 제 형질의 이기로 음식물을 얻어 양생"하는 것일 뿐이며, "사물의 능한 바와 사람의 능한 바 모두 취할 만한 것이 있"기 때문이다.

> 만물의 생(生)은 각각 기질을 따르므로 생을 영위하는 것도 다르고, 생을 영위하는 것이 이미 다르므로 일삼는 바도 같지 아니하다. 예컨대 깃과 털을 가진 금수는 누에의 옷감을 알지 못하고, 구멍을 뚫고 살아

가는 발 있는 벌레와 발 없는 벌레는 궁실을 알지 못하고, 비와 이슬을 마시는 것은 어육(魚肉)을 알지 못하고, 사냥하는 동물들은 경작(耕作)하는 등 농사짓는 것을 알지 못한다. 저가 잘하는 것은 이가 하지 못하고, 이가 잘하는 것은 저가 하지 못한다.

어찌 다만 유를 달리하는 것만이 그리할 뿐이리오. 같은 사람이라도 각각 처하는 바에 따라서 제반의 익히는 일이 또한 다르다. 그렇지만 환난을 알고 주리고 배부른 것을 깨달으며 살기를 좋아하고 죽기를 싫어하며 이익을 쫓고 해를 피하는 것은 사람과 물이 모두 같다.

― 최한기, 『추측록』 제6권, 「추물측사」, 동물과 식물은 일삼는 것을 달리한다, 한국고전번역원, 이종술 옮김(교정: 인용자)

종교의 동력은 초월함에 있다. 그러나 애초에 우리가 초월을 필요로 한 이유는 나보다 잘난 것들을 이길 능력이 없기에, 신을 이용해서라도 그것들을 초월해 보고 싶었던 마음이 아니었나? 초월은 모든 것을 부질없게 만들어버리므로, 나보다 잘난 것들이 나보다 부질없게 된다. 그래서 종교적인 초월성이 오히려 가장 동물적인 본능의 발현이며, 질투를 일삼는 인간에게 참으로 매력적인 것이다. 제1세계에 살고 있는 시민들은 종종 카스트와 같은 계급사회의 운명에 순응하며 살아가는 제3세계 시민들의 삶에 매혹을 느끼곤 하는데, 이는 제1세계 시민들이 물질의 부유함이든 정신의 부유함이든 무조건 남보다 잘나고 싶다는 욕심에 시달리기 때문이다. 그런데 1등은 하고 싶지만 공부는 하기 싫으니까, 하기 싫은 것을 하면 고통스럽기 때문에, 이미 등수가 정해져 있는 계급사회의 초월성이 나의 욕망을 차단시켜서 나를 자유롭게 하지는 않을까라는 생각을 하기 때문이다. 남보다 잘나고 싶다는 욕심을 품지 않으면 쉽게

유학자의 동물원

감히 용에게 자신을 비웃지 말라고 당당히 말할 수 있는 쇠똥구리의 자신감은 어디에서 생기는가? 애초에 쇠똥구리 자신이 용의 여의주를 부러워하지 않는 마음가짐을 가져야만 가능한 것이다. 내가 나 자신을 부끄럽게 여긴다면 용에게 나를 비웃지 말라고 말할 수 없다.

심사정, 「운룡등천」, 18세기, 한국미술정보센터, 한국저작권위원회 해결될 일이다. 그러나 남보다 잘나서 생존해야 한다는 유전자의 명령을 거역하는 것은 힘들기에, 애꿎은 남 탓, 현대사회 탓, 자본주의 탓을 하며 살아간다. 그러나 그 명령을 거역하지 못한다면 자본주의가 아닌 어떤 낙원의 시대가 도래해도 영원히 고통받을 것이다.

유일신이 제일 강한 힘을 가졌기에 모든 것을 부질없게 만드는 초월성을 가진다면, 불교는 삶 자체가 부질없어서 모든 것을 초월하는 힘을 가진다. 앞서 말했듯이 불교의 부질없음은 유학의 부질없음과 어떤 면에서 상통하듯 보이기도 한다. 이제 그 중요한 차이를 설명할 구실이 생겼다. 키 작은 사람의 고민이 애초에 키 큰 사람의 존재 때문에 생기고, 그 고민이 자기보다 키 작은 사람의 존재로 치유되듯, 삶 자체가 부질없다는 생각 자체가 지극히 현세적이다. 모든 것이 부질없음은 이미 '부질 있는 것'[주39]의 존재를 전제하기 때문이다. 삶이 부질없다는 사실을 깨달으려면 일단 삶을 부질 있게 인식하는 과정 자체가 있어야 할 것이 아닌가? 고기 맛을 잊으려는 승려의 자각은 우선 고기가 맛이 있었던 순간이 있고 나서야 가능한 것이다.

열흘 만에 버리는 것은 누에고치이고, 여섯 달 만에 버리는 것은 제비집이고, 일 년 만에 버리는 것은 까치집이다. 그러나 그 집을 지을 때 누에는 창자에서 실을 뽑아내고, 제비는 침을 뱉어 진흙을 만들고, 까치는 열심히 풀과 볏짚을 물어오느라 입이 헐고 꼬리가 빠져도 피곤한 줄을 모른다. 이것을 보는 사람들은 그들의 지혜를 낮게 생각하고 그 삶을 애석하게 여기지 않을 자가 없다. 그러나 인간의 붉고 푸른 정자와 누각도 잠깐 사이에 먼지가 되어 버리는 것이니, 인간들이 집 짓는 것도 이 미물들과 다름이 없다. 우리가 백년을 살다가 생을 버린다 하

유학자의 동물원

더라도 그렇게 고생하여 정자와 누각을 지을 것이 없는데, 하물며 목숨의 길고 짧음이 정해지지 않았음에랴. 우리가 처자식을 잘 살게 하고 후손에게까지 전한다 하더라도 그렇게까지 할 것이 없는데, 하물며 머리를 깎고 물들인 장삼을 입은 중의 처지에 있어서랴. 중이면서도 집을 고치는 것은 자신을 위해 하는 일이 아니라는 것을 알 수 있다.

— 정약용, 『다산시문집』 제13권, 「기」, 중수 만일암기, 한국고전번역원, 김도련 옮김

이것이 유교의 초월이 불교의 초월과 결정적으로 다른 이유다. 누에와 인간이 후손을 위해 열심히 집을 짓는 것처럼, 승려도 부처의 도의를 끊이지 않고 대대손손 전승시키기 위해, 후대의 승려들을 위해 집을 고친다. 세속적 자손이든 종교적 자손이든 대대손손 자신을 전승시키려는 행위는 짐승 세계, 인간 세계, 종교 세계 어디에서나 여전하다. 이 세 가지 사례에서 과연 승려 혼자 초월성을 지녔다고 말할 수 있는가? 애초에 초월이란 이룩할 수 없는 것이다. 돌멩이와 같은 무기물은 어떤 것도 필요하지 않기에 초월적이다. 사람이 망부석이 되면 그 사람은 초월적인 존재가 되지만, 망부석이 된 생명이 어떻게 자신이 초월적인 존재가 되었는지 인식하겠는가? 열심히 수행해서 인식할 수 있는 초월성은 초월이 아니다.

비둘기의 어리석음은 지능과 지혜의 부질없음을 이야기하는 것이 아니다. 서로의 동력을 부질없다 말하지 말자는 것이다. 정약용이 말하고자 하는 바는 처음부터 종교인들이 부질있고 부질없고를 따지는 것 자체가 자신의 동력을 이 세상에서 최고로 부질 있게 만들려는 욕망에서 비롯된 게 아니었냐는 것이다. 비록 이 글에서 유학자들의 장단을 맞추기 위해 종교를 비판하는 논조를 사용했지만, 초월성을 가지려는 욕망은 오

늘날 학계에서도 빈번히 일어난다. 특히 천부인권과 인간성을 새로운 초월성으로 만들고 과학적 사고를 불가하게 만드는 일도 번번하다. 과학적 사고는 별게 아니다. 세상에 공짜가 없다는 인식만으로도 충분한 것이 과학적 사고다. 오히려 오늘날에는 책임감 있는 종교인들이 이런 과학적 사고를 하고, 아주 현세적인 해결책을 내놓아 사람들의 고민과 짐을 덜어주는 데 열심이기도 하다.

부질 있고 부질없고를 따지는 생각에서 벗어나면 세상 모든 동력들이 각기 쓸모가 있다. 어리석음도 동력일 수 있다. 정약용이 미물의 지혜를 낮게 생각하고 그 삶을 애석하게 여기지 말라 한 것은 다른 시간과 장소를 살아가는 다양한 동물들의 동력들을 모아보자는 제안이다. 비둘기의 어리석음조차 매우 쓸모 있고 부질 있는 세계, 종교의 '부질없음'이라는 초월성마저 매우 부질 있는 세계, 그것이 유학의 세계이다. 초월은 없다. 어떤 것도 초월할 수 없다는 것이 바로 유교의 초월성이다.

큰 놈은 작은 놈을 먹이로 하고
힘센 놈은 약한 놈 포식하나니
잡아먹고 살아가는 이 세상 운명
먹이사슬 속에서 서로들 해치누나
그러나 강하다고 어찌 항상 강하리오
때때로 사나운 적 불시에 만나나니
힘세다 자랑 말라 힘센 놈 한이 없고
꾀 많다 자랑 말라 꾀 많은 놈 즐비하리
나와 너 분별의식 지인에겐 아예 없어
그 마음 허공처럼 툭 트였나니

허공이 이기는 물건 하나 없지만

허공을 이기는 것도 하나 없도다

- 장유, 『계곡선생집』 제25권, 「오언 고시, 혼자 쓸쓸히 지내면서 아무렇게나 읊어 본 시 십 수, 한국고전번역원, 이상현 옮김

첩보원 쥐와 사기꾼 족제비

동물 앞에 선 인간 지능

계란 쟁탈 특공 작전

동물의 지능에 대해 말할 때 이덕무를 지나칠 수가 없다. 누구나 무시하는 쥐 몇 마리를 보고도 그냥 지나치지 못하고 세심히 관찰한 결과, 쉽게 찾아볼 수 없는 동물의 지능 이야기를 저서에 풀어냈기 때문이다. 다음의 아주 짧은 글 속에는 오늘날 동물 실험을 통해 유추된 동물 지능의 다양한 모습이 담겨 있기도 하다.

한 마리 쥐가 닭장에 침입하여 네 발로 계란을 안고 누우면 다른 쥐가 그 쥐꼬리를 물어 당겨서 닭장 밖으로 떨어진다. 그리고는 그 쥐꼬리를 다시 물어 당겨서 쥐구멍으로 운반한다. 또 병에 기름이나 꿀이 있으면 병에 올라 앉아 꼬리로 묻혀내어 몸을 돌려 그 꼬리를 핥아 먹는다. (……) 가령 한 마리 쥐가 알을 안고 눕더라도 다른 쥐가 그 꼬리를 물고 끌 줄을 어떻게 아는가.

– 이덕무, 『청장관전서』 제48권, 「이목구심서 1」, 한국고전번역원, 이식 옮김

계란을 훔치기 위한 쥐 두 마리의 특공은 첩보 작전을 방불케 한다. 이 첩보원 쥐들은 배우는 재주, 위험을 피하는 재주, 그리고 사회적 기술이라는 재주를 적절히 조화시켜 성공적인 생존을 이루었다.
심사정, 「서설홍청」, 18세기, 한국미술정보센터, 한국저작권위원회

계란을 훔치기 위한 쥐 두 마리의 특공은 첩보 작전을 방불케 한다. 이 이야기는 그저 허무맹랑한 이야기일까? 이덕무의 상상력이 개입하지 않을 수는 없었겠지만, 그렇다고 옛날 사람들의 신화나 민담 같은 것도 아니다. 모든 종류의 관찰은 관찰자의 시선이 개입되기 마련이다. 똑같은 것을 보고도 누군가는 자연 속의 우연한 사건으로 치부하고 지나가지만, 이덕무는 쥐의 행동을 처음부터 끝까지 하나하나 지능적 행위로 기록한다. 그는 쥐의 행동을 명확한 목적과 그 목적을 수행하는 의도적 행위로 잘게 나누어 설명해 준다.

다양한 종류의 지능

지능이란 무엇일까? 단순히 말하면 문제를 푸는 능력일 것이다. 그렇다면 계산기도 지능을 가지고 있을까? 계산기는 새로운 지식을 습득할 수 없다. 새로운 환경을 이해하지 못한다면 아무리 많은 문제를 해결해도 지능이라 부르지 않는다. 사람보다 빠르고 정확한 계산력을 가졌지만 계산기를 보고 사람보다 똑똑하다거나 지능적이라고 말하지 않는다. 지능에 대한 정의는 다양하지만, 여기에서는 문제를 풀기 위해 이해하는 능력 정도로 정의하겠다. 첩보원 쥐들에게도 풀어야 할 문제가 있다. 닭장의 계란을 안전하게 쥐구멍 안으로 옮기는 것이다. 이 문제를 해결하려면 쥐들은 다양한 물음을 스스로에게 물을 수 있는 능력을 가져야 한다. 계란의 성질은 어떤 것일까? 계란은 통통 굴려도 하등 문제가 없는 고무공 같은 것일까? 저 계란을 과연 내가 옮길 수 있을까? 나 혼자 옮길 수 없다면 어떻게 해야 할까?

이덕무는 오늘날 현대인들처럼 동물 행위를 본능에서 나온 것과 지능에서 나온 것으로 구분하지 않는다. 쓸모 있음과 재주에 천착하는 유학자답게, 그는 지능을 다양한 재주들의 집합처럼 취급한다. 사람에게 이 재주 있고 저 재주 있듯, 계란을 둘러싼 상황을 대처하는 쥐도 문제를 해결하기 위한 다양한 재주가 필요하다. 그 능력이 본능에서 나온 것이든, 지능적 계산의 결과이든, 모든 능력이 서로 조화를 이루어야만 문제는 해결된다. 동물의 지능이 여러 가지 재주들의 결합체로 이해되는 것이다.

첩보 작전이 시행되려면 쥐는 다음과 같은 재주들을 가지고 있어야 한다. 첫째, 쥐는 계란은 깨진다는 사실을 습득하는 재주가 필요하다. 둘째, 쥐는 계란을 깨뜨리지 않기 위해서 푹신한 자신의 몸을 이용하는 재주를 가져야 한다. 셋째, 계란을 둥글게 감싸서 기동력이 없는 쥐를 움직여줄 협력자와의 사회적 기술이 필요하다.

우리는 계란이 깨진다는 사실을 어떻게 아는가? 어렸을 때 엄마가 말해 줘서? 계란이 깨진다는 언어 정보를 먼저 이해하려면 깨진다는 게 무엇인지부터 알아야 한다. 유리가 깨지든 컵이 깨지든 무엇이 충격을 받고 산산조각 나는 모습을 한 번쯤 봐야 한다. 어떤 상태를 목격하고 그 상태를 기억하는 것은 학습의 가장 기초적인 단계이다. 병이 산산조각 나는 상태를 '깨지다'라는 단어와 연관시키는 것은 언어를 이용하는 학습이다. 언어를 이용하지 않더라도, '깨진 계란'이라는 상태를 기억하고 그 상태를 깨지기 전의 계란과 연결 지을 수 있다는 것 역시 학습이다.

쥐는 동물을 이용하는 현대적 과학 실험에 최초로 사용되었다는 타이틀을 가지고 있다. 1900년 쥐가 미로를 빠져나갈 수 있는지에 대한 실험이 시작되면서 쥐의 지능에 대한 연구도 시작되었다. 미로를 빠져나가려면 한번 갔던 길이 막혔는지 뚫렸는지 기억하고 이를 인식하고 있어야 한다. 비교적 성공적으로 미로를 빠져나가는 쥐들을 통해 우리는 쥐가 상당히 똑똑한 동물이라는 것을 안다. 한번 갔던 길이 막혔는지 뚫렸는지 기억하고 이를 특정 목적을 위해 이용하는 쥐가 계란이 깨진다는 '기억'을 이용하지 못할 리 없다.

두 번째로 쥐들이 자신의 몸을 완충체로 이용하는 행동을 보자. 닭장에서 계란을 깨뜨리지 않고 꺼내려면 울퉁불퉁한 둥지와 닭장의 비죽한 나무 조각들을 피해야 한다. 그리고 밖으로 꺼낸 계란을 안전하게 베이스 기지로 옮겨야 한다. 일단 닭장 밖으로 나오면 그냥 굴려도 되지 않을까? 왜 군이 쥐구멍 안까지 계란을 몸으로 감싸고 동료 쥐는 그 쥐를 끝까지 안전하게 옮기는 것일까? 여기에는 조금의 위험도 허락하지 않으려는 조심성이 느껴진다.

모든 일에는 위험이 따른다. 매순간의 선택에는 그만큼 잃게 되는 비용이 있다. 이익만 있고 손해는 없으면 좋겠지만, 대부분의 선택에는 이익과 손해가 따르니, 우리는 모두 손해의 위험은 최대한 줄이고 이익은 더하도록 노력한다. 베이스 기지에 도착할 때까지 절대 계란을 놓지 않는 것은 최대한 위험을 회피하려는 재주다. 동물행동심리학자 젭과 그외의 '쥐 도박 과제' 실험[주40]은 손해 위험을 최대한 피하고 안정적인 이익을 꾀하는 쥐의 모습을 보여준다. 설탕 알갱이가 나오거나 벌칙이 주어지는 4개의 선택지로 이루어진 도박이 있다. 상금인 알갱이 개수가 많아질수록 벌칙 타임은 '확실히' 길어지고 벌칙 타임이 걸릴 확률도 같이 높아진다. 확률적으로 합리적이고 안정적인 선택은 알갱이 개수가 적은 대신, 벌칙 타임이 짧은 것이 확실하며 벌칙 타임이 걸릴 확률도 낮은 선택지를 택하는 것일 테다. 30분이라는 제한된 실험 시간 동안 쥐들은 가장 합리적이고 안정적인 선택지를 선호했다. 이들이 위험을 피하고 동시에 안정적인 수익을 내는 지능을 갖고 있다고 생각할 수 있는 것이다.

세 번째로 동료와 함께 사냥할 줄 아는 지능이다. 한 마리 쥐가 계란을 푹신한 몸으로 감싸면 기동력이 사라진다. 운반 역할을 하는 쥐는 어째서 계란을 감싼 쥐를 끝까지 옮겨주는 것일까? 닭장 밖으로 나오면 바로 뺏어먹을 수도 있는 법이다. 게다가 계란을 감싼 쥐는 어떻게 운반 쥐가 계란을 뺏어 먹지 않고 자신을 쥐구멍까지 옮겨줄 거라고 믿을 수 있을까? 기동력이 사라진 쥐를 운반하는 동료 쥐 이야기는 이덕무의 상상에서 나온 것이 아니라 충분히 있을 법한 이야기다.

쥐들은 사회적 유대가 강한 동물이다. 또 다른 행동심리학자 바탈과 그 외의 연구[주41]에서는 어려운 상황에서도 동료 쥐를 돕는 쥐의 모습을 볼 수 있다.

이 실험에서는 쥐 한 마리가 작은 감옥에 갇힌 또 다른 쥐를 목격하게 된다. 풀려 있는 쥐는 갇혀 있는 쥐 주위를 돌면서 관심을 보이다가, 감옥문을 밖에서 열 수 있다는 사실을 알게 된다. 쥐들은 감옥 문이 넘어가는 소리에 놀라기도 하지만, 그럼에도 불구하고 다시 돌아와 문을 열려고 시도한다. 이 실험에서 30마리의 쥐 중 23마리가 동료 쥐를 탈옥시켰다. 감옥 안에 쥐 모형이 넣어져 있을 경우 쥐들이 관심을 보이지 않았다는 사실도 고무적이다. 실험자들은 또 다른 난관도 만들어보았다. 바로 초콜릿 칩이었다. 두 개의 우리 한쪽에는 초콜릿 칩을 넣어두고 한쪽에는 쥐를 가둔 것이다. 그러나 쥐들은 실험자들의 유혹에 넘어가지 않았다. 초콜릿 칩을 먹으려고 동료를 모른 척하지 않았던 것이다. 쥐는 갇혀 있는 쥐를 풀어주고 풀려난 쥐와 함께 사이좋게 초콜릿 칩을 나누어 먹었다.

벼룩 퇴치 작전을 위해 인간도 쉽게 생각하기 힘든 기발한 방법을 쓰는 족제비 이야기도 있다.

> (족제비는) 벼룩이 온몸을 물면 나무토막을 물고 먼저 꼬리를 시냇물
> 에 담근다. 그러면 벼룩이 물을 피하여 허리와 잔등이로 모여든다. 담
> 그면 피하고 담그면 피하고 하여 차츰 목까지 물속으로 넣는다. 벼룩
> 이 모두 나무로 모이면 나무를 물에 버리고 언덕으로 뛰어오른다. 누
> 가 가르친 것도 본래 언어로 서로 깨우쳐 준 것도 아니다.
>
> - 이덕무, 『청장관전서』 제48권, 「이목구심서 1」, 한국고전번역원, 이식 옮김

벼룩은 물을 싫어한다. 그러나 족제비는 온몸을 물에 '한번에' 담가봤
자 벼룩이 퇴치되지 않다는 것을 어떻게 알고 벼룩이 서서히 몸 위로 올
라갈 수 있도록 '차츰차츰' 물에 들어가는 것일까? 족제비는 이러한 행위
를 스스로 알았을까, 아니면 모방으로 알았을까? 이덕무의 또 다른 관찰
기에는 인간의 군복 뺨치는 위장 방법으로 까치를 잡는 족제비 팀도 나
온다. 자기 몸에 진흙을 발라 나무토막처럼 위장하는 족제비 한 마리와
가만히 누워서 죽은 것처럼 위장하는 족제비가 협동하여 까치를 사로잡
는 이야기다.

> 한 마리 족제비가 온몸에 진흙을 발라 머리와 꼬리를 구분할 수 없도
> 록 하고는 앞발을 모으고 썩은 말뚝처럼 사람같이 밭둑에 선다. 그러
> 면 다른 족제비는 눈을 감고 죽은 듯이 그 밑에 누워 있다. 그때 까치
> 가 와서 엿보고 죽은 줄 알고 한 번 찍는다. 짐짓 꿈틀하면 까치가 의심이
> 나서 재빨리 썩은 말뚝같이 서 있는 놈 위에 앉는다. 그놈이 입을 벌려 그
> 발을 깨문다. 까치는 그때야 족제비의 머리에 앉은 것을 알게 된다. (……)

유학자의 동물원

한 마리 쥐가 닭장에 침입하여 네 발로 계란을 안고 누우면 다른 쥐가 그 쥐꼬리를 물어 당겨서 닭장 밖으로 떨어진다. 그리고는 그 쥐꼬리를 다시 물어 당겨서 쥐구멍으로 운반한다. 또 병에 기름이나 꿀이 있으면 병에 올라 앉아 꼬리로 묻혀내어 몸을 돌려 그 꼬리를 핥아 먹는다. – 이덕무, 『청장관전서』

신사임당, 「초충도 중 수박과 들쥐」, 16세기, 국립중앙박물관한 족제비가 말뚝처럼 섰는데 다른 족제비가 그 아래에 죽은 듯이 누울 줄을 어떻게 아는가. 이것이 자연이 아닌가. 그렇더라도 사람으로서 교묘한 꾀로 교활한 짓을 하는 자가 있으면 쥐와 족제비 같은 종류인 것이다.

– 이덕무, 『청장관전서』 제48권, 「이목구심서 1」, 한국고전번역원, 이식 옮김

동물의 위장술에 대한 책 『현혹과 기만』에서 피터 포브스는 동물들이 꽃잎이나 조개껍데기, 돌 등 자연의 재료를 몸에 걸쳐 다른 동물의 눈을 속이는 '기만술'을 사용한다고 적는다. 자나방의 일종인 신클로라속의 모충은 턱으로 꽃잎을 잘라 등에 붙인다고 한다. 자연물을 몸에 붙이는 것도 모자라 걸음걸이나 몸짓을 달리하여 정체를 숨기는 경우도 허다하다. 어떤 도마뱀은 자신의 자연스러운 걸음걸이 대신 '뻣뻣하게' 걸음으로써 마치 자신을 딱정벌레처럼 보이게 하기도 한다.[주42] 그러나 이런 사례는 족제비라는 종과 직접적으로 연결된 것은 아니다. 이덕무의 족제비 이야기는 과연 이덕무의 지나친 상상이 개입된 이야기일까? 동물의 지능이 과연 이 정도일 수 있을까? 이러한 문제를 넘어서, 이덕무가 동물의 지능을 바라보는 방식이 오늘날 우리가 쉽게 생각하는 지능의 높고 낮음이라는 문제와 관련이 없음이 중요하다. 이덕무의 동물들은 단순히 똑똑해서 당면한 문제를 해결한 것이 아니다. 이들은 '배우고 기억하는 재주,' '위험을 피하는 재주,' '사회적 관계를 이용하는 재주' 등 다양한 재주를 선보이며 문제를 해결한다. 이는 다양한 재주들이 특정 목적에 유용하게 쓰이는 과정이며, 동물이 자신의 지능을 도구처럼 쓰는 과정이기도 하다. 이는 동아시아 문헌에서 지속적으로 발견되는 지렁이 이야기에서도 보여진다. 옛 동아시아 문헌에서 지렁이는 팔다리도 없으면서 다

유학자의 동물원

리 많이 달린 게보다 구멍을 더 잘 뚫는다고 알려져 왔는데, 이는 지렁이가 마음을 번잡하게 쓰지 않기 때문이라는 것이다.

> 지렁이는 보통 지룡이라고들 부른다. 다리가 많이 달린 게가 다리 없는 지렁이보다 못한 이유는 지렁이가 마음을 전일하게 쓰기 때문이다.
> — 조재삼, 『송남잡지』, 「충수류」, 구인, 소명출판, 강민구 옮김

『대대례』에, "지렁이는 날카로운 발톱도 없고 억센 힘도 있는 것이 아닌데 땅 위로 올라와서 마른 흙을 파먹기도 하고, 땅 밑으로 내려가서 샘물을 마시기도 하는 것은 마음 씀을 한결같이 하기 때문이고, 게는 집게발이 둘이고 보각이 여덟이나 되는데다 뱀 구멍이 아니면 붙어 살 곳이 없는 것은 마음 씀이 조급하기 때문이다."라고 하였다. 그러나 내가 보는 바로는, 게도 본래 땅속으로 구멍을 잘 뚫는다. 봄과 여름에는 구멍을 직선으로만 뚫고 가을이 되면 다니는 길을 꼬불꼬불하게 다시 만들며 겨울철에 이르러서는 그 구멍을 꽉 막고 들어앉는 까닭에 매미가 울기 시작한 후로부터는 게를 잡기가 어려운 것이다. 그런데 중국은 지대가 넓어서 사람들이 이런 것을 친히 보지 못한 까닭에 생긴 착각으로 그렇게 말한 것일까?

— 이익, 『성호사설』 제5권, 「만물문」, 해혈, 한국고전번역원

마음을 전일하게 쓰는 지렁이는, 팔도 다리도 쓸 수 없지만 초인적인 집중력으로 입에 붓을 물고 도자기에 그림을 그리는 장인의 모습을 떠올리게 한다. 이런 지렁이의 전일한 마음은 동아시아 텍스트에서 꾸준하게 등장하는 단골 소재다. 팔도 다리도 없는데다 앞뒤 분간도 안 되는 길

쭉하고 축축한 벌레에 대한 동아시아인들의 애정 어린 관심은 좀 특이하다 싶을 정도다. 특히 둔재의 삶을 동경한 유학자들에게 지렁이는 초인적인 장인과도 같은 존재였다. 게다가 동아시아인들은 지렁이가 물만 먹고 살아간다거나 아예 먹지 않는다는 생각을 가지고 있기도 했다. 지렁이의 전일한 마음은 물론 '이렇게 지렁이처럼 전일한 마음으로 살아라'라는 교훈의 장치에 불과하다 할 수 있다. 그러나 이 이야기에는 자신의 여러 가지 지능을 도구처럼 사용하는 과정에서 그 도구를 '전일하게' 쓰라는 교훈 역시 있다. 동양철학자 한형조는 "유교는 인간의 이성적 기능을 도구적 관점에서 바라본다"며 "이성은 감성과 욕망의 문제를 조정하고 해결하기 위한 인간의 이차적 도구적 기능"이라고 요약한다.[주43] 사회적 지능이 조금 떨어지더라도 다른 종류의 지능으로 세상을 헤쳐나가는 경우가 있듯, 지능이란 재주처럼 그 종류가 다양하다. 첩보원 쥐와 사기꾼 족제비들은 배우는 재주, 위험을 피하는 재주, 그리고 사회적 기술을 '전일한 마음'으로 적절히 사용하여 성공적인 생존을 이루었다. 반면에 이덕무는 이 다양한 재주가 서로 협력하지 않아 생존에 실패하는 동물도 묘사한다. 바로 '번잡한 마음'을 가진 동물들이다.

사람이 사냥개를 시켜 사슴을 쫓게 하면 사슴은 빨리 달아나고 개가 그 뒤를 따른다. 사슴을 거의 물게 되었을 즈음 사람이 개를 불러 밥을 주고 쉬게 하는데, 사슴은 도망가지 않고 개가 오기를 기다리고 돌아다니며 서 있다. 개가 다시 쫓다가 또 전과 같이 쉬면 사슴은 또 전과 같이 기다린다. 무릇 여러 번을 그렇게 하여 사슴이 기운이 빠져 거꾸러지면 개가 그때에 그 불알을 물어서 죽인다. 그것은 사슴의 인정인가 신의인가. 곰과 호랑이가 서로 싸울 때에 호랑이는 발톱과 어금니를 벌리고 오직 위세로 힘을 쓰지만 곰은 사람처럼 서서 큰 소나무를 힘껏 쳐서 꺾는다. 곰은 꺾은 소나무를 버리고 쓰지를 않는다. 그러고는 쓸데없이 다시 소나무를 꺾는다. 노력은 많이 들고 힘만 다해서 끝내 호랑이에게 죽고 마는데 그것은 곰의 의리인가 지조인가. 사람이 산골짜기에 나무를 걸쳐 놓고 노끈으로 만든 올가미를 나무에 걸어 놓으면 담비가 고기떼처럼 나무를 건너는데 먼저 가는 놈이 거리낌 없이 머리를 올가미 가운데에 넣는다. 그러면 뒤에 이르는 놈이 앞 다투어 머리를 넣으니 잠깐 사이에 모두 다들 목이 주렁주렁 매여 죽어 있다. 그것은 담비의 순한 것인가 공손한 것인가. 오직 한쪽의 소견만 있고 이리저리 융통하지 못하는 사람은 다만 명색 없는 일에 몸을 해치니 이것은 사슴이나 곰이나 담비로서 의관을 입은 자이다.

- 이덕무, 『청장관전서』 제48권, 「이목구심서 1」, 한국고전번역원, 이식 옮김(교정: 인용자)

어떤 지능들이 충돌하는가?

이 글에서 이덕무는 지능의 높낮음 때문이 아니라, 마음속에 있는 여러 소견들 중 어느 한쪽의 소견에 편향되고 한쪽의 피드백을 받지 못하여 생긴 융통성 없는 행위를 묘사한다. 사슴의 행위는 인정인가 신의인가? 이덕무는 왜 하필 이 두 단어를 병렬시켰는가? 여기서 사슴의 인정이란 사냥하느라 힘든 개를 가끔씩 쉬게 하는 어진 마음을 나타낸다. 그리고 사슴의 신의는 개가 자신을 쫓아오기만 하지 죽이지 않을 것이라는 믿음이다. 하필 동물이 이런 마음을 가질

이덕무는 오늘날 현대인들처럼 동물 행위를 본능에서 나온 것과 지능에서 나온 것으로 구분하지 않는다. 그는 지능을 다양한 재주들의 집합처럼 취급한다. 사람에게 이 재주 있고 저 재주 있듯, 문제를 해결하려는 쥐들에게도 다양한 재주가 필요하다.

정선, 「서과투서」, 18세기, 한국미술정보센터, 한국저작권위원회

유학자의 동물원

수 있을까? 과연 어떤 동물이 포식자가 사냥하느라 힘들지 않을까 걱정하는 인정 어린 마음을 가지겠는가? 이것은 이덕무의 인간 중심적 생각이 지나친 동물 의인화를 이루었을 가능성이 크다.

사슴의 융통성 없는 행동 원인을 낮은 지능에서 찾으려는 것이 아니라, 마치 사람처럼 편향된 생각에 빠졌을 것이라고 생각한 점이 흥미롭다. 남자친구나 남편에게 몇 년간 폭행을 당하면서도 남자를 떠날 수 없는 경우를 예로 들 수 있다. 그들이 멍청하거나 교육 수준이 낮아서 그런 폭행을 당한 것인가? 그렇지 않다. 교육 수준이 높은 여성들도 데이트 폭력에서 쉽게 벗어나지 못하는 경우가 많다. 지능이 높고 낮은 것의 문제가 아니라 마음속 특정 소견에 갇혀서 빠져나오지 못하는 편향성이 문제다. '무엇을 할 수 있을까?'라는 고민을 하는 사람들에게 지능의 높낮음은 진실로 무의미한 질문이다.

호랑이에게 물려 죽은 곰의 의리와 지조는 이렇게 해석될 수 있다. 호랑이가 공격은 하지 않고 오직 위협만 가하기 때문에, 곰 역시 그에 공정하게 대응하여 실제로 공격은 하지 않고 애꿎은 나뭇가지만 꺾는 것은 의리이다. 호랑이, 네가 아직 공격하지 않았으니까, 나도 공격하지 않고 똑같이 위협만 하겠다는 것이다. 이것은 이덕무가 인식하고 있는 공정성의 개념이라고 볼 수 있다. 그런데 곰의 지조는 그러한 공정성의 개념을 융통성 없이 따르기만 하는, 일종의 '경험 법칙에의 의존'이라고 볼 수 있다. 내가 나뭇가지를 꺾으며 대강 위협하면 저 호랑이도 언제나 그랬듯이 대강 물러나겠지?라는 경험 법칙에의 의존인 것이다. 이 두 가지 인식, 공정성 개념 인식과 경험 법칙의 의존은 효율적으로 사용되지 못했고 결국 곰은 죽었다.

담비의 순한 것과 공손한 것의 개념은 '순(順)'하다는 글자와 '공손'하다는 글자의 정확한 차이를 알고 나면 명확해진다. 순(順)은 단순히 마음이 순종적이다는 개념으로 볼 것이 아니라 '남을 따라한다'는 글자 그대로의 의미로 보아야 한다. 우리는 사회 지능이 발달한 동물 종에서 무조건 남을 따라하는 습성을 가진 개체를 많이 발견한다. 이를 군서 본능이라고 앞서 소개한 바 있다. 여기서 순(順)은 그 군서 본능으로 대치시킬 수 있다. 이에 비해 순종 개념은 군서 '본능'이 양식화된 것, 즉 인간 사회의 예의범절로 볼 수 있다. 인류학자 아이베스벨트의 정의에 따르면 '양식화'란 특정 정서 상태(단적인 예로 두려움)를 불러일으키면서 일상적으로 반복되는 행동양식이 점차 상징적인 동작으로 바뀌는 것을 말한다.[44] 유학의 세계에서 연장자 뒤로 아랫사람이 따르는 것은 공손한 것이다. 이 공손함은 양식화된 유학의 예의범절이다. 이는 남이 하는 것을 보고 그대로 따라하는 본능과 차이가 있다. 이덕무는 담비들이 그저 남들 하는 대로 따르다가 죽은 것인지 아니면 군자를 따라 죽는 신하와 마찬가지로 일종의 사회적 지능을 따른 것인지를 고민한 것이다.

비둘기와의 지능 대결

　　　　　이러한 고민이 허무맹랑하게 느껴진다면, 이제 도시의 부랑자 비둘기와의 지능 대결에 참여해 보기를 권유한다. 여기 세 개의 문이 있다. 이 중 하나의 문 뒤에만 상금이 있다. 문 하나를 골랐는가? 게임의 사회자는 당신이 고르지 않은 두 개의 문 중 상금이 없는 문을 열어서 당신에게 보여준다. 당연히 상금은 보이지 않는다. 이제 한 개의 문에는 상금이 없다는 사실이 밝혀졌다. 그럼 사회자는 당신에게 선택한 문을 바꿀 기회를 준다. 당신은 문을 바꾸겠는가?

문을 바꾸지 않겠다고 결정했다면 당신은 비둘기보다 못한 선택을 한 것이다. 3개의 문이 놓여 있을 때 당신의 선택이 맞을 확률은 3분의 1이다. 하지만 2개의 문이 남아 있는 상황에서 당신이 문을 바꾸는 선택을 한다면, 당신은 3분의 1의 확률에서 2분의 1의 확률로 상금을 탈 더 큰 기회를 가지게 되는 것이다. 이 게임은 단 한 번으로 끝나지 않는다. 그런데 같은 방식의 게임을 아무리 여러 번 진행해도 대부분의 사람들은 3분의 2의 확률로만 문을 바꾸는 선택을 한다. 비둘기들의 경우는 다르다. 여러 번 게임을 하고 나면, 비둘기들은 100% 문을 바꾸는 선택을 한다. 평화의 상징에서 혐오 동물로 전락한 신세지만, 비둘기들의 선택은 인간사회의 비합리적인 경제 선택보다 낫다는 것을 인정하지 않을 수 없다. 이 실험은 의학통계학자 스티브 셀빈에 의해 고안된 몬티 홀 문제이며, 이 문제를 비둘기에 적용한 실험은 히브랜슨(Hebranson)과 슈로더(Schroder)의 2010년도 연구[주45]이다.

재미있는 것은 1990년 『퍼레이드(parade)』라는 미국 잡지에 당시 가장 높은 IQ 보유자였던 잡지 기고가가 몬티 홀 문제에 대한 정확한 답변을 칼럼으로 신자마자 미국 전역에서 만여 통의 항의 편지가 날아왔다는 점이다. 항의 편지들 가운데 박사학위를 가진 사람들이나 수학자들의 편지도 많았다. 우리가 이렇게 확률적으로 잘못된 선택을 하고 그 오류를 도저히 인정할 수 없는 이유는 무엇일까? 어째서 비둘기들은 확률적으로 올바른 선택을 하는 것일까? 연구자들은 그 이유가 경험 법칙에 의존하는 인간의 판단 때문이 아닐까 제시한다. 경험 법칙이란 경험한 일에 근거해서 대충 어림잡아 내리는 판단을 말한다. 이러한 판단이 비합리적으로 보이기도 하지만 사회적 동물인 인간에게는 분명 중요한 기능의 판단이다.

대개 인간 사회에서는 공정함의 가치가 중요시된다. 특히나 선택을 번복함으로써 이득을 얻으려는 이기주의자에 대한 시선 역시 곱지 않다. 단순한 예로 제비뽑기를 하는데 원래 했던 선택을 버리고 다른 선택을 하는 사람은 공정성을 위반하는 것이다. 또한 자신이 원래 고수하던 입장을 번복하면 사람들에게 신뢰를 주지 못한다. 이렇게 경험을 통해서 '원래 내가 선택한 것을 고수하는 게 옳다'는 어림짐작이 태어나고, 이 어림짐작으로 판단을 하기 때문에 비둘기들보다 비합리적인 선택을 하게 된다. 인간의 또 다른 비합리적 경제 판단은 손해와 수익의 양이 같은 경우에도 손해를 더 크게 여기는 판단인데, 한 표본 집단만이 이러한 비합리적 판단의 오류에서 벗어나 있다. 그 집단은 바로 자폐증 환자들이다.[주46] 사회성이 매우 낮은 이 환자들이 오히려 합리적인 수익 계산을 한다는 점이 흥미롭다. 사람은 매일 결정을 내리며 살아간다. 쥐가 계란을 훔칠 타이밍을 결정하는 것처럼 말이다. 결정을 내리는 매순간, 사람은 사회적 지능과 확률적 계산을 다루는 지능이라는 두 가지 다른 '재주들'을 잘 사용하여 성공하기도 하고, 비둘기도 성공하는 일을 실패하기도 하는 것이다.

지금까지 문제를 해결하는 동물의 지능, 그리고 그들의 실패를 보며 다른 종류의 지능들이 효과적으로 조화를 이루지 못한 상황을 상상한 이덕무의 동물관을 알아보았다. 우리는 보통 인간이 동물보다 유연한 지능을 가지고 있기에 성공적으로 생존했다고 생각한다. 그러나 유연한 지능을 가지고 있어서 사슴, 곰, 담비들처럼 생존에 실패하는 경우도 있다. 모든 생명은 유연한 지능을 가지고 있기에 지능 사이의 협력과 불협력도 있을 수 있다는 것을 이덕무는 동물 세계에서 보았던 것이다.

원숭이의 자살

동물 앞에 선 인간성

어딘가 부족한 동물들?

동물 역시 인간처럼 도덕성을 가지고 있다는 것에 이의를 달지 않았던 조선 유학자들은 인간 중심적 권위의식 없이 동물 행동에서도 오륜과 같은 유교적 윤리 의식을 찾아내곤 하였다. 오늘날 우리 인간이 동물을 상대로 가장 자랑스러워하는 인간성이란 지능적 행동이나 문화보다도, 도덕성으로 발현되는 이타주의일 것이다. 오로지 음식과 짝만 찾아 헤매는 동물 행동에서 우리는 이타성보다 이기주의를 보게 된다. 먹을 것이 있으면 허겁지겁 내 입으로 가져가는 게 우선인 동물들, 남의 자식을 물어 죽이고 자기 자식의 유전자만 남기려는 동물들, 게다가 자기 자식도 허약하면 둥지에서 떨어트리는 동물들을 보라. 가족과 친척, 그리고 타자와도 먹을 것을 나누는 인간의 이타적 행동과 너무나 비교가 된다.

혈연 관계만 해도 그렇다. 동물이 자기 자식을 아무리 사랑하는 것 같아도, 인간의 눈에는 무언가 부족해 보인다. 사람은 자기 자식을 살리기 위해 온갖 수를 쓰며, 심지어 자기 자신을 희생하기도 한다. 그러나 동물들은 자식을 사랑해도 그 사랑에 한도가 있는 것 같다. 자식이 죽어가도 동물은 희생은커녕 그저 무기력하다. 동물 표정은 사람이 보기에 항상 무표정 같다. 그래서 직관적으로 동물은 더더욱 무기력해 보인다. 그들은 자식의 죽음 앞에서 짧게 애도하다가 곧 잊어버리고 제 살 길을 찾는 것 같기도 하다. 이것은 자기 보존이라는 절대적 자연법칙을 따르는 동물의 모습이다. 그러나 인간은 희생뿐 아니라 애통함으로 식음을 전폐하는 고귀함도 가진다.

인간은 지능과 문명뿐만 아니라, 이타성과 그 이타성의 최고조 형태인 희생을 가지고 동물 앞에 맞서게 된다. 이타성이야말로 인간이 내세우는 최고의 신성인 셈이다. 그러나 이덕무의 기록에서 이타성과 풍부한 감정, 그리고 고귀함도 가진 동물을 만나볼 수 있다. 오늘날 동물의 이타성을 연구하는 사람들이 마주하는 어려움은 바로 지나친 의인화를 하지 않았는가에 대한 의심이다. 이덕무와 같은 옛날 사람들의 글 역시 마찬가지다. 이덕무의 동물 이야기가 지나친 상상에서 출발했다면 그것은 단순히 민담의 하나로 치부될 수밖에 없다. 그러나 이타적인 동물 이야기가 실제로 동물 관찰을 통해 얻어진 것이라면 민담 이상의 통찰을 얻을 수 있을 것이다.

군도감에, 장맛비가 깨끗하게 개자 큰 구렁이가 창고 옆의 족제비 구멍으로 들어가 그 새끼를 삼키고는 배가 불러서 뜰에 나와 있었다. 잠시 후 족제비 암수가 급히 나와서 구렁이 앞에다 번갈아 땅을 파는데 그 길이가 매우 길어 대 홈통 같았다. 또 그 양 끝에다 수직으로 구멍을 파되 깊이는 암수가 각각 꼬리로부터 주둥이까지의 길이와 같게 하

조선 유학자들은 인간 중심적 권위 의식 없이 동물 행동에서도 오륜과 같은 유교적 윤리 의
식을 찾아내곤 하였다.

김홍도. 「모구양자도」, 18세기, 한국미술정보센터, 한국저작권위원회.

4 인간이라는 미신

였다. 구렁이가 드디어 구불구불 기어서 땅 판 곳으로 들어갔는데, 머리로부터 몸 끝까지 꼭 끼어 빈틈이 없이 들어맞았다. 잠시 후에 구렁이는 몸 양 끝을 움직이지 못하고 배를 뒤집으려 하나 뒤집지도 못하여 드디어는 죽고 말았다. 아마도 두 마리 족제비가 몰래 깨물었기 때문에 죽은 것 같다. 족제비들이 나와 구렁이의 배를 가르니 네 마리 새끼 족제비가 죽어 있었는데, 몸에는 다친 데가 없었다. 꺼내어 깨끗한 땅에 누이고, 암수가 번갈아 콩잎과 계장초를 물고 왔다. 먼저 콩잎을 펴서 새끼들 밑에 깔고 계장초를 꽤 두껍게 덮었다. 그리고 나서 암수는 각기 양쪽에서 주둥이를 잎사귀 속에 묻고 입김을 부니 새끼들이 꿈틀거리며 살아났다.

아, 얼마나 지혜롭고 의롭고 자애로운가! 사람으로서 이 세 가지를 갖추었다면 선인(善人)이라 할 만하다. 전에 나는, 족제비를 잡아다 때릴 적에 여러 족제비들이 사방에서 모여 힘을 다해 그 위급함을 구해 냈다는 애기를 들었다. 그 의리는 가히 경탄할 만하다.

- 이덕무, 『청장관전서』 제50권, 「이목구심서 3」, 한국고전번역원, 이석호 옮김

족제비는 유선형의 긴 몸과 짧은 다리, 동그란 얼굴이라는 귀여운 외모와 어울리지 않게 꽤나 맹렬한 사냥꾼이다. 육식동물 중 가장 작은 종이지만 사냥할 때의 집요함과 대담함은 사자나 호랑이보다 더하다. 주로 쥐들이 파놓은 땅굴을 파고 들어가 쥐를 잡아먹지만 자기보다 몸집이 큰 설치류, 토끼, 새, 뱀까지 사냥하기도 한다. 족제비는 한번 새를 물면 새가 공중을 날아올라도 놓치지 않을 정도로 턱의 힘이 세고 사납다. 게다가 나무타기, 수영하기 등등 가진 재주도 많다. 사냥감을 제압할 때도 한번에 목을 물어 숨을 끊어놓는 정확함도 가졌다. 또 족제비는 과학자들

이 연구를 위해 설치한 함정에 한번 걸리더라도, 두 번째 똑같은 함정을 만났을 때 이를 알아채고 피해 갈 정도로 똑똑하다.^{주47}

족제비는 쥐가 파놓은 땅굴을 찾아 들어가는 데 능하지만, 직접 땅굴을 파지는 않는다. 족제비가 주거하는 곳은 땅굴, 사람이 만든 창고, 나무뿌리의 구멍 등 다양한데, 땅굴을 주거지로 정했을 경우, 족제비는 쥐가 파놓은 땅굴을 파고 들어가 쥐들을 죽이고 땅굴을 점거한다. 구렁이 역시 땅굴을 판다. 땅굴 생활에 익숙하다는 것이 족제비와 구렁이의 공통점이다. 둘 다 유선형의 길쭉한 몸체를 지녔기 때문이다. 한국 족제비는 맹독을 지닌 뱀도 사냥할 수 있다고 보고되어 있다. 이상의 사실을 보았을 때, 족제비가 땅을 판 것이 아니라 이미 파여진 땅굴로 구렁이를 유인한 것에서 위의 족제비 이야기가 시작되었다고 볼 수 있지 않을까?

많은 동물들이 죽은 자식이나 동료의 시체 위에 흙을 끼얹거나 각종 풀을 덮어 둔다. 그것이 애도 행위인지 아니면 우리가 이해할 수 없는 또 다른 메커니즘의 발현인지는 모른다. 동물행동학자 마크 베코프(Mark Bekoff)는 한 수컷 고릴라가 울부짖으며 죽은 암컷 고릴라의 손에 생전에 좋아하던 셀러리를 놓아두었다는 일화를 소개한다. 비슷한 맥락에서 건초나 풀잎 따위를 죽은 새끼들에게 덮은 족제비의 행동 역시 조선인들에게는 애도의 행위 또는 새끼들을 살리기 위한 의료 행위로 비쳤던 것이다. 새끼들이 죽지 않아 살아난 것은 우연한 결과일 수도 있다.

군도감 근처에서 일어난 족제비 이야기는 그 문맥으로 보아 이덕무가 직접 체험한 것을 적은 것이라기보다는, 남에게 들은 이야기를 적은 것으로 보인다. 누군가 군도감 근처에서 족제비들과 구렁이의 사투를 목격하고, 그는 새끼들을 위해 구렁이와 싸운 족제비 두 마리에 감명을 받았을 것이다. 그리고 족제비들에게 치료를 할 줄 아는 인간적 특징을 부여

하루는 원숭이가 새끼를 빨리 꺼내 달라 하여 새끼를 내주니, 머리 위에 새끼를 이고 사람마냥 걸어가는데 소리개가 새끼를 채 가버렸다. – 이덕무, 『청장관전서

소초, 「송상응도」, 국립중앙박물관

유학자의 동물원

하며 각색한 이야기를 남들에게 전달하기 시작했을 것이다. 이 이야기가 세간에 떠돌아 이덕무의 귀에 들어갈 때까지 족제비의 명민함과 고귀함은 깎이지 않았다.

자살한 원숭이

반면 자식을 향한 사랑에 지능과 희생이 극단적으로 발휘되어 비극적인 결과를 낳은 경우도 있다. 이덕무가 기록한 자살한 원숭이의 이야기다.

정조사(새해를 맞이하여 중국에 파견되었던 사신)가 북경에서 돌아올 때 상인이 어미 원숭이를 사 가지고 왔는데 그 원숭이는 마침 새끼를 배고 있는 중이었다. 이미 우리나라로 들어오게 되자, 어미 원숭이는 슬퍼하며 머뭇거리고 앞으로 나아가려 하지 않으므로 상인은 원숭이를 위로하였다. 도중에 새끼를 낳자 그는 소매 속에 새끼를 넣고 가면서 때로는 꺼내어 젖을 먹이게 했다. 하루는 원숭이가 새끼를 빨리 꺼내 달라 하여 새끼를 내주니, 머리 위에 새끼를 이고 사람마냥 걸어가는데 소리개가 새끼를 채가버렸다. 이에 어미 원숭이가 슬픔을 이기지 못하니 그 사람은 위로하기를, "네가 비록 슬퍼한다 하더라도 어찌 하겠는가. 원숭아, 너의 마음을 너그럽게 가져라." 하였다. 여관에 이르자 원숭이는 문득 닭을 잡아 털을 뽑아 머리에 이고 소리개(솔개)가 채갔던 곳에서 빙빙 돌아다녔다. 소리개가 또 내려와 움켜쥘 때에 어미 원숭이는 재빨리 소리개를 잡아 찢어 죽였다. 그리고 그 원숭이는 상인이 낮잠 잘 때를 기다렸다가 고삐를 풀어 목을 매어 자살했다. 아! 슬프다. 이것은 진실로 짐승이지만 사람이나 다름없고, 또 장사꾼은 사람이면서 오히려 짐승이나 다름없다 할 수 있으니, 어찌 사람이 귀하다 할 수 있겠는가. 그 원숭이는 사람에게 잡힌데다가 또 새끼마저 잃었으니 죽지 않고 어찌하랴.

- 이덕무, 『청장관전서』 제50권, 「이목구심서 3」, 한국고전번역원, 이석호 옮김(교정: 인용자)

중국과 일본을 방문했던 조선시대 사람들은 우리나라에 없는 원숭이를 사가지고 돌아오는 경우가 많았다. 중국과 일본에서 원숭이들을 광대로 훈련시켜 돈을 버는 경우를 보고 원숭이를 데려와 구경 값을 받는 장사를 하기 위해서였다. 작자미상의 청나라 여행기를 보자.

호손은 원숭이인데, 길들여 놀이를 시킨다. 구경하는 사람들이 돈을 던져 주니 손으로 가져다가 입에 넣었고, 수박을 주니 속 단 것만 먹었으며 사람처럼 도사리고 앉았는데 꼭 늙고 못생긴 지아비와 같았다. 재빨라 나무에 잘 오르며, 쇠줄로 목을 매놓았는데 힘이 세어 다루기 어려웠다.

- 작자미상, 『부연일기』, 「주견제사」, 한국고전번역원, 김성환 옮김(교정: 인용자)

김육(金堉)의 17세기 기록에도 명나라에서 원숭이 놀이로 돈을 버는 사람에 대한 일화가 있다.

어떤 사람이 원숭이를 가지고 와서 가면을 씌워 갖은 희롱을 다 부리

유학자의 동물원

고 구경 값을 받아 갔다. 그 아버지 때부터 이 원숭이를 길러 장차 40년이 되어 가는데, 자웅 한 쌍이어서 새끼를 매우 많이 낳으니 모두 팔고, 암놈은 그 아내가 가지고 다니면서 재주를 부려 돈을 벌어 이것으로 생계를 한다는 것이었다. 50전을 주었더니 매우 적게 생각하기에 또 부채 하나, 칼 둘을 주어 보냈다.

– 김육, 『조경일록』, 병자년 숭정(崇禎) 9년(1636, 인조 14) 10월 12일, 한국고전번역원, 이종술 옮김

상인은 구경 값을 받을 목적으로 원숭이를 사가지고 들어왔을 가능성이 높다. 그런데 이덕무의 원숭이 기록에서 우리는 두 가지 의문을 가질 수 있다. 동물이 복수를 할 수 있을까? 그리고 동물이 자살을 하는 것이 가능할까? 이덕무의 글에서 원숭이는 닭을 잡아서 털을 뽑아 민둥이로 만들었다. 솔개의 눈에 닭이 마치 원숭이 새끼처럼 보이도록 속임수를 쓴 것이다. 그런 속임수를 써서 잡은 솔개를 찢어 죽임으로써 복수를 했다. 중국에서 훈련받은 원숭이들은 다양한 동물들과 함께 훈련을 받았다. 항상 인간과 같이 있는 훈련된 원숭이는 닭과 같은 가축이 깃털이 뽑히면 어떤 모습을 띠게 될지 기억하고 있을 확률이 높다.

원숭이가 목을 매어 자살했다는 것은 어떻게 받아들여야 할 것인가? 우리가 아는 범위에서 자살하는 동물들의 몇 가지 일화는 인간처럼 도구를 써서 자살하는 것과는 거리가 멀다. 우울한 성향의 쥐들은 나를 잡아 잡수라고 고양이 앞으로 달려가는 행위를 서슴지 않는다고 한다. 한때 돌고래 조련사였던 동물 권리 운동가는 돌고래 한 마리가 숨을 쉬러 물 밖으로 고개를 내밀지 않고 스스로 익사하는 광경을 목격한 후 전 세계 동물원 돌고래들의 방생을 돕고 있다. 이렇듯 동물들이 자살한 듯 보이

는 사건에서 그들은 도구를 사용하지 않았으며 자살처럼 보이는 행위마저 인간의 자살과 동일한 것으로 볼 수 없다는 회의적인 의견이 많다. 그러니 고삐를 풀고 스스로 목을 매어 자살했다는 원숭이 이야기는 신빙성이 없어 보인다.

이쯤 해서 순조 때 외교관을 따라 같이 연경을 여행한 문인 이해응(李海應)의 『계산기정(薊山紀程)』에 실린 원숭이 놀음에 대한 기록을 보자.

원숭이 유희를 하는 사람이 원숭이를 옥하관 안으로 끌고 와서 여러 가지의 놀이를 시켰다.

그들은 원숭이 두 마리, 흰 양 한 마리에 발발이 한 마리를 가졌다. (……) 가죽고삐로 원숭이의 목을 매었는데 (……) 또 원숭이 한 마리는 붉은 저고리에 푸른 바지를 입었으며, 머리에는 여자의 머리처럼 꾸민 가면을 쓰고 발에는 오랑캐의 신을 신고서는 궤짝 위에 높이 앉았으니, 두세 살 된 어린아이와 흡사하였다.

한 사람이 징을 치면서 소리를 지르면, 한 원숭이는 제 스스로 궤짝 뚜껑을 열고 모자를 꺼내 쓴다. 한 번 열면 하나를 꺼내 쓰게 되는데, 금방 썼다 금방 벗었다 하였으니, 그 갓과 모자의 등은 하나뿐이 아니었다. 그리고 그 원숭이는 사람의 걸음을 걷기도 하고, 꿇어앉기도 하고 눕기도 하였으며, 더러는 창을 가지고 찌르는 시늉도 하고, 더러는 지팡이를 짚고 곱사등이 흉내를 내기도 하였다.

그리고 또 나무 2개를 좌우에 세우고 그 위에 줄을 가로 친 다음, 사람이 또 무어라고 소리를 지르면, 그 원숭이는 갑자기 나무를 붙들고 올라가 가로친 줄 위에서 달음박질을 하는데, 조금도 어긋나거나 자빠지지 않았으며, 혹은 나무 끝에 걸터앉기도 하고, 혹은 줄에 매달려서 간

혹 스스로 목매어 죽는 형상을 보이기도 하였다.

그리고 한 원숭이는 몸을 뒤집어서 회전을 하는데, 사람이 만약 뒤에서 몰래 두들기면, 좌불안석해하면서 흘긋흘긋 곁눈질을 한다. 어떤 이는 말하기를, "원숭이가 만약 사람에게 두들김을 당하면, 반드시 그 사람에게 달려들어서 살을 깨고 갓을 찢곤 한다." 하였다.

이 원숭이는 크기는 발발이와 비등하고 손발은 사람의 형상과 같은데, 팔뚝은 길고 손은 두꺼웠으며, 가죽에 한 줄기의 털도 없고 다만 얼룩덜룩 약간 붉을 뿐이었다.

- 이해응, 『계산기정』 제3권, 계해년(1803, 순조 3) 12월[25일-29일] 27일(무자), **맑음 옥하관에 머물렀다 원숭이의 놀이를 구경함**(觀戲猿), 한국고전번역원, 김동주 **외 옮김**(교정: 인용자)

이 글에서 주목해야 할 점은 네 가지다. 첫째, 연경에서 나는 원숭이의 종류이다. 이해영은 연경에서 만난 광대 원숭이가 가죽에 한 줄기 털도 없다고 기록하고 있다. 아마 털이 없다기보다는 털이 매우 짧은 종의 원숭이일 것이다. 북실북실한 털을 가진 원숭이 종이 있는 반면 털이 짧은 원숭이 종도 많은데, 『계산기정』의 광대 원숭이는 민둥이처럼 털이 아주 짧은 종이라고 볼 수 있다. 이덕무가 묘사한 어미 원숭이가 닭의 털을 뽑아 민둥이처럼 만들어 새끼 원숭이로 위장한 것으로 볼 때, 이 어미 원숭이는 『계산기정』에 등장하는 원숭이와 같은 종일 확률이 높다. 중국의 조련사들이 광대놀음을 위해 특정 원숭이 종을 훈련시켰고, 그 특정 원숭이 종을 이덕무가 묘사했듯이 상인이 사가지고 조선에 들어왔을 확률이 높은 것이다. 새끼 원숭이도 아니고 새끼를 밴 어미 원숭이인데, 이를 야생 상태인 것을 잡아 돈을 주고 사왔을 리는 없고, 상인은 어느 정도 인간의 훈련을 받은 원숭이를 사왔을 것이다.

두 번째로 생각해 볼 점은 중국에서 원숭이를 훈련시켰던 특정 방법이다. 『계산기정』의 글을 보면 원숭이가 어린 여자아이, 창을 가지고 찌르는 전사, 곱사등이 등 다양한 인간의 모습과 인간 행위를 연기하도록 훈련시켰다는 것을 알 수 있다. 홍대용(洪大容)의 연경 여행기를 읽어보면 역시나 중국에서 원숭이가 다양한 사람 행세를 하도록 훈련시켰음을 볼 수 있다.

궤짝을 뜰 위에 놓고 원숭이를 향해 무어라 중얼중얼하니, 원숭이는 앞에 나와서 궤짝 속에 있는 옷과 모자를 꺼내어 사람처럼 옷을 끼어입고 모자를 머리에 쓰고는 머리를 조아리며 절을 하고 춤을 추다가, 조금 있다간 반드시 옷을 바꾸어 입는데 혹 지팡이를 짚고 허리를 구부려 노인 행세를 하기도 하고, 혹 조복에 두건을 차려입고 점잖게 큼직한 걸음을 옮겨 놓으며 관인 행세를 하기도 하며, 혹 가면을 쓰고 연극놀이를 해 보이기도 하며, 혹 투구와 갑옷을 입고 창과 칼을 휘두르는데, 그 날래고 민첩함은 사람이 따르지 못할 정도로 뛰어났다. 이리하여 최후에는 호모(胡帽)를 쓰고 양을 타고 달리는데, 누웠다 섰다 하기를 평지에서처럼 하였고, 또 양을 채찍질하여 먼저 달리게 한 다음 나는 듯이 달려가 뛰어 올라타기도 하였다. 그런데 다만 한번 하고 나면 반드시 손을 모아 쉬게 해달라고 애걸을 하였다. 주인이 들어 주지 않고 채찍을 내리치면 놀라며 겁이 나서 감히 명령을 어기지 못하고 시키는 대로 하였으니, 보기에 너무나 가련하였다.

- 홍대용, 『담헌서』, 외집 10권, 「연기」, 가축, 한국고전번역원, 이호영 옮김

유학자의 동물원

자식을 향한 사랑에 더불어 지능과 희생이 극단적으로 발휘되어 비극적인 결과를 낳은 경우
도 있다. 바로 자살한 원숭이의 이야기다.

이암, 「화조구자도」, 16세기, 한국미술정보센터, 한국저작권위원회 정조 때의 문신 이갑(李岬)의 연경 여행기 『연행기사(燕行記事)』에서도 미인, 할머니, 전사 등 다양한 인간 모습 흉내를 내는 원숭이 놀음에 대한 기록을 볼 수 있다. 이 당시에 조선 문인들이 쓴 일본 여행기를 보아도 일본의 조련사들이 다양한 사람 행세를 하는 광대놀음을 원숭이에게 시켰던 것을 볼 수 있다. 또 다른 연경 여행기 『연원직지』에서는 밭을 가는 농부의 흉내를 내는 원숭이 놀음도 볼 수 있다. 이로써 사람 행세를 하는 원숭이 놀음이 대중화된 광대놀음으로 동아시아에 퍼져 있었던 것으로 추정할 수 있다. 청나라에서는 마치 귀족 부인처럼 얼굴에 분을 바르고 비단 옷을 입은 채 부채를 들고는 마차를 타고 가는 '원숭이 부인'이 있을 정도였다.

아침에 행재소 문 밖에서 혼자 걸으며 여관으로 돌아오다가 보니, 부인 하나가 태평차(太平車)를 타고 가고 있었다. 얼굴에는 분을 희게 바르고 수놓은 비단 옷을 입었으며, 차 옆에는 한 사람이 맨발로 채찍질을 하면서 차를 모는데 몹시 빨리 가고 있었다. 부인의 머리털은 짧아 어깨를 덮었고, 머리털 끝이 모두 말려들어가 양털처럼 되어 있었으며 이마에는 금고리가 둘러져 있었다. 얼굴은 붉고 살찌고 눈은 고양이처럼 둥근데, 수레를 따라가며 구경하는 사람들이 많고, 검은 먼지가 날려서 하늘을 덮었다. 처음에는 차를 모는 사람의 모습이 이상해서 미처 차 속에 있는 부인을 제대로 살펴보지 못했는데, 다시 한 번 자세히 들여다보니, 이는 부인이 아니라 사람 형상을 한 짐승 종류였다. 털이 달린 손은 원숭이처럼 생겼고, 손에 가진 물건은 접는 부채 같은데, 언뜻 보면 얼굴이 아주 예쁜 것 같았다. 그러나 자세히 살펴보면 노구나 요괴스럽고, 사납게 생겼으며 키는 겨우 두 자 남짓한데, 수레의 휘장

유학자의 동물원

을 걷어 올려서 좌우를 돌아보는 눈이 마치 잠자리의 눈 같았다. 대체로 이것은 남방에서 나는 것으로 능히 사람의 뜻을 안다고 하며 어떤 사람은 말하기를 "이것은 산도(山都, 원숭이의 일종)이다."라고 하였다.
- 박지원, 『열하일기』, 「산장잡기」, 만국진공기, 한국고전번역원, 이가원 옮김

박지원이 이 원숭이 부인을 목격한 날은 청나라 황제의 탄신일로, 황제의 생일을 축하하기 위해 만 대의 수레가 각종 공물을 싣고 달리고 있었다. 이날 연회를 위한 구경거리로 범, 곰, 여우, 사슴, 말 등 온갖 동물들이 우리 속에 넣어져 수레로 이동되고 있었는데, 원숭이 부인 역시 연회를 위한 동물이었을 가능성이 크다. 당시 사람들은 원숭이에게 그저 '싸잡아서 사람'의 흉내를 내도록 시킨 것이 아니라, 미인이나 용맹스러운 전사, 구부리고 걷는 장애인, 거들먹거리며 걷는 관인 등 매우 세밀하게 나누어진 인간 군상의 모습을 흉내 내도록 했다는 사실이 고무적이다. 원숭이나 침팬지 등 사람과 비슷하게 생긴 동물들을 다룰 때 우리는 보통 그들에게서 '싸잡아서 사람'처럼 보이는 특징을 찾아내려 한다. 언어 사용, 숫자 계산, 협동 정신 등 인간만이 가지고 있다고 추정되는 특징들이 바로 그것이다. 그러나 당시의 조련사들은 사람과 가장 비슷해 보이는 동물에게 계층, 나이, 장애 여부에 따라 달라져 있는 인간의 모습을 흉내 내도록 하였다.

세 번째로 생각해 볼 점은 『계산기정』의 원숭이 훈련 기록 중에는 원숭이가 줄에 매달려 스스로 목매어 죽는 인간 형상을 연기하기도 했다는 것이다. 참으로 시적인 광대놀음이 아닐 수 없다. 다양한 인간 군상을 원숭이로 표현하는 것도 모자라 자살하는 사람의 모습까지 훈련시키다니, 옛 사람들의 머릿속은 대체 어땠을까? 원숭이를 통해 은유가 실린 놀음

을 생각해 낸 그들의 마음이 미묘하다. 우리는 이것을 통해 이덕무가 묘사한 상인이 산 원숭이 역시 비슷한 훈련을 받았을지 모른다고 유추해 볼 수 있다.

네 번째는 이 원숭이가 사람에게 두들겨 맞은 일이 있다면 반드시 그 사람에게 달려들어서 살을 째고 갓을 찢곤 한다는 기록이다. 사람이 원한을 가진 대상이나 사랑하는 사람을 절대 잊지 않듯이, 동물도 다른 동물을 기억하고 마음에 담아둘 수 있다. 물고기들마저 한번 만난 짝을 다시 알아보는데, 그보다 고등하다고 생각되는 원숭이가 자기 자식을 빼앗아간 솔개의 모습을 그냥 잊어버리고 살 수 있을까? 마크 베코프에 따르면 하이에나는 자기 집단에서 추방된 하이에나를 분명히 기억하며 시간이 흘러도 그가 무리 속에 다시 끼는 것을 허락하지 않는다고 한다. 또한 무리를 지어 사는 동물이 동료가 로드킬에 의해 희생되었을 경우, 로드킬이 일어난 도로를 점거하거나 운전자의 차량을 훼손하는 등 일종의 보복 행위처럼 보이는 행동을 했었다고 여러 사례를 통해 묘사하고 있다.

이상의 네 가지 점에서 우리는 이런 결론을 내릴 수 있다. 원숭이는 분명 학습을 할 수 있는 동물이며 특정 상황을 마음에 담아둘 수도 있다. 도구를 사용하여 자살을 하는 동물이 허무맹랑하게 느껴질 수 있다. 그러나 조선인들의 기록을 보면 중국에서 훈련받는 원숭이들이 대개 목에 쇠줄을 매고 있었다고 한다. 항상 목에 고삐를 달고 사는 훈련받는 원숭이는 목을 조이는 고삐가 불편할 수 있다는 것을 알고 있었을 것이다. 또한 어미 원숭이가 목을 매어 자살하는 사람 흉내 훈련을 받은 적이 있다면, 목을 매는 것이 목을 서서히 조이며 숨을 쉬지 못하게 한다는 것을 알고 있었을 것이다.

이는 어미 원숭이를 산 상인이 사람들의 감동을 끌어내기 위해 허무맹랑한 이야기를 꾸며내었다기보다는, 실제 일어난 일을 오늘날 동물행동학자들이 동물을 바라보는 것과 비슷한 관점으로 약간의 각색을 거친 이야기로 전달했을 확률이 높다. 오늘날 동물행동학자들이 가끔 지나친 의인화를 한다는 비판을 듣기도 하는 것처럼 약간의 과장이 섞일 수 있겠지만, 우리가 주의 깊게 보아야 할 점은 그 의인화가 완전한 상상의 산물은 아닐 가능성이 크다는 것이다. 따라서 우리는 그 의인화가 어떤 방향을 향해 있으며 어떤 사고방식에서 기인하는가에 주목해야 한다. 이러한 이야기를 동네방네 전했던 사람들과 그에게 이야기를 전해들은 이덕무는 동물이 명민함, 자식사랑, 스스로 삶을 끝내는 일종의 고귀함을 가지고 있는 것이 당연하다는 관점을 가지고 있었다. 그래서 원숭이의 자살 이야기가 의미 있는 부분으로 책 한 귀퉁이에 실려 지금까지 전해질 수 있었던 것이다.

우리 집 성인, 병아리

기술로서의 인간성

어미 대신 동생을 돌보는 병아리

사람들이 다투게 되는 것은 무엇 때문인가? 나는 그들을 미치고 미혹된 병자에 속하는 자들로 치부해 버리려 하지만 그렇게 되지 않는다. 성왕들이 그를 처형할 것이기 때문이다. 나는 새나 쥐나 짐승에 속하는 자들로 치부해 버리려 하지만 그렇게 되지 않는다. 그의 형체가 사람인 데다가 좋아하고 싫어하는 감정도 대부분 남들과 같기 때문이다. 사람들이 다투게 되는 것은 무엇 때문인가? 나는 그것을 매우 미워하고 있다.

- 『순자』, 「榮辱」, 을유문화사, 김학주 옮김

지금까지 지능과 지혜, 그리고 자살이라는 고귀한 인간성까지 동력으로서 겸비한 짐승들의 이야기를 들어보았다. 이제 신성성을 겸비한 동물을 만나볼 차례다. 이익의 집 앞마당에 살았던 작은 성자, 암평아리의 이야기다. 앞서 말했듯이 신성이란 초월성이다. 어떤 것도 초월할 수 없다는 자각이 유학이 가지는 초월성이라 한 적 있다. 어떤 것도 초월할 수 없기에 지극히 현세적이고 현실적인 방식으로 삶의 문제를 풀기 원했던 실학자들이지만, 그들 역시 신성에 기대고 싶었던 순간이 있었을 것이다. 이익은 관찰을 통해 효도하거나 자식을 슬피 그리워하는 동물은 세상에 별로 없다며 자연의 '따스함'에 대한 기대가 크게 없던 인물이었다. 그럼에도 이익 역시 자연물 속에서 찾아낸 섬광 같은 신성을 귀중히 여기며 두고두고 기억하였다. 그 신성은 이익이 길렀던 작은 병아리에게 깃들어 있었다.

> 어미가 자식을 사랑하는 것과 자식이 어미를 사랑하는 것은 무엇을 생각하기 전에 사랑하는 마음이 저절로 생기게 되는데 이것이 소위, "마음이 우애로웠다."라는 말이다. 그러나 형제간에 있어서는 다 꼭 이와 같지 못하여 가르침과 배움에 따라 이런 마음을 깨닫는 이가 많고 저절로 생기는 것이 아닌데 (……) 새와 짐승도 혹 한 가닥씩 통하는 이치가 있으나 오직 우애라는 것은 그런 자취를 찾아볼 수 없다. 그런데 내가 집에서 일찍이 닭을 길러 보았다. 닭이 병아리를 두 차례나 깠는데 첫 번에 깐 암평아리 한 마리는 늘 어미 닭만 따라다니므로 나는 그것을 보고 처음에는, 이는 제 자신의 이익을 위해서이고 제 어미를 사랑함은 아니라고 생각하였다. 어느 날 밤에 산짐승이 닭둥우리를 뚫고 들어와 다 움켜 가게 되었는데, 오직 첫 번에 깐 암평아리 한 마리와 두 번째에 깐 병아리 두 마리만이 남아 있었다.
> – 이익, 『성호사설』 제22권, 「경사문」, 인심, 한국고전번역원, 김철희 옮김

이익은 항상 '형제간에 우애'라는 것을 동물에서나, 그리고 인간에서

나 찾아보기 힘든 것으로 판단했다. 어미 아비야 저를 키워주니 당연히 따스하게 여길 수 있다. 새와 짐승에게도 '한 가닥 통하는 이치'가 있어 모성과 부성을 볼 수 있다. 하지만 인간과 동물의 우애를 따지자면, 이익은 땅 싸움 재산 싸움하는 인간 형제들이 엄마 젖을 차지하려 싸우는 짐승과 다를 바 없다고 생각했다. 동물의 효성에 대해서도 회의적이었던 이익은 첫째 병아리가 제 어미를 사랑해서가 아니라 제 이익을 위해 어미 닭을 따라다녔을 뿐이라고 생각한다. 그러다가 어느 날 밤에 산짐승이 닭둥우리를 뚫고 들어와 닭과 병아리들을 다 잡아가는 사건이 터졌다. 남은 것은 오직 첫 번에 깐 암평아리 한 마리와 두 번째에 깐 병아리 두 마리뿐이었다. 두 번째에 깐 병아리 두 마리는 어미도 없고, 의지할 데도 없었던 것이다.

하루는 밤에 어미 닭이 들짐승에게 잡아먹히고 큰 병아리도 물려갔다. 큰 병아리 중 암놈 하나는 용케 도망쳤으나 머리와 어깨의 털이 빠지고 병들어 먹이를 쪼지도 못했다. 병아리들이 울어 대며 어미를 찾는 것이 몹시 가련한 상황이었다. 그 암평아리는 병이 조금 낫자 즉시 병아리들을 끌어다 품어 주었다. 집식구는 처음에는 우연이라고 여겼다. 얼마 지나자 먹이를 얻으면 반드시 불렀는데, 다니면서 구구대는 소리가 뜰과 섬돌을 떠나지 않았다. 혹 깃을 펴서 재난을 방비하기도 하였는데 어쩌다 잃어버리기라도 하면 황급하게 찾아다니고 미친 듯이 날뛰었다. 크고 작은 것 모두 서로 자애하여 하나같이 친어미인 듯이 정겨웠다. 또 해를 피해 사람 가까이 있고 처마 밑에서 잠을 잤다.

큰 장마가 수개월 계속되던 때였다. 두 날개로 병아리들을 덮어 젖지 않도록 하였는데, 체구가 작아 다리를 굽히지도 못하고 똑바로 서서

유학자의 동물원

이익은 자신이 기른 암평아리가 누구에게 가르침을 받은 적도 없고 『소학』을 읽은 적도 없
는데 어떻게 이렇게 지극정성으로 형제들을 보살필 수 있는지 묻는다. 그리고 동서고금에
자신이 기른 암평아리에 비길 만한 동물이 없었다며 이를 두고두고 기억하였다. 평생 싸우
고 할퀴는 인간과 동물의 모습을 보았던 이익은 이 암평아리를 성자라 지칭했다.
변상벽, 「필계도」, 17-18세기, 국립중앙박물관

밤을 지내기를 여름, 가을 내내 한결같이 하였다. 보는 자들이 감탄하여 '우계(우애로운 닭)'라고 명명하였다. 무릇 착하지 않은 사람이 있으면 곧바로 서로 경계하기를, "닭을 보라, 닭을 보라." 하면 모두들 부끄러워하며 위축되었다. 그러므로 비록 곳간의 쌀을 쪼아 먹어도 차마 내쫓지 못하였다. 사람들에게 미쁨을 받는 것이 이와 같았다.

- 이익, 『성호전집』 제68권, 「소전」, 우계전, 한국고전번역원, 오세옥 옮김

한마디로 애가 애를 키우는 가련한 상황이다. 그럼에도 이 암평아리는 작은 몸을 이끌고 형제 병아리들을 품어주었다. 이익의 집안 식구들은 이를 병아리의 우연한 행동으로 생각하였으나, 암평아리가 긴 장마에도 조금의 흐트러짐 없이 형제를 돌보는 것을 보고 이익의 식구들은 감동을 받았다. 이익이 처음에 암평아리의 어미 사랑이나 우애에 대해 회의적이었던 이유는, 그가 닭을 기르면서 본 자연의 모습이 약육강식이 지배하는 상태였기 때문이다. 일전에 그는 닭들의 사회에는 붕우(朋友)의 정이 없다는, 다시 말해 친구 관계가 없다는 결론을 내리기도 하였다.

양신이 이르기를, "염소는 제 새끼에게 젖을 먹이고 까마귀는 제 어미에게 먹을 것을 물어다 먹이니 이는 부자의 인이 있고, 벌은 집을 만들고 개미는 구멍을 뚫으니 이는 군신의 의가 있으며, 비둘기와 원앙새는 절개를 지키니 이는 부부의 분별이 있고, 보우(너새)와 기러기는 항렬을 지어 다니니 이는 형제의 질서가 있으며, 꾀꼬리는 깊은 골짜기에서 나와 높은 나무로 옮겨서 살고, 닭은 먹을 것이 있으면 서로 불러서 함께 먹으니 이는 붕우의 정이 있다." 하였으니, 이 말은 생물의 이치를 매우 해박하게 알았다고 하겠다. 그러나, "닭에게도 오덕이 있

유학자의 동물원

다."는 것은 옛날 역시 있는 말이지만, 내가 보기로는 닭이 서로 부르는 것은 수컷이 암컷을 부르고 어미가 새끼를 부를 뿐이다. 그리고 다른 따위에 있어서는 일찍이 서로 불러서 함께 먹는 것을 보지 못했으니, 어찌 붕우의 정이 있다 할 수 있겠는가? 『가어』에 상고하니, 공자가 이르기를, "관저('물수리가 우네', 『시경』의 장명)는 새에게서 흥을 일으킨 것인데, 군자가 아름답게 여긴 것은 그 암컷과 수컷에 분별이 있기 때문이고, 녹명('사슴이 우네', 역시 『시경』의 장명)은 짐승에게서 흥을 일으킨 것인데, 군자가 훌륭하게 여긴 것은 그가 먹을 것이 있으면 서로 부르기 때문이다." 하였으니, 지금 양신이 말한 끝 구절을 고쳐서, "꾀꼬리는 벗을 부르고, 사슴은 먹을 것이 있으면 서로 갈라서 먹으니 이는 붕우의 정이 있다." 한다면 말이 더욱 이치에 가깝게 될 것이다.

- 이익, 『성호사설』 제5권, 「만물문」, 금수오륜, 한국고전번역원, 김철희 옮김

이익은 닭들이 먹을 것이 있을 때 수컷이 암컷을, 어미가 새끼를 부르는 경우만 있지 그 외의 경우가 없음을 목격했다. 이익은 이를 보고 닭에게 부부와 부자의 도리는 있어도 붕우의 도리는 없는 것으로 판단했다. 이익은 닭들의 위계질서 때문에 이러한 결론을 내렸을 것으로 추측된다. 닭들은 쪼기의 위계질서(pecking order)라고 불리는 사회 질서를 가지고 있다. 싸움으로 인하여 서열이 높은 닭이 정해지면, 서열이 높은 닭은 서열이 낮은 닭들을 부리로 쪼아대며 음식과 물에 대한 선취권을 얻는다. 가장 서열이 낮은 닭은 온갖 쪼임을 당하게 된다. 이런 수직적인 사회에서 닭과 닭이 친구로 지내며 음식을 사이좋게 나누어먹는 광경은 볼 수 없었을 것이다. 이익은 이런 닭들의 성질을 관찰한 후 닭에게 부부와 부

자의 도리는 있어도 붕우의 도리는 없다고 판단했을 가능성이 높다. 매정한 자연 세계에 대해 이익은 또 다음과 같이 적는다.

> 나도 닭을 기르면서 깨달은 것이 있다. 닭은 모두 먹을 것을 찾아다니다가 문득 힘이 억센 자에게 휘몰리게 되면 강한 자는 날로 살찌고 여러 약한 자는 날로 파리해지기 때문에 잘 번식하지 않는다.
> - 이익, 『성호사설』 제22권, 「경사문」, 복식, 한국고전번역원, 김철희 옮김(교정: 인용자)

이익은 인간도 할퀴고 욕심내는 아이들이 커서 건강하고 장수하며, 약한 아이들은 쉽게 무너져 생존하기 쉽지 않다고 생각했다. 그것이 어찌나 억울하고 가련하게 느껴졌는지 이익은 그 상황이 혹 하늘의 실수는 아닌가 의문을 품는다.

> 만약 수명의 길고 짧음이 하늘에 매어 있다면, 착한 자에 단명하는 예가 많은 것은 또 무슨 까닭인가? 어린 아이들을 보건대, 사람을 할퀴고 물어뜯고 꾸짖고 욕하고 탐내고 인색하여 남의 물건을 곧잘 움키는 자가 건강하고 장수할 뿐 아니라 마침내 부귀까지 하는 자가 많고, 그렇지 않은 자는 이와 정반대가 되는 예가 있다. 이에 의거하여 말한다면, 하늘에서 준 운명이 이미 정해져 있어 사람의 힘으로는 간여할 수 없는 것이지만, 혹시 기수(氣數)가 혼동되어 하늘도 어찌할 수 없는 까닭이 아닐까?
> - 이익, 『성호사설』 제14권, 「인사문」, 화음부종, 한국고전번역원, 정지상 옮김

이런 이익이기에 암평아리의 우애에 크게 놀랐던 것이다. 쫓아내려

유학자의 동물원

이익의 앞마당에는 성자 암평아리가 있었는가 하면, 비리비리한 외눈박이 암탉도 있었다. 그런데 시간이 지나고 살펴보니, 다른 어미닭들과 그 새끼들은 들짐승 때문에 상처입거나 포획되어 버린 경우가 많았는데, 오직 이 외눈이 암탉의 둥지만 온전히 건사한 것이었다. 변상벽, 「자웅장추」, 18세기, 한국미술정보센터, 한국저작권위원회

해도 문밖으로 나가지 않고 형제 병아리들을 보살피는 암평아리의 소문은 결국 동네에도 자자하게 퍼졌다. 이웃사람들이 이상히 여겨 찾아와서보는 자도 많았다는 것이다. 결국 이익은 처음 암평아리에 대해 품었던생각을 철회했다. 유달리 어미를 따라다니던 암평아리의 마음이 실로 어미를 사랑하는 마음이었고, 제 자신의 사리를 취하려는 마음이 아니었다고 쓴다. 이 암평아리를 어찌나 사랑스럽게 여겼는지 이익은 저서 곳곳에서 이 병아리 이야기를 하곤 했다. 그렇기에 암평아리의 죽음은 이익에게도 집안 식구들에게도 큰 충격이었다.

　병아리가 주먹보다 크게 자랐는데 그 암탉 한 마리는 아직 어리고 약

한 상태였다. 그런데도 여전히 먹이를 구해서 먹이기를 멈추지 않으니 몸이 병들고 말았다. 사람들이 모두 암탉이 애쓰느라 병이 든 것을 가엾게 여겼을 뿐 들짐승이 또 몰래 엿보고 있는 것을 전혀 알아채지 못하였다. 그러다 마침내 깜깜한 밤중에 잃어버렸다. 집안 식구가 뒤쫓았으나 잡지 못하고 오직 꺾이고 떨어진 깃이 산길 사이에 흩어져 있는 것을 발견했을 뿐이다. 내가 마침 밖에 있다가 돌아와 말을 듣고는 눈물을 흘릴 뻔하였다. 혹 그 잔해가 남은 것이 있을까 해서 두루 찾아보았으나 없었다. 이에 깃털을 수습하여 관을 만들어 산에 장사 지냈다. 그리고 '우계총(友雞塚)'이라고 하였다. (……) 사람의 행동 규범은 본래 어른과 아이의 구분이 있다. 그러므로 두루 알고 널리 행하는 것은 어린아이에게 요구할 수 없고, 혹 규범의 끝과 시작이 달라지는 것을 면치 못하기도 한다. 그런데 지금 이놈은 병아리들 곁을 떠나지 않고 시종 나태함이 없이 돌보았으니 어찌 이리도 기이한가. 내가 듣기로 태어나면서 아는 자는 성인이라고 하는데 이놈은 사물 가운데 성자인가? 천성대로 행하는 분이 성인인데 짐승이면서 사람의 행실을 하니 이는 기질에 구애받지 않은 것인가?

– 이익, 『성호전집』 제68권, 「소전」, 우계전, 한국고전번역원, 오세옥 옮김(교정: 인용자)

이익은 동서고금에 이 암평아리에 비길 만한 동물이 없었는데, 그 암평아리가 바로 자기 집 앞마당에 거처했다며 두고두고 기억하였다. 평생 싸우고 할퀴는 인간과 동물의 모습에 익숙했던 이익은 이 암평아리를 성자라 지칭했다. 가르침을 받은 적도 없고 『소학』을 읽은 적도 없는데 어떻게 이런 짐승이 세상에 나왔는지 묻는다. 이익은 선행이나 우애와 같이 인간을 동물로부터 구별해 주는 인간성이 사회적으로 배우고 본뜨는 과정에서 나온다고 보았다. 그렇게 배우고 본뜬 인간성도 겉치레로 쓰이는 경우도 많다고 하였다. 그렇기에 암평아리의 존재는 더더욱 아리송했던 것이다.

> 우애의 도리에 이르러서는 천고에 그런 일이 전혀 없다. 우애라는 것은 부모를 미루어 형제에게 미치는 것인데 사람들에게서도 찾아보기 어렵다. 하물며 미물에게서 인가. 대체로 사람들이 선행을 하는 것은 선각자에게 인도를 받거나 습속을 보고 본뜨는 것이다. 또 혹은 이름 얻기를 좋아하여 외양만 꾸민 것이고 그 마음은 어떠한지 알지 못하는 경우도 있다. 그런데 지금 이 암닭은 누구에게 배우고 누가 가르쳐 주었단 말인가. 또 무엇을 위해 겉을 꾸몄단 말인가.
> - 이익, 『성호전집』 제68권, 「소전」, 우계전, 한국고전번역원, 오세옥 옮김

이익은 성인과도 같은 암평아리의 신성을 잊지 않고 장사까지 지내어 암평아리를 기렸다. 이익은 지혜나 사랑과 같은 암평아리의 신성이 어디서 왔는지 알 수 없음을 인정한다. 왜냐면 세상에는 암평아리 같지 않은 보통의 병아리들이 몇 만 배나 더 많기 때문이다. 성인 암평아리는 이렇게 천부적으로 형제들을 돌보는데, 보통의 병아리들에게 왜 너는 그렇게 하지 않느냐고 타이르는 것은 훌륭하게 태어나지 못한 것들에게는 죽은 뒤 부활하라는 소리나 같다. '내가 너라면 이렇게 살았을 것이다'며 훈계하는 사람이 걱정보다는 자기자랑에 목적이 있는 것처럼, 이러한 타이름은 세상에 이로울 것이 없다.

외눈박이 암탉의 건성건성 육아법

여기 그 보통의, 아니 보통보다 못한 존재가 있다. 역시나 이익이 기르던 암탉이다. 이 암탉은 한쪽 눈도 멀고 여러모로 비실비실했는데, 아픈 몸을 이끌고 먹이를 찾아 먹이던 성인 암평아리와 다르게 건성으로 육아를 했다. 이 암탉은 기력이 없었는지 낟알이 밥그릇에 가득 차 있지 않으면 쫄 수도 없었고 여차 하면 담장에 부딪히기 일쑤였다. 모두들 이 암탉은 새끼를 기를 수 없을 것이라 말했다. 결국 이익의 가족은 외눈박이 암탉의 새끼들을 다른 닭에게 입양시키려는 계획까지 가졌지만, 이익은 가엾다고 차마 그러지 못했다. 그런데 시간이 지나고 살펴보니, 다른 어미닭들과 그 새끼들은 들짐승에 다치거나 잡아먹힌 경우가 많았는데, 오직 이 외눈이 암탉의 둥지만 온전히 건사된 것을 발견하였다.

무릇 세상에서 잘 기른다는 것은 두 가지이다. 먹이를 잘 구하고 환란을 잘 방어하는 것이다. 먹이를 구하려면 건강해야 하고 환란을 막으려면 사나워야 한다. 병아리가 이미 부화하였으면 어미는 흙을 파헤쳐 벌레를 잡느라 부리와 발톱이 닳아서 뭉툭해진다. 정신없이 사방으로 나가 쉴 틈도 없다. 위로는 까마귀와 솔개를 살펴야 하고 옆으로는 고양이와 개를 감시하다가 주둥이를 악다물고 날개를 퍼덕이면서 죽을힘을 다해 싸우니, 참으로 새끼를 키우는 방도를 명쾌하게 터득한 것처럼 한다. 그러나 숲 덤불을 분주하게 다니며 때가 되면 불러들이고 병아리는 삐악거리며 졸졸 따라다니는데, 힘은 다하고 몸은 병들어 간다. 그러다가 혹 잃어버려서 물이나 불 속에 빠뜨리기도 하니, 이렇게 재앙이 갑자기 닥치면 먹이를 구해도 소용이 없다. 신중히 보호하고 방어하여 싸우는 것을 타오르는 불길과 같이 맹렬하게 하지만 환란이 지나간 뒤에는 병아리 또한 10에 6, 7은 죽고 또 멀리 나가게 되면 사람도 보호해 줄 수 없게 되어 사나운 맹수의 밥이 되고 만다. 이렇게 되면 환란을 막아도 소용이 없다.

그런데 저 외눈 닭은 일체 모두 반대로 한다. 그는 다녀도 멀리 가지 못하므로 사람 가까이에 의지하고 있다. 눈은 살피지 못하므로 항상 두려움을 품고 있다. 행동거지는 느릿느릿하면서 안아 주고 덮어 주기만 자주 할 뿐 다른 암탉들처럼 애쓰는 모습은 보지 못하였지만, 병아리는 스스로 먹이를 찾아 먹으면서 자랐다. 대저 새끼를 기르는 것은 작은 생선 삶듯이 조심스럽게 해야 하며 교란시키는 것은 금물이다. 외눈 암탉은 그만한 지혜가 있는 것은 아니지만 그 방법이 잘 맞아떨어져 결국 온전하게 되었는데 그 까닭이 암탉에게 있는 것이 아니다. 사물을 기르는 방도는 먹이를 챙겨 주는 데에 있을 뿐만이 아니고 바로 거느리는 기술이 있어 각각 그 생명을 이루어 주는 것이니, 그 요령은 잘 거느려서 잊지 않는 데 달려 있다는 것을 알겠다. 내가 이에 닭을 기르는 것으로 인해 사람을 기르는 방도를 얻었다.

- 이익, 『성호전집』 제68권, 「소전」, 할계전, 한국고전번역원, 오세옥 옮김

지혜라는 동력도 환란 앞에서 무기력함을 이익은 알게 되었다. 지혜로운 동물이나 똑똑한 인간, 인간적인 인간들이 가진 동력 역시 무기력할 수 있다. 우리는 이미 동물이 그 똑똑함을 다루지 못하고 스스로 무기력하게 된 이덕무의 이야기를 읽어보았다. 이 세상에는 새끼를 키우는 방도를 명쾌하게 터득한 것처럼 똑똑하고 지혜로운 동물들이 많다. 그러

나 중요한 것은 상황이 변해도 먹히는 기술이고, 그 기술은 이 지혜, 저 기교, 또는 눈먼 암탉의 설렁설렁한 육아법도 두루두루 한데 모아 완성된다. 분명 기술은 인위적이고 답답하며 배우기도 고통스럽다. 그 기술을 배우자니 세상에는 성인 암평아리처럼 도저히 따라하기 힘든 존재도 있다. 나는 기술을 배우느라 힘든데 대체 저 신성은 어디에서 온 거란 말인가?

여자들은 태어날 때부터 고귀했다는 성질을 동경하고, 남자들은 선택받은 존재의 특별한 운명의 이야기를 좋아한다. 그리스 신화에서 스타워즈에 이르기까지 세상에는 왜 이렇게 '츄즌 원(Chosen One)'이 많은가? 그만큼 남들이 이해할 수 없는 신성한 동력은 정말 매력적이고, 애써서 기술을 배우는 것은 힘든 일이기 때문이다. 그러나 이익은 암평아리의 신성한 동력을 물음표와 함께 그저 훌륭함으로 마음속에 묻어두었다. 그리고 훌륭함을 달성시킬 기술을 모으기 위해 온갖 짐승들의 작태를 주시했을 뿐 그 훌륭함에 정신을 잃고 암평아리를 우상으로 만들지 않았다. 외눈 암탉의 설렁설렁함이 어찌 하다 보니 사물을 기르는 방도에 맞게 된 것처럼, 멍청하고 하릴없어 보이는 인간의 기술이 먹힐 때도 있다. 신성은 언젠가 도달할 목표일 뿐이기에, 신성을 가진 존재만을 특별하게 여길 필요도 없고, 역으로 설렁설렁한 암탉의 어리석음도 특별히 여길 필요가 없다. 누구나 그 신성에 도달할 기술이 중요할 뿐이다.

지렁이가 굴에 숨었을 때 얼마나 지혜로웠던가
섬돌 아래 흙을 파고서 그 속에 들어가 살았지
천신만고 끝에 몸을 빼냈으니 힘이 또한 크건만
수십 수백 마리 개미떼 와서 마구 끌고 가누나

꿈틀꿈틀 몸 뒤틀수록 개미는 더욱 모여들고

닭들은 쪼아 먹으려 다투어 틈을 엿보도다

이에 이르러선 지혜와 힘으로 어쩔 수 없으니

슬프다 세상의 일이 또한 이와 꼭 같구나

– 이익, 『성호전집』 제2권, 「시」, 지렁이에 대한 탄식, 한국고전번역원, 이상하 옮김

우리 집 병아리가 가졌던 인간성

　　　　　사람 세계에도 성인 암평아리처럼 남들보다 이타적인 사람은 많다. 그러나 생각해 보면 남보다 이타적인 사람들은 대부분 가정교육을 잘 받았거나, 우연한 사건으로 남들의 고통을 이해하게 해주는 체험적 교육을 받은 경우가 많다. 우리가 사랑하는 인간성도 마찬가지다. 이타주의와 같은 인간성이 혈연적 선택의 부속물이든, 천부적인 신성이든 간에, 고귀한 인간성은 대개 우연히 얻게 되는 기술에 불과하다. 그리고 기술은 써먹을 때 빛을 발하는 것이 당연하다. 기술이 누구는 있네 누구는 없네 서열 싸움을 할 이유는 없다. 인간성에 대한 집착은 남들에게 과시할 근육에 대한 집착과 크게 다르지 않다. 소위 문명화된 시민들은, 아름다운 근육과 피부를 씰룩이며 못생긴 것들 앞에서 우위를 점하고자 하는 동물적인 인간들을 비웃는다. 그러면서 자신들은 '정신'의 근육질을 씰룩이며 그들 앞에서 우위를 점하고자 한다.

　　인간이 자살이라는 파괴적인 행위까지 매력적인 동력으로 여기는 이유는, 생각하고 사랑하고 고뇌하는 인간성이 먹고 번식하는 동물성보다 훨씬 더 우월한 가치를 지닌 것으로 여겨지기 때문이다. 그런 차별성은

정말이지 동물에게 양보하고 싶지 않은 매력적인 동력이다. 사람들이 정의하는 인간성은 다양하다. 누구는 이성적인 계산을, 누구는 고상한 취향을, 누구는 괴팍하고 변태적인 취향을 가질 수 있음을 인간성으로 여기기도 한다. 그리고 자살할 수 있다는 것을 인간성으로 여기기도 한다. 그러나 각자의 머릿속에 인간성이 어떤 모습이든 간에, 인간성은 항상 동물성을 열등하게 여기기 위한 사회문화적 동력으로 작용한다.

왜 우리는 남을 열등하게 여기기 위해 안달일까? 진화에서는 결코 '적합도'가 중요한 문제가 아니라, '남이 실패하는 것'도 중요하기 때문이다. 내가 아무리 적합해 봤자 남이 실패하지 않으면 나에게 기회가 오지 않는다. 나의 적합도가 우연한 사건으로 언제 어디서 실패의 요인이 될지도 모른다. 남이 패배자라는 사실에서 쾌락을 얻기 때문에, 사람은 외모나 돈으로 남을 열등하게 여기든, 인간성이라는 정신적 자질로 남을 열등하게 여기든, 타자를 열등하게 여기기 위한 노력을 언제나 계속할 것이다. 특히 인간성이란 애매모호한 고귀함으로 남을 동물처럼 열등하게 여기는 것은 돈, 외모, 귀족적 핏줄로 그들을 열등하게 여기는 것보다 훨씬 아름답고 세련되어 보인다.

정신적으로 고매한 사람들은 자신이 속한 작은 세상에 대해 증오심을 표출하면서도, 그 세상에서 빠져나올 용기를 가지지 못하는데, 그곳에 머무르는 이상 증오심이 동반되더라도 정신적인 우월자로 남아 있을 수 있기 때문이다. 세상의 인정을 받으려는 욕심이 충족되지 못하면 그 인간성은 증오심으로 유지되고, 세상에서 인정받는 인간성은 종교적 신성으로 추앙받는다. 그러나 사실 인간성은 밥을 사주고 교육을 시키고 거기에 이미 인간적인 인간들의 노력이 추가되어야만 만들어지는, 참으로 얻기 힘든 기술일 뿐이다. 모든 것이 우연일 뿐이지만 모두가 자기 자신

이익은 암평아리라는 한 마리 짐승에게서 신성을 보았지만 그 신성을 가지고 못난 외눈박이 암탉을 열등하게 만들 생각을 하지 않았다. 지능, 지혜, 고귀함이라는 동력은 다 같이 기술로 사용할 자원일 뿐이다. 그러나 우리는 동물이나 동물 같은 인간보다 월등한 지능이나 지혜, 인간성과 신성을 가지고 있다며 그 동력을 우월과 열등의 끝나지 않은 게임에 사용한다.

이도영, 「부귀영웅(富貴英雄)」, 1922년, 한국미술정보센터, 한국저작권위원회

이 얻은 것은 필연이라고 여긴다. 인간성을 이미 얻은 인간들은 마치 예쁜 얼굴을 자랑하듯, 스스로의 인간성에 도취되어 남을 열등하게 만드는 그 기분 좋은 작업에 중독되어 산다. 그 인간성이 좌 · 우파적 가치든 주류적 가치든 비주류적 가치든 간에.

인간성을 새로운 신성으로 삼게 된 종교적 사고는 인문학과 대중문화, 주류/비주류 모두를 지배하며 그 맹위를 떨치고 있다. 인간성을 교리로 삼는 종교가 재미있는 이유는, 그것이 인간에 대한 희망을 토대로 동물적 본능에서 같이 해방되기를 노력하는 책임감으로만 이루어진 것이 아니기 때문이다. 이 '인간 종교'는 내가 또는 나와 비슷한 부류가 지니고 있는 인간성을 토대로 남의 동물성을 죄악으로 규정하여 종교적 희열을 얻는 무책임한 인간들에게 더 큰 인기를 끌고 있다. 이익은 암평아리라는 한 마리 짐승에게서 신성을 보았지만 그 신성을 가지고 못난 외눈박이 암탉을 열등하게 만들 생각을 하지 않았다. 지능, 지혜, 고귀함이라는 동력은 다 같이 기술로 사용할 자원일 뿐이다. 그러나 우리는 동물이나 동물 같은 인간보다 월등한 지능이나 지혜, 인간성과 신성을 가지고 있다며 그 동력을 우월과 열등의 끝나지 않은 게임에 사용한다. 그러나 이익에게 인간성은 그저 부지런히 연마할 기술일 따름이었다. 다만 그 기술을 연마했을 때 내가 알았던 저 암평아리와 그의 형제들처럼 살 수 있지 않을까라는 희망만이 신성으로 남아 있다.

우리 집은 서울에 있어도 해마다 닭 한 배씩을 기르고 그 병아리를 즐겁게 관찰하고 있다. 그것이 처음 알에서 깨어 나오면 노란 주둥이가 연하고 부드러우며 녹색을 띤 털이 더부룩한 것이 잠시도 어미의 날개를 떠나지 않고, 어미가 마시면 따라 마시고 어미가 쪼면 따라 쪼며,

화기가 애애하여 자애로움과 정성, 효도가 지극하다. 조금 자라 어미를 떠나면 또 아우와 형이 서로 따르며 항상 같이 다니고 같이 자고, 개가 기웃거리면 서로 호위하고 새매가 지나가면 서로 소리친다.

– 정약용, 『다산시문집』 제10권, 「설」, 병아리를 구경한 데 대한 설, 한국고전번역원, 양홍렬 외 옮김

5부

인간,
동물이 설계한
인공 지능

김인관, 「조어」, 17세기, 국
립중앙박물관

먼 풍경을 바라보니, 황혼이 깃든 강과 안개가 자욱한 물가의 모습이 홀연히 두메와 들 사이에 펼쳐져 나로 하여금 의심하게 한다. 돛대가 은은하게 때로 연기 끝에 나타나기도 하며 도롱이를 입고 삿갓을 쓴 노인이 고기를 메고 낚싯대를 끄는 듯, 은은히 비치는 마을 어귀에는 청둥오리가 께욱께욱 울면서 빙돌아 날아 숲으로 모여든다. 저 멀리 능수버들 숲에는 햇볕에 말리는 어망(漁網)이 흔들흔들하는 모습을 볼 수 있었다.

말을 채찍질하여 동으로 나아가니 멀리 보였던 것이 눈앞에 다가오는데 앞서 있었던 황혼과 안개의 경관(景觀)은 다름 아닌 황혼이 점점 어둠으로 변하는 것이었고 돛대가 은은하게 보였던 것은 허물어진 집이 장마를 겪고서 기둥만이 서 있는데 백성이 가난하여 지붕을 이지 못한 것이었고, 노옹이 도롱이와 삿갓을 차리고 낚싯대를 끌었던 것은 두메에서 나오는 사냥꾼으로 물고기는 꿩이고 낚싯대는 지팡이이며, 청둥오리는 오리가 아니라 검은 갈가마귀였고, 들에 사는 백성이 짜놓은 울타리가 종횡으로 되어 어망과 비슷하였던 것이다. 나그네가 빙그레 웃었던 것은 내가 잘못 본 것을 비웃은 것이었다.

- 이덕무, 『청장관전서』 중에서

코로 소리를 듣는 소

동물의 감각

사람의 사람됨과 고기의 고기됨

지금까지 온갖 동물과 인간 동물에 대해 알아보았다면, 이제 '나'라는 짐승에 대해 알아볼 차례이다. 사람의 개성을 이루는 가장 큰 요소는 아무래도 세상의 자극을 처리하는 개인적이고 독특한 방법에서 나올 것이다. 한 사람의 몸이 온갖 자극을 처리하는 방법 역시 일종의 기술이자 동력이다. 같은 색을 보고 조금씩 다른 색깔로 느끼거나, 남이 듣지 못하는 작은 소리도 들을 수 있는 사람의 경우처럼, 자극을 처리하는 방법은 사람마다 모두 다르다. 다른 사람의 감각 정보를 내가 알 수 없듯이, 이종 동물의 감각 정보는 더더욱 체험할 수 없다.

아, 물고기는 이물(異物)이요 인류는 아니다. 비록 사람이 사람에게라도 그 사람이 아니면 그 사람의 사람됨을 모르거늘, 더구나 나는 사람이요 고기가 아닌데, 또 어찌 고기의 고기됨을 알리요.

– 김수온, 『동문선』, 「속동문선」 제18권, 잡서, 고몽문, 한국고전번역원, 양주동 옮김

사람도 다른 사람의 사람됨을 모르는데, 사람이 물고기의 고기됨을 어찌 알겠냐는 이 생각은 동물의 감각에 대한 동아시아인들의 아주 기본적인 관념이다. 이는 당연한 생각이다. 같은 동류의 사람은 같은 얼굴에 눈코입을 가지고 있기라도 하다. 하지만 동물을 보면 팔다리와 눈코입귀를 '가지고 있는지,' 있다면 그것들이 어디에 있는지 구분하는 것도 어렵다. 당장 사마귀의 얼굴을 들여다보면 눈과 입은 쉽게 찾을 수 있지만, 대체 세모쟁이 얼굴 어디에서 귀와 코를 찾아야 하는지 당황스럽다. 코와 귀는 대체 어디 있는 걸까? 사마귀는 더듬이가 코 역할을 하고 귀는 다리에 있다. 그러니 얼굴만 보다가는 사마귀는 코와 귀가 없어서 냄새와 소리에 무감각한 동물이라 생각할 수도 있다. 물고기는 또 어떤가? 물고기는 이빨이 목구멍에 나 있어 마치 이빨이 없는 것 같다. 그런데 유학자들의 문헌을 보면 동물에게서 인간과 같은 눈코입과 사지를 찾는 것보다는, 눈코입과 사지의 '기능'을 수행하는 부위가 어디인지에 더 큰 관심을 두는 모습이 보인다.

그대는 듣지 못하였나
용은 뿔로 듣고 뱀은 눈으로 듣는다는 것을
사물의 이치 알쏭달쏭 참으로 알기 어렵다네
나는 늙어서 용과 뱀의 칩거를 배울까 하니
귀 어두워 못 들어도 걱정할 것 하나 없지
- 황현, 『매천집』 제3권, 원조에 두 수를 읊다, 한국고전번역원, 박현순 옮김

용은 뿔로 듣고 뱀은 눈으로 듣는다는 표현은 동아시아에서 관습적으로 통용되던 동물 상식 중 하나이다. 또 하나 동아시아인들에게 널리 퍼

사람도 다른 사람의 사람됨을 모르는데, 사람이 물고기의 고기됨을 어찌 알겠냐는 이 생각
은 동물의 감각에 대한 동아시아인들의 아주 기본적인 관념이다.
장한종, 「궐어도」, 18-19세기, 국립중앙박물관

유학자의 동물원

져 있던 상식은 소는 코로 듣는다는 것이다.

용은 뿔로 듣는다고 하니 진정 귀머거리가 아니라, 뿔로 귀를 삼은 것
이다. 소는 코로 듣는다고 하니 귀가 없는 것이 아니라, 코를 귀로 삼
는 것이다. 용은 날개가 없으나 날 수 있으니 날개 아닌 것으로 날개
를 삼은 것이고, 뱀은 발이 없어도 가니 발 없는 것으로 발을 삼은 것
이다. 고양이가 박하를 먹으면 취한다고 하니 박하로 술을 삼은 것이
고, 맥짐승은 구리쇠를 먹고 배불러 한다니 구리쇠로 밥을 삼은 것이
다. 그런 까닭에 형상을 한 몸에서 다 찾을 수 없고, 이치는 한 가지 사
례를 가지고 추측할 수도 없는 것이다.

- 이수광, 『지봉유설』, 권1, 「재이부」, 물이, 을유문화사, 남만성 옮김(교정: 인용자)

이 글은 중국 고서를 토대로 한 조선 유학자의 고증학적 지식을 드러
내는 전형적인 서술이다. 동물의 눈코입귀는 기능을 결정하는 분절 요
소가 아니다. 기능이 눈코입귀를 결정한다. 뿔로 귀를 삼는 것, 코로 귀
를 삼는 것은 감각이 모두 연결되어 있다는 오늘날 생물학 지식에 영감을
줄 수 있는 요소이다. 시각, 청각, 후각, 촉각, 미각의 모든 감각 정보는 실제
로 뇌에서는 모두 동일한 형태로 처리된다.[주48] 코로 소리를 듣는 것이 허
무맹랑해 보이지만 후각과 미각이 연결되어 있는 것처럼 청각 정보 역시
후각 정보에 영향을 줄 수 있다는 연구가 있다.[주49] 고양이가 개박하를
먹으면 흥분한다. 이 약초는 진실로 고양이에게 인간의 술과 같은 것이
다. 동아시아 문헌에서 동물에게 있어 술이 되는 것으로 낙타에게는 버
들잎, 비둘기에게는 오디가 있다. 실제로 동물들 역시 인간처럼 자연의
온갖 마약성 물질에 탐닉하는 경우가 있으며 동물들의 중독 성향은 인간

의 마약 치료 연구에 도움이 되는 정보를 주기도 한다.

기능을 보고 감각기관을 결정하기 때문에, 만 가지 생물을 보는 시선 역시 만 가지로 나누어져 한다는 것이 유학자들의 관찰 태도였다.

> 만물을 관찰할 적에는 따로따로 안목을 갖추어야 하는 법이니, 나귀가 다리를 지나갈 적엔 오직 귀가 어떻게 되는지를 보고, 집비둘기가 뜰에서 거닐 적엔 오직 어깻죽지가 어떻게 되는가를 보고, 매미가 울 적엔 오직 가슴이 어떻게 되는가를 보고, 붕어가 물을 삼킬 적엔 오직 뺨이 어떻게 되는가를 보아야 한다. 이는 모두 그들 나름의 정신이 발로되는 곳으로 지극한 묘리가 담겨 있는 것이다.
> - 이덕무,『청장관전서』제49권, 「이목구심서」2, 한국고전번역원, 김주희 옮김

기능과 작용만 보고 모든 생물의 감각기관을 결정하는 태도는 어찌 보면 매우 피상적으로 느껴지기도 한다. 뱀은 발이 없는 것으로 발을 삼는다, 즉 발의 기능을 하는 것이 발이라는 서술은 너무나 단순해서 자기 순환성을 피하기 어려워 보인다. 기능을 하는 것이 기능이라는 피상적인 서술이 조선 유학자들의 인식을 지배하기는 했지만 관심이 있는 사람은 이러한 피상성을 넘어서 진짜 발의 구조를 찾기도 하였다.

> 『회남자(淮南子)』에, "새삼은 뿌리가 없이 나고, 뱀은 발이 없이 다니고, 물고기는 귀가 없이 듣고, 매미는 입이 없이 마신다." 했다. 그러나 내가 징험한 것으로는 자못 그렇지가 않다. 새삼도 처음에는 뿌리가 땅에 붙어서 났다가 딴 물건에 붙게 되면, 뿌리가 저절로 말라 끊어지고 딴 물건을 뿌리로 삼으며, 뱀도 두 발이 꼬리 근처에 있으니, 불

로 지지면 당장 드러나게 되고, 또 나무에 올라갈 때 보면 발 있는 꼬리 근처가 나무에 꼭 붙어서 떨어지지 않는다.

매미에게도 역시 입이 있으니, 당시(唐詩)에,

주둥이를 늘이고 맑은 이슬을 마시네 / 垂緌飮淸露

라는 말이 곧 이것이다. 다만 매미가 울 때 곁껍질을 흔들어서 소리를 내는 듯한 까닭에 『고공기(考工記)』에, "곁껍질로 운다." 했다. 그러나 이 것은 알 수 없으며, 또 물고기의 귀가 있는지 없는지도 알 수가 없다.

– 이익, 『**성호사설**』 제4권, 「만물문」, 어무이, 한국고전번역원, 김철희 옮김

실제로 뱀에게는 퇴화된 발을 보여주는 흔적기관이 있기는 하다. 빼꼼하게 삐져나온 고관절이 조금 남아 있는 것이다. 그렇다면 이 경우에는 어느 것이 진짜 발일까? 퇴화한 발인가, 아니면 이동을 가능하게 하는 몸 전체의 근육과 비늘인가? 아니면 둘 다일까? 중요한 것은 이런 종류의 질문 자체가 이익에게 전혀 중요하지 않았다는 데 있다. 이익에게 어느 것이 진짜 발이냐고 물어본다면 그는 그 따위 걸 왜 물어보냐는 표정을 지을지도 모른다. 이익이 뱀을 관찰하여 피상성을 넘는 구조적 기관을 찾아낸 것은 진짜 발을 찾는 과정, 그리고 몸의 구조를 중요시하는 태도가 전혀 아니다. 이익은 발의 기능을 하는 여러 가지 요소에 또 다른 요소를 '추가'했을 뿐이다. 즉 그는 여전히 '기능하는 것이 기능'이라는 피상성을 부정하지 않는다. 기능을 도모하는 구체적인 요소들을 몇 개 더 찾아내고 추가했을 뿐 기능 중심, 작용이 전부라는 관점은 여전하다. 다음의 글을 보면 이익은 코로 소리도 듣고 냄새도 맡는 소에 대한 의문점

을 제시하지만 구체적 관찰은 피한다.

> 옛말에, "소는 코로 듣는다." 하더니, 징험하매 과연 그렇다. 소는 비록 귀가 있으나 귓속이 전부 막혀서 소리가 통할 만한 구멍이 없으니, 귀로 듣지 않는다는 것은 분명하다. 이빨이 이미 밖으로 나타나서 뿔이 되었으니, 소리가 아래 코로 통하는 것 역시 괴이할 것이 없다. 코란 것은 기가 통하는 구멍이다. 사람 중에 혹 감기가 들어 재채기 병을 앓는 자가, 코가 막히고 기가 격하면 기가 귀로 통하니, 기가 통한다면 소리도 혹 통할 이치가 있을 것이다. 그러나 일찍이 징험하니, 소가 풀을 씹을 때는 코로써 냄새를 맡는 듯한데, 이것은 이해할 수가 없다.
> – 이익, 『성호사설』 제4권, 「만물문」, 우청, 한국고전번역원, 김철희 옮김

이익은 '귀찮아서' 더 이상의 관찰을 하지 않은 것으로 보인다. 일단 소는 코로 소리를 듣고 있으니 그 기능으로 충분한 듯하다. 그러나 같은 코로 냄새도 맡는 것은 이해할 수 없다 한다. 이익은 구조적 기관에 대해서 그 이상 관찰하는 것은 귀찮았던 것이다. 이 귀찮음은 '내가 소가 아니니 소의 감각을 어떻게 완전히 알겠는가?'라는 생각에서 온다. 완전히 아는 것이 불가능하니 그 이상의 관찰은 피한다. 그래서 용은 뿔로 듣고 소는 코로 들으니 용은 용대로 소는 소대로 이해하는 것에서 그친다. 따라서 동아시아의 피상성은 너는 너대로, 나는 나대로의 피상성이다. 피상성이란, '나는 너가 아니기에 네가 그렇다고 하면 뭐 그런 것이겠지'라는, 아주 편안한 태도이다. 그래서 사람의 코와 개의 코는 같지 않다는 것을 인정한다. 반면 사람에게서 코를 분절시키고 개에게서 코를 분절시켜 코라는 카테고리를 만드는 과학적 발전이 있을 수 없다.

개의 말을 번역하기

　　　　　　중세 영국의 의사들은 개가 자기 상처를 핥으면 상처가 빨리 낫는 것을 보고 전구에 불이 들어오는 경험을 했다. 저게 상처 치유의 비밀이군! 그래서 그들은 개의 혀를 잘라 상처 위에 붙이고 붕대를 감았다.[주50] 그들에게 개의 혀는 피상적으로는 맛을 보는 미각기관이지만 상처를 치유할 수 있는 기능도 가지고 있었던 것이다. 오늘날 우리는 이 의사들의 생각 역시 피상성을 넘지 못했음을 알고 있다. 개의 혀는 그 혀의 주인이 온전히 살아 있을 때 혀에서 나오는 침으로 상처 치유의 기능을 한다. 중세 의사들은 개의 혀라는 원자적 구분에서 오는 피상성을 넘지 못하고 혀와 몸의 유기적 관계를 들여다보지 못한 것으로 파악된다. 그렇다면 '혀'가 아니라 '침'의 치유 기능은 피상성을 넘어서는 것일까? 약물과 독극물은 그 농도에 따라 결정된다는 경구처럼 침의 치유성은 침 속 세균의 양에 따라 전혀 다른 기능을 할 수도 있다. 따라서 침의 치유 원리 역시 피상성에 그칠 수도 있다.

　　이처럼 세계의 피상성이란 까고 또 까도 영원히 그 속이 나오지 않는 양파와도 같다. 속살이 다시 껍질이라는 '피상성'이 되는 과정이 무한히 반복되는 것이다. 지금 내가 알고 있는 기능이 언제 어디서 다시 피상성이 될지 모르는 세계가 생물의 세계다. 그러나 생물 진화에서, 그리고 심지어 물리 법칙에서도 피상성은 매우 중요한 요소이다. 피상성이란 지금 당장의 시간과 공간에서 통하는 법칙이면 충분한 것이다. 우리가 사는 우주의 물리적 법칙 역시 우연한 국면에 불과하다. 진화에서는 당장에 우연하게 '잠깐' 살아남게 된 기능에 의해 자손이 번식되고, 그 우연한 상황이 계속되는 한 그 우연함으로 충분하기 때문에 피상성을 피할

동물의 감각기관은 눈과 코, 입을 분류하는 것이 아니라 오직 눈과 토, 입의 기능을 하는 기술에 따라 결정하기 때문에, 만 가지 생물을 보는 시선 역시 만 가지로 나누어져 한다는 것이 유학자들의 관찰 태도였다.

장한종, 「어개화첩」, 18–19세기, 국립중앙박물관

유학자의 동물원

수 없다. 피상성을 파헤치고 파헤치다 보면 결국 생물이라는 개념조차 하나의 단면일 뿐 생물과 사물을 나누는 생각 역시 매우 피상적임을 알 게 된다. 미시적 차원에서 생물과 사물을 구분할 수 없기 때문에 생물은 사물처럼 물리적, 화학적 지식으로 표현할 수 있는 단위가 된다. 그래서 현재 우리가 인식하는 생물의 개념은 피상적인 것이 되어버린다. 하지만 그렇다고 피상성만 가지고 살면 소통도 발전도 없는 순간이 온다. 개는 개고 사람은 사람이지만, 개와 사람이 소통해야 할 때는 비록 불완전해도 개의 몸짓 언어를 사람이 이해해야 한다. 사람과 동물이 대화하고 싶을 때는 대체 어떻해야 한단 말인가? 이 문제는 중요하다. 인간에게 개돼지보다 말이 안 통하는 존재는 결국 같은 사람일 때가 많기 때문이다. 게다가 '너는 너고 나는 나'라는 피상성은 성인이 아니고서야 모두가 용인하기가 쉽지 않다. 결국 서로의 피상성을 번역해 줄 새로운 사전이 필요한 순간이 온다.

요즈음 우리 고을에는 범이 제멋대로 횡행하면서 가끔 개를 움켜 간다. 밤이 되면 개는 (도둑을 잡기 위해) 도둑을 엿보는데 이런 개를 범이 엿보게 된다. 그러나 개는 용맹에서도 범을 대항할 수 없고 그렇다고 범을 삼가서 피하는 지혜도 모른다. 그러므로 범을 만나지 않으면 한데서 잠자기를 꺼리지 않다가 범만 만나면 반드시 죽게 된다. 주인으로서는 늘 개에게 그렇게 하지 말라고 타이르긴 하나, 개가 능히 제대로 깨닫게 할 수는 없다. 가까운 이웃과 먼 동리에서도 모두들 개가 범에게 물려 갈까 걱정하는데, 이 개는 저 혼자 듣는 척도 않다가 결국 범에게 먹히고 말았다.

아! 개란 사람과 함께 늘 한 집안에서 살기 때문에 알고 깨닫는 성질이 전혀 꼭 막힌 다른 짐승 같지는 않은 것이다. 그런데 어째서 날마다 타이르는 주인의 말을 능히 깨닫지 못하고 죽음을 피할 줄을 이리 몰랐느냐? 이미 기르던 개를 잃고 느껴지는 마음으로 기록해 둔다.

— 이익, 『성호사설』 제6권, 「만물문」, 호확구, 한국고전번역원, 김철희 옮김

피상성의 비극이란 바로 이런 것일 테다. 개는 나름의 언어로 말하고 사람도 나름의 언어로 말하는 와중에 서로간의 번역이 일어나지 못한다. 상대방의 마음을 읽지 못한 비극이다. 같은 말을 쓰는 사람끼리도 남의 마음을 읽기란 쉽지 않다. 상대방의 마음을 얼마나 제대로 읽을 수 있을지에 대해 12,000여 명을 대상으로 실험이 진행된 바 있다. 대부분의 피실험자는 자신이 비교적 상대방의 마음을 잘 읽는다고 답변했다 한다. 그러나 막상 선천적으로 다른 사람의 마음을 잘 읽는 사람은 20여 명에 불과했다고 한다.[주51] 자신이 읽었다고 생각하는 타인의 마음은 대체적으로 자기 마음의 반영에 불과한 것이다.

나라는 사전의 권위

동아시아에서 이런 피상성의 비극을 피하는 방법은 동물이 세상의 자극을 처리하는 다양한 방법을 모으고 또 모으는 것으로 귀결된다. 코라는 카테고리를 먼저 만들어 코를 연구하는 연역적 방법이 아니라 개코, 소코, 사람코, 돼지코, 호랑이코 등등을 모으는 귀납적 방법이다. 따라서 날씨를 예지하는 법도 뱀이 비오기 전에 하는 행동, 자라가 날이 맑을 때 하는 행동, 지렁이와 개미, 잠자리가 비

유학자의 동물원

오기 전에 하는 행동을 모조리 모으는 방식이다.

뙤약볕에 뱀이 나오면 비가 내리며, 뱀이 갈대 위에서 똬리를 틀고 있으면 물이 약간 지는데 똬리를 틀고 있는 뱀이 머리를 숙이면 물이 바로 지고 머리를 쳐들면 조금 뒤에 물이 진다. 자라가 목을 빼고 남쪽을 바라보면 날씨가 맑고 북쪽을 바라보면 비가 내린다. 지렁이가 길을 건너가면 비가 오며, 지렁이가 아침에 나오면 날씨가 맑고 저녁에 나오면 비가 내린다. 개미가 굴에서 나오면 비가 내리고 평지에 개미가 모이면 바로 비가 내린다. 늦은 봄 날씨가 너무 따뜻하거나 지붕을 인 이엉에서 나방이 생기면 바람 불고 비가 온다. 잠자리가 어지럽게 날면 비가 오며 잠자리가 높이 날면 날씨가 맑고 나직이 날면 날씨가 굳는다. 모기가 공중에 모여들면 비가 오며, 거미가 줄을 더 치면 날씨가 맑을 징조이며 〈거미가〉 물 위로 다니면 비가 온다. (……) 만약 소와 양이 빨리 배를 채우려는 듯이 정신없이 풀을 뜯는 것은 비가 올 징후이다. 파리 · 모기 · 개미 따위가 한군데 섞여 먹이를 먹고 있는 것은 비가 올 징후이고, 장구벌레 따위가 매우 급하게 나는 것은 비가 올 징후이며, 굴속에 서식하는 벌레가 떼를 지어 밖으로 나오는 것은 비가 올 징후이다.
– 이규경, 『오주연문장전산고』, 「경사편 4 – 경사잡류 2」, 「기타 전적 – 중국 전적」, 전가오행에 대한 변증설, 한국고전번역원, 성백효 외 옮김

모든 동물이 자신의 육체에 부여된 감각적 한계에 따른 피상성을 보여준다. 위 글에서 인간은 동물이 보여주는 다양한 피상성을 수집한다. 동아시아인은 번역을 하는 것이 아니라 피상성 정보를 모으기만 한다.

번역은 양파의 속살이라는 사전의 존재를 필요로 한다. 기능적 피상성의 모음집은 사전이 아니다. 그것이 비를 예견하는 데 탁월하다 해도, 모음집을 많이 가진 사람만이 미래의 불확실성을 쉽게 예견할 수 있다. 글도 모르고 모음집을 갖지 못한 사람은 읽어야 할 정보의 양이 너무 많아서 날씨 예견 기능을 권위자에게 기댈 수밖에 없다. 그래서 이 문제의 해결을 위해 조선 후기 실학자들이 농사와 목축의 원활한 기능을 돕는 사전식 실용서를 만드는 데 열심이었던 것이다.

피상성이라는 껍질을 벗기고 또 벗기면서 역으로 속살의 정보를 쌓아가는 서구 방법론은 어떤 문명보다도 월등하게 인간 삶의 질을 높이는 데 큰 기여를 했다. 반면 동아시아인들은 속살이라는 사전, 즉 '공리'의 존재는 언제 어디서 다시 피상성이 될지 모른다는 생각에 아예 그 사전을 만들 생각조차 하지 않았다. 그들의 생각은 이랬다. 생물의 피상성이란 그 생물이 가지는 감각의 한계를 여실히 드러내는 것이다. 각자가 각자의 한계를 가지고 사는 것일 뿐인데, 그 피상성을 사전이라는 동일한 기준으로 번역할 때 생기는 오류가 과연 모음집이 가지는 기능성과 맞바꿀 가치가 있는 것일까? 동아시아인들은 그렇지 않다고 판단한 것이다. 그 결과는 유학의 패배였고 이는 당연한 결과이다. 쓸데없는 자존심으로 서구 공리의 지위를 격하시키며 서구의 '방법론'과 그 방법론에 의해 도출된 세상에 대한 '해석'을 같은 것으로 착각하는 경우가 있다. 해석에 오류가 있었다고 해서 그 방법론까지 잘못되었다는 것은 논리적 귀결이라 볼 수 없다.

다만 번역 오류라는 문제를 해결하는 과정에서 동아시아인들이 천착했던 생물 개개의 피상성에 주시할 필요는 있다. 그 이유는 다음과 같다. 번역을 위해 아무리 사전을 펼쳐보아도 생물은 결국 피상적으로 세상을

유학자의 동물원

파악할 수밖에 없는 운명을 가지고 있기 때문이다. 피상성을 회피하려면 먼저 무엇이 피상적인지부터 인정해야 한다. 대중은 서구적 환원론을 경계하며 '나의 마음'을 과학이라는 사전으로 번역하지 말라고 으름장을 놓는다. 그런데 정작 사람들은 '나의 마음'이라는 사전으로 다른 사람을 번역하는 데 일말의 주저함도 없고 그 번역물로 타자를 재단하는 데 어떤 죄책감도 가지지 않는다. 환원론을 우려하면서 정작 자신은 타인의 마음을 나라는 마음의 피상성으로 환원시키는 데 열심인 것이다. 남의 피상성 따위에는 관심이 없다. 결국 서구의 '공리사상'은 물론 동아시아의 '피상성의 용인'도 받아들일 생각이 없는 것이다. 우리 모두는 과학을 경계하는 가면을 쓰고 남의 마음을 나의 마음으로 측정하는 환원론자들이다. 특히 서구의 환원론을 경계하는 사람들은 대체로 동아시아의 유기론을 대안으로 들이대는 경향이 있는데, 동아시아에 그런 유기론은 결코 없었으며 다만 타자의 피상성을 수집하는 노력만이 있었음을 아는 것이 중요하다. 그리고 그 노력의 중심에는 '호오(好惡),' 바로 좋아하고 싫어하는 마음이 있다.

> 용은 맑은 물에서 먹고 맑은 물에서 놀고, 이무기도 맑은 물에서 먹고 맑은 물에서 놀며, 물고기는 탁한 물에서 먹고 탁한 물에서 논다. 물고기 가운데 흐르는 물속에서 사는 놈은 등 비늘이 희고, 고여 있는 물속에서 사는 놈은 등 비늘이 검다. (……) 개는 눈을 좋아하고, 말은 바람을 좋아하고, 돼지는 비를 좋아한다. 그리고 까마귀는 넓고 조용한 곳을 좋아하고, 까치는 좁고 시끄러운 곳을 좋아한다. 오리는 물속에 잠기기를 좋아하고, 갈매기는 물 위로 뜨기를 좋아한다.
>
> — 이유원, 『임하필기』 제35권, 「벽려신지」, 한국고전번역원, 김동주 옮김

왜 우리는 모두 좋아하는 것이 다를까? 개는 눈을 좋아하고 까마귀는 조용한 곳을 좋아한다는 이 소박한 서술은 도저히 체험할 수 없는 타자와 동물의 감각 정보를 간단히 설명한다. 바로 마음의 원함과 원치 않음이라는, 너무나 자명해서 모두가 무시하는 단순한 원리로 말이다. 그러나 유학자들에게 생명의 호오란 동물에 대한 '민간생물학'에서부터 한 사회의 격변까지 설명하는 중요한 단위였다. 대동법과 화폐도입법의 열렬한 옹호자였으며 실학 사상의 근간을 마련한 김육은 용이 난동을 부리고, 한강 물이 붉어지고, 꿩이 궁궐 안으로 들어오는 등 온갖 괴이한 재변은 하늘이 아니라 백성에게서 말미암았다 말한다. 그는 백성의 성정을 억압하지 않으면서 국가의 안정을 꾀하는 방안에 능했다. 그는 각종 상서로운 현상을 왕실의 중대사를 치장하는 도구로 쓰이기보다는 백성들의 원망을 은유하는 것으로 해석해야 한다고 주장한 것이다. 그는 정묘호란 직후 피폐한 상황에서 백성들이 호패법을 위반하고 다른 지방으로 이주하는 상황에 대해 다음과 같이 말한다.

다른 군으로 흘러들어가는 백성들이 어찌 좋아서 그렇게 하겠습니까. 부역을 피해 도망치는 사람에 대해서도 떠나가는 것을 금지해서는 안 되고 오로지 부역을 늦추어 주어 안집시켜야 하는 법입니다. 그런데 더구나 피살되고 잡혀간 나머지 친척을 잃고 전지를 잃은 자들에 대해서 어찌 멀리 떠나가는 것을 금지시켜서 그들로 하여금 한 곳에 모여 있으면서 죽어가게 해서야 되겠습니까. 멀리 가서 반드시 살아난다는 보장이 없는데도 오히려 임의대로 하는 것을 편안하게 여겨 좋아합니다. 그리고 구걸하는 지역이 넓으면 혹 구제받아 살아나는 자도 있을 것입니다.

개는 개고 사람은 사람이지만, 개와 사람이 소통해야 할 때는 비록 불완전해도 개의 몸짓 언
어를 사람이 조금이라도 이해해야 한다. 사람과 동물이 대화하고 싶을 때는 대체 어떡해야
한단 말인가?
작자미상, 「개」, 조선, 국립중앙박물관소장

- 김육, 『잠곡유고』 제4권, 「소차」, 양서의 사의에 대해 논하는 소, 한국고전번역원, 정선용 옮김

사람은 누구나 자신이 좋아하거나 싫어하는 것, 즉 호오를 기준으로 대상을 선택한다. 그 선택이 '멀리 가서 반드시 살아난다는 보장'을 해주는 것도 아니다. 자신이 편하게 여기는 선택이 성공에 가까울지 실패에 가까울지 그 확률을 계산하는 것 자체가 웬만한 이성이 아니고는 가능하지 않다. 편하게 여기는 선택이 도덕적으로 항상 옳은 것도 아니다. 그러나 다른 지방으로 흘러가는 백성들에게 계산된 이성에 의해 움직이기보다는 아니라 지금 당장 이곳을 떠나야겠다는 결정이 훨씬 더 편하게 다가온다. 김육은 모든 생명은 좋아하는 것을 하려 하고 싫어하는 것은 죽어도 하지 않는다는 호오의 원리에 따른다고 보았다. 이는 백성들과 함께 농사를 지으며 김육이 직접 체득한 생명의 원리였다. 그는 백성이 편하게 여기는 결정을 최대한 이용하는 것이 세금 납부와 사회 안정을 꾀할 수 있는 법이라 생각했다. 한편 이 호오의 원리로 동물과 타자를 바라볼 때 가장 걸림돌이 되는 것이 있다. 바로 호오의 '원리'와 호오의 구체적인 '내용'을 같은 것이라고 착각하는 것이다. 딸기를 좋아하고 두꺼비를 싫어하는 것은 호오의 구체적인 내용이다. 좋아하는 것을 하고 싫어하는 것을 절대 하지 않는 것이 호오의 원리이다. 이 당연한 구별이 왜 어려우며 호오의 원리로 타자의 감각 정보를 체험해 보는 것이 왜 힘든지가 다음 장의 주제이다.

유학자의 동물원

무지갯빛 까마귀

사람의 감각

눈은 왜 코가 아니라 눈을 보나요

　　　　　　　　동물을 관찰하는 사람의 주된 도구는 바로 눈이다. 그리고 우리가 가장 많은 관심을 쏟는 동물은 바로 동류의 사람이다. 그래서 사람은 사람과 대화할 때 서로의 눈을 마주치기를 좋아한다. 남이 나를 관찰함을 거꾸로 관찰하기 위해서다. 단거리에서 대화할 때 상대방의 눈이 아니라 코나 입을 한번 바라보면, 상대방은 바로 이 사람 어딘가 이상하다고 느낄 것이다. 심심하면 친구들과 한번 실험해 보라. 다른 얼굴도 아니고 같은 얼굴 안에 있는 것인데, 코나 입을 바라보는 사람과 대화하는 것이 얼마나 섬뜩하고 이상한지 알 수 있다. 코나 입까지 갈 것도 없다. 눈 바로 옆에 광대뼈 피부만 쳐다봐도, 그 시선을 느끼는 사람은 단숨에 상대방이 자기 눈이 아니라 다른 곳을 응시한다는 사실을 본능적으로 안다. 그러나 사실 동물들 사이에서는 눈을 마주치는 것이 큰 용기를 필요로 하는 일이다. 동물과 인간이 공유하는 질병의 형태를 비교하는 책 『Zoobiquity』의 저자 중 한 명인 바바라 내터슨-호로비츠(Barbara Natterson-Horowitz)는 '한 종류의 종(인간)만 치료하는' 의사로서 우연히 황제타마린 원숭이의 심부전을 응급 처치한 경험을 소개한다. 그녀는 원숭이의 눈을 똑바로 쳐다보며 마치 아이를 위로하듯 원숭이를 달래려 했는데, 옆에 있던 '수'의사가 이를 저지한다. 눈을 마주치는 것이 가뜩이나 몸이 아픈 원숭이에게 공포감을 불러일으켜 쇼크사로 이어지기도 하는 포획 근병증을 일으킬 수 있다는 것이었다.

동물들 사이에서 눈을 마주친다는 것은 '너를 먹겠다'는 경고이다. 우리 아버지는 어릴 적에 멧돼지 일가를 만나신 적이 있다. 아버지는 조용히 서서 눈을 아래로 깔고 위기를 넘기신 적이 있다. 눈을 마주치는 것은 도전의 표현이기 때문이다. 당장에 동물이 눈으로 할 수 있는 일은 참으로 다양하지만, 과연 보는 것만으로도 다른 생명을 죽일 수 있는 것이다. 눈이란 대체 무엇이기에, 입 사이로 드러난 송곳니도 아니고, 매서운 발톱도 아닌데 이렇게 강력한 영향력을 가질까? 누군가 볼 수 있다는 사실 자체가 너무나 무서운 일이다. 그럼에도 왜 사람은 항상 얼굴의 수많은 지점들 가운데 굳이 눈에 초점을 맞추고 대화하는 동물일까? 눈동자에 드러나는 상대방의 마음을 읽으려면 상대방이 나의 눈을 마주하든 말든 그냥 눈을 바라보면 되는 것이 아닌가? 왜 굳이 상대방의 눈이 정확히 나의 눈에 초점을 맞추는 상태를 추구하는 것일까? 안경을 쓰다가 잠시 안경을 벗은 사람을 보면 그 눈동자가 풀려 있는 것을 바로 인지하듯 우리는 상대방의 초점이 정확한가 그렇지 않은가도 단숨에 읽어낸다. 눈은 세상을 볼 뿐 아니라 남의 눈도 볼 줄 알게 되었다. 게다가 남의 눈이 내 눈을 보는지도 알게 되었다. 남의 눈을 보려면 일단 남의 눈이 어디에 달려 있고, 어떻게 생겼는지 알아보는 것이 수순이다.

물여우는 눈이 없고, 이무기는 눈이 둥글고, 메추라기는 선목(旋目, 눈

유학자의 동물원

이규경은 새우를 눈으로 삼는 물고기가 개똥벌레를 등불 삼아 보는 사람과 다를 바 없다며 빛도 없으면 눈도 없음을 역설한다. 보는 것은 빛 속에 한정되어 있다는 것을 알면 당연히 까마귀의 검은 깃털도 그냥 검은 것이 아니며, 옻칠한 표면이 온갖 빛을 비추는 것처럼 사람은 까마귀의 검은 털에서도 오만가지 빛을 볼 수 있다.
전기, 「화조충어도」, 19세기, 국립중앙박물관

곁의 털이 모두 길게 빙 둘러 있기 때문임)이고, 비둘기는 눈이 모가 나고, 물고기의 눈은 감기지 않고, 닭은 사시(邪視, 비스듬히 곁눈질로 보는 것)를 잘하고, 용은 돌을 보지 못하고, 물고기는 물을 보지 못하고, 참새는 밤눈이 어둡고, 올빼미는 낮에는 보지 못한다. 말은 밤길을 거닐면 눈빛이 3장(丈)의 거리를 비추고, 범은 밤길을 거닐면서 한 눈으로는 빛을 발사하고 한 눈으로는 물건을 본다. 매는 눈이 푸르고, 비둘기는 눈에 오색이 들어 있다. 잠자리는 눈이 푸른 구슬과 같고, 모기는 햇빛에서 보면 눈이 정록색이고, 벌은 수염으로 본다. 이렇게 되니 눈은 일률적으로 논할 수 없다.

− 이규경, 『오주연문장전산고』 인사편 1─인사류 1, 「신형」, 눈동자가 각기 다르게 쓰이는 데 대한 변증설, 한국고전번역원, 임정기 외 옮김

이규경(李圭景)의 글에서 동물 눈의 생김새와 함께 특정 동물이 무엇을 볼 수 없는지도 알 수 있다. 볼 수 없는 특정 사물, 비스듬히 곁눈질로 보는 특정 방법, 수염으로 보는 방법, 볼 수 없는 시간 등등 눈의 구조보다는 눈의 작용이 더 큰 관심거리다. 우리 삶에서 중요한 것 역시 눈의 구조보다는 눈의 작용이다. 뱀의 눈처럼 생긴 나비와 애벌레의 무늬를 보고 놀라 달아나는 다른 동물들과는 달리 우리는 나비 날개 위에 무늬가 진짜 눈이 아니라는 것을 알지만, 나비의 의태된 눈에 달아나는 동물들은 순식간에 마주하는 눈의 모양을 '내가 시선을 받고 있다'는 사실로 해석한다. 그러나 사람 역시 가끔 이런 착각을 한다. 지하철에서 나를 따갑게 쳐다보고 있는 누군가는 미친놈이 아니라 십중팔구 내 머리 바로 옆 광고를 보고 있을 확률이 높다. 단거리에서 나를 보는 시선은 바로 잡아내지만 조금만 거리가 멀어져도 남의 시선이 어디를 향하는지 알기 어

유학자의 동물원

"하늘이 이를 준 것이 반드시 구부려서 무엇을 씹도록 한 것이라고 한다면 코끼리에게는 쓸데없는 어금니를 주어서 입을 땅에 닿으려고 하면 이가 먼저 땅에 걸리니 물건을 씹는 데도 오히려 방해가 되지 않는가." 혹은 말하기를, "그것은 코끼리에게 긴 코가 있기 때문이다."라고 하리라. 그러나 나는 다시, "긴 어금니를 주고서 코를 빙자하려면 차라리 어금니를 없애고 코를 짧게 한 것만 못할 것이 아닌가" 한다. – 박지원, 『열하일기』
심사정, 「남만세상」, 18세기, 한국미술정보센터, 한국저작권위원회

럽다. 남의 눈이 어떤 것을 관찰하는지 알아내려는 사고의 일환에서 유학자들은 눈의 구조가 아니라 빛의 문제를 건드린다.

대저 낮에는 별을 보아도 빛이 없지만, 밤에는 별을 보면 상이 나타난다. 깜깜한 곳에 서 있으면 밝은 곳의 물건을 볼 수 있지만, 밝은 곳에 앉아서는 깜깜한 곳의 물건을 볼 수 없다. 나는 이 때문에 귀신은 능히 사람을 보지만 사람은 귀신을 보지 못하는 줄을 안다. 그러므로 밝은 곳에 있으면서 깜깜한 곳의 물건을 본다면 시력이 세밀하기 이를 데 없는 것이요, 사람이 귀신의 정상을 본다면 눈이 밝기 이를 데 없는 것이다. 옛날 이루(시력이 뛰어난 중국 전설의 인물) 같은 눈 밝은 이는 범인에 비해 뛰어났으니, 눈의 신(神)이라 할 수 있겠다. 물고기 중에 새우를 눈으로 삼는 고기가 있는데, 사람마다 모두 웃어버리고 믿지 않으니, 자못 옛사람 중에 개똥벌레를 주머니에 주워 담아 등불 대신 그것을 펴놓고 공부했던 자를 모르고, 또는 낮에도 햇빛이 아니면 달릴 수 없고, 밤에는 촛불이 아니면 다닐 수 없어, 낮의 햇빛과 밤의 촛불이 문득 동물의 눈동자와 같음을 몰라서이다. 자못 지리를 깨치면 그것이 바로 지극히 밝은 것인데, 다시 무엇하러 눈동자의 각기 다름을 변증하겠는가.

– 이규경, 『오주연문장전산고』 인사편 1—인사류 1, 「신형」, 눈동자가 각기 다르게 쓰이는 데 대한 변증설, 한국고전번역원, 임정기 외 옮김

낮의 햇빛과 밤의 촛불, 개똥벌레의 빛, 새우의 발광이 바로 눈동자 자체다. 이규경은 새우를 눈으로 삼는 물고기가 개똥벌레를 등불 삼아 보는 사람과 다를 바 없다며 빛도 없으면 눈도 없음을 역설한다. 실제로

빛이 아주 조금이라도 있는 심해의 동물은 눈을 가지고 있지만, 빛이 조금도 존재하지 않는 깊은 동굴 속 동물은 아예 눈이 퇴화되어 없다. 빛이 아주 조금이라도 있는 것과 아예 없는 것의 차이가 그토록 크다. 세상에 '색'이란 존재하지 않으며 색은 오직 생물의 머릿속에만 존재한다는 것은 이제 누구나 아는 상식이지만, 받아들이는 빛의 종류와 그 양의 많고 적음이 결국 우리가 보는 색의 전부라는 사실을 진심으로 체험하기 쉽지 않다. 이규경은 지금 보는 것이 너무 당연해서 새우를 눈으로 삼는 고기를 웃어넘기게 된다고 한다. 그러나 실제로 바다에는 스스로 발광할 수 있는 여러 생물이 살고 있고 그중에는 새우도 있다. 눈이 보는 것이고, 보는 것은 빛 속에 한정되어 있다는 것을 알면 당연히 까마귀의 검은 깃털도 그냥 검은 것이 아니다.

까마귀는 무지갯빛

본 것이 적은 자는 해오라기를 기준으로 까마귀를 비웃고 오리를 기준으로 학을 위태롭다고 여기니, 그 사물 자체는 본디 괴이할 것이 없는데 자기 혼자 화를 내고, 한 가지 일이라도 자기 생각과 같지 않으면 만물을 모조리 모함하려 든다. 저 까마귀를 보라. 그 깃털보다 더 검은 것이 없건만, 홀연 붉은빛을 띤 금빛이 번지기도 하고 다시 진한 초록빛을 반짝이기도 하며, 해가 비치면 자줏빛이 튀어 올라 눈이 어른거리다가 비췻빛으로 바뀐다. 그렇다면 내가 그 새를 '푸른 까마귀'라 불러도 될 것이고, '붉은 까마귀'라 불러도 될 것이다. 그 새에게는 본래 일정한 빛깔이 없거늘, 내가 눈으로써 먼저 그 빛깔을 정한 것이다. 어찌 단지 눈으로만 정했으리오. 보지 않고서 먼저 그 마음으로 정한 것이다. 까마귀를 검은색으로 고정 짓는 것만으로도 충분하거늘, 또다시 까마귀로써 천하의 모든 색을 고정 지으려 하는구나. 까마귀가 과연 검기는 하지만, 누가 다시 이른바 푸른빛과 붉은빛이 그 검은 빛깔(色) 안에 들어 있는 빛(光)인 줄 알겠는가. 검은 것을 일러 '어둡다' 하는 것은 비단 까마귀만 알지 못하는 것이 아니라 검은 빛깔이 무엇인지조차도 모르는 것이다. 왜냐하면 물은 검기 때문에 능히 비출 수가 있고, 옻칠은 검기 때문에 능히 거울이 될 수 있기 때문이다. 그러므로 빛깔이 있는 것치고 빛이 있지 않은 것이 없고, 형체가 있는 것치고 맵시가 있지 않은 것이 없다.

- 박지원, 『연암집』 제7권 별집, 「종북소선」, 능양시집서, 한국고전번역원, 신호열 외 옮김

영화 「매트릭스」 2편에는 "사랑은 그저 단어일 뿐이다"라는 대사가 나온다. '검정'이라는 색깔 역시 단어일 뿐이다. '원숭이 엉덩이는 빨갛고 빨간 건 사과'라는 노래는 사람들이 단어와 세상의 관계보다는 단어와 단어의 연결 관계로 세상을 판단하는 습성을 잘 보여준다. '까마귀는 검고 검은 것은 어둡다'는 연결 관계는 지식이 아니라 그저 단어들을 서로 엮어 놓은 것에 불과하다. 이렇게 남들이 가르쳐준 단어 공식, 또는 자기 마음의 '호오'가 시키는 대로 엮어 놓은 단어 공식대로 생각함이 바로 박지원이 말한 '마음으로 정해놓고 모조리 모함' 하는 태도이다. 마음으로 정해놓고 만물이 제 생각과 다르다고 '모조리 모함'하는 사람은 박지원에 따르면 '천만 가지 괴기한 것들이란 사물에 잠시 붙어 있는 것이며 자기 자신과는 아무런 상관이 없다'는 것을 모른다고 한다. 잠시 붙어

사람은 자신의 목과 입의 목적 중심으로 동물의 목과 입의 목적을 상상한다. 목적이란 언제나 아주 구체적이고 개인적이다. 자신이 원하는 목적, 자신이 경험한 만큼 상상할 수 있는 동물 몸의 목적은 오직 자기 자신의 마음만 대변한다.

이인문, 「낙타도」, 18~19세기, 한국미술정보센터, 한국저작권위원회

있는 이 성질을 이루는 우연성과 순간성을 그대로 인정한다면, 이것이 바로 피상성을 용인하는 일이다. 그러나 사람은 언제나 사물에 잠시 붙어 있는 천만 가지 모습들 중에서 마음의 호오가 미리 정해둔 공식에 따라 발견되는 한두 가지가 사물의 전부라고 생각한다. 이런 생각을 그저 착각이라 간단히 치부할 수는 없다. 색은 분명 느낌에 불과하지만 어린아이를 보살피는 어머니가 새파랗게 질린 아이의 얼굴에서 파란색을 감지하지 못한다면 무슨 일이 벌어지겠는가. 마크 챈기지는 항상 비슷한 피부색만 봐온 사람은 타 인종의 피부 위에서 벌어지는 부끄러움이나 화냄과

같은 감정 변화를 알아채기가 쉽지 않아, 타 인종 사람들이 감정 변화가 없는, '우리와는 전혀 다른 사람들'이라는 심각한 착각에 빠질 수도 있다고 말한다. 그러나 타 인종을 자주 접하면 그 피부 위에서 벌어지는 색의 변화를 점점 감지할 수 있게 된다고 한다.^{주52} 타 인종에 대한 '괴이한 마음'은 다음의 글처럼 피붓빛과 눈빛에 '잠시' 붙어 있는 모습을 모함하는 태도이다.

> 남녀를 물론하고 눈은 모두 음침하고 정채가 없어 마치 죽은 사람이 눈을 미처 감지 않은 것과 같다. 사람의 재주와 슬기는 모두 손에 있는 법인데, 이제 이 구라파 여러 나라 사람들의 재주와 슬기는 바로 대자연을 정복할 만한데도 그들의 눈은 이렇게도 정채가 없으니 알 수 없는 일이다.
> – 김기수, 『일동기유』 제2권, 「완상 22칙」, 이재호 옮김

색 정보 처리는 내 눈에만 익숙하고 보기 편한 '색,' 그리고 내 마음이 정해놓은 단어 공식 위주로 일어난다. 그러나 동아시아의 기능 중심적 사고에서 색의 변화는 인간이 그 색을 판단해야 할 필요가 있을 때, 그 필요의 내용과 '짝꿍'으로만 존재한다. 필요를 느끼지 않으면 색의 변화도 인식하지 않는다. 허균의 글에서 누에의 색은 성장 단계에 따라 달라지는 '몸의 필요'에 따라 다르게 인식된다.

누에가 막 나왔을 때는 색깔이 검다가 점점 뽕잎을 더 먹어서 제3일 사시·오시에 이르면 마치 작은 바둑알 만해지는데, 이 누에를 잠박 가운데 펴놓으면 점점 뽕잎을 먹는 것을 벽흑(검은 엄지손가락)이라고 하

며, 또는 분의(갈라진 검은 빛)라고도 한다. 누에가 하얀색으로 변하면 이것이 향식(먹기를 바랄 때)이니 이때는 뽕잎을 조금 더 두껍게 주어야 하고, 청색(靑色)으로 변하면 이것이 지식(먹기를 멈출 때)이니 이때는 뽕잎을 더욱더 두껍게 주어야 하고, 다시 하얀색으로 변하면 이것은 만식(먹기를 게을리 할 때)이니 이때는 뽕잎을 조금 감해 주어야 하고, 황색으로 변하면 이것은 단식(短食)이니 이때는 뽕잎을 더욱더 감해 주어야 하고, 순황색으로 변하면 이것은 정식(먹기를 멈출 때)인데 이를 정면(바르게 누워 잘 때)이라 한다. 잠자고 일어난 다음 누른색으로부터 희어지고 흰색으로부터 퍼레지고 푸른색으로부터 다시 희어지고 또 누레지면 또 한 잠을 자게 된다. 매양 잠잘 때면 이와 같이 조절하여 뽕잎을 가감해 준다.

- 허균, 『한정록』 제16권, 「치농」, 누에를 치는 일, 김주희 외 옮김(교정: 인용자)

나의 코와 코끼리의 코

　　　　　　　　우리가 눈으로 보는 것은 사물에 잠시 붙어 있는 것이다. 그러기에 눈의 기능은 보는 것이 아니라 아는 것이다. 눈의 기능이 보는 것이라면, 어제 화장실에서 놓쳐버린 바퀴벌레와 오늘 화장실에서 만난 바퀴벌레가 동일한 벌레인지 아닌지 바로 알아채지 못하는 이유를 설명하기 어렵다. 어제 만난 사람을 오늘 만나면 바로 알 수 있는데, 왜 어제 만난 바퀴벌레의 신원은 오늘 확인하지 못하는 걸까? 도시의 길을 걸으면 적어도 몇 십, 몇 백의 사람을 스캔하는데, 그들의 얼굴을 왜 모두 기억하지 못할까? 이는 사람이 가치 있는 정보만 무의식적으로 처리하기 때문이다.

눈이란 그 밝은 것을 자랑할 것이 못 됩니다. 오늘 요술을 구경하는 데
도 요술쟁이가 눈속임을 해서 속는 것이 아니라 사실은 보는 자가 제
자신을 속이는 것입니다.
– 박지원, 『열하일기』, 「환희기」, 환희기후지, 한국고전번역원, 이가원 옮김

동물은 사물이 '오직 나와 관련하여' 어떻게 기능할지를 해석하는 데
특화되어 있다. 이런 자기중심적 해석은 피할 수 없다. 눈앞에 늑대 이빨
이 나를 먹기 위해 만들어졌다고 생각하는 게 좋은가, 아니면 예뻐 보이
려고 기른 이빨이라서 나랑 상관이 없다고 생각하는 것이 좋은가. 모든
해석은 자기중심적이어야 빠른 판단과 생존을 가능하게 한다. 동물의 모
든 상태는 나를 먹거나 나에게 먹히기 위해 존재한다는 생각을 가져야
효율적이다. 이 생각은 동물의 생김새가 내가 중요시 하는 어떤 목적을
가지고 '빚어졌다'는 생각으로 이어지게 된다. 박지원은 하늘을 맷돌에
비유하며 이러한 생각을 비판한다. 그는 맷돌이 돌아가며 밀을 갈 때 작
고 큰 다양한 모양의 밀조각들이 '우연'하게 만들어진다며 이를 천지만
물의 생성 과정에 비유한다. 밀조각을 어떤 모양으로 만들고, 그 밀조각
에 어떤 기능을 줄지 하늘이 일일이 마음을 써가며 '어떻게 빚을지' 고민
할 리 없다는 것이다.

대체로 코끼리는 눈이 몹시 가늘어서 간사한 사람이 아양을 부리는 눈
같으나 그의 어진 성품은 역시 이 눈에 있는 것이다. (……) 아아, 세
간 사물 중에 털끝같이 작은 것이라도 하늘이 내지 않은 것이 없다고

유학자의 동물원

한다. 그러나 하늘이 어찌 다 명령해서 냈을까보냐. (……) 맷돌에 밀을 갈 때 작고 크거나 가늘고 굵거나 할 것 없이 뒤섞여 바닥에 쏟아지는 것이니 무릇 맷돌의 작용이란 도는 것일 뿐인데, 가루가 가늘고 굵게 만듦에 하늘이 무슨 마음을 먹었겠는가. 그런데 설자들은 말하기를, "뿔이 있는 놈에게는 이를 주지 않았다." 하여 만물을 창조하는 데 무슨 결함이라도 있는 듯이 생각하나 이것은 잘못이다. 감히 묻노니, "이를 준 자는 누구일 것인가." 한다면, 사람들은, "하늘이 주었지요." 하고 말할 것이다. 그러나 다시, "하늘이 이를 준 것은 무엇 때문일까." 한다면, 사람들은, "하늘이 이것으로 먹이를 씹으라고 주었지요." 하고 대답할 것이다. 다시, "이를 가지고 물건을 씹는다는 것은 무엇일까." 하면, 사람들은, "이는 하늘이 낸 이치랍니다. 금수는 손이 없으므로 반드시 그 입을 땅에 구부려 먹을 것을 찾게 된 것이요, 그러므로 학의 정강이가 높다 보니, 부득이 목이 길지 않을 수 없게 하고 또 그래도 입이 땅에 닿지 않을까 하여 입부리를 길게 해준 것이요, 만일 닭의 다리가 학과 같았다면 할 수 없이 마당에서 굶어 죽었을 것이라오." 하고 말하리라. 나는 이 말을 듣고 크게 웃으면서 말한다. "그대들이 말하는 이치란 것은 소·말·닭·개 같은 것에나 맞는 이치다. 하늘이 이를 준 것이 반드시 구부려서 무엇을 씹도록 한 것이라고 한다면 코끼리에게는 쓸데없는 어금니를 주어서 입을 땅에 닿으려고 하면 이가 먼저 땅에 걸리니 물건을 씹는 데도 오히려 방해가 되지 않는가." 혹은 말하기를, "그것은 코가 있기 때문이다." 라고 하리라. 그러나 나는 다시, "긴 어금니를 주고서 코를 빙자하려면 차라리 어금니를 없애고 코를 짧게 한 것만 못할 것이 아닌가." 했더니, 이때에야 말하는 자는 자기의 주장을 우겨대지 못하고 수그러졌다. 이는 언제나 생각이 미친다는 것이 소·말·닭·개뿐이요, 용·봉·거북·기린 같은 짐승에게는 생각이 미치지 못한 까닭이다.

－박지원, 『열하일기』, 「산장잡기」, 상기, 이가원 옮김(교정: 인용자)

박지원에게 세상은 빛과 관찰자에 따라 달라지는 사물의 천만가지 괴이한 색과 모습으로 가득 차 있는 곳이다. 소, 말, 닭, 개만 보며 살던 사람이 코끼리의 모습을 보면, 반드시 자신이 경험한 만큼의 어금니, 뿔, 다리로 분절시켜 코끼리를 해석한다. 날개를 가진 동물을 보면 우리는 그 날개가 하늘을 날기 위해 쓰인다고 생각하지만, 반드시 그런 것도 아니다. 강도래류라는 곤충목에 속하는 동물은 날개를 가지고 있지만 날지 못하며, 그 날개를 물 위를 활공하기 위해 마치 노를 젓는 것처럼 사용한다고 한다.[주53] 날개의 목적이 무엇인지 평균적으로 아는 만큼만 설정하였다면 이러한 관찰을 할 수 없었을 것이다. 다리가 긴 관계로 먹을 것을 잘 주워 먹으려 학의 목과 입부리가 길어졌다는 이야기는, 인간의 목과 입의 목적 중심으로 동물의 목과 입의 목적을 생각하기에 가능한 것이다. 목적이란 언제나 아주 구체적이고 개인적이다. 자신이 원하는 목적, 자신이 경험한 만큼 상상할 수 있는 몸의 목적은 오직 자기자신의 마음만 대변한다. 쉽게 말해서 '목적'이란 언제나 자기중심적이다. '하늘이 이런 이유로 동물을 빚었다'는 생각은 '자신의 마음'을 '하늘의 마음'으로 변환시킨 것일 뿐 어떤 논리적 적확성도 없다. 목적이 그러하듯 마음도 자기중심적이다. 하늘에게 마음이 있다면 하늘의 마음 역시 이렇게 자기중심적이어야 하는데, 그럴 리가 있겠냐는 것이 박지원의 생각이다. 자기중심적인 목적 설정은 관찰 방법에도 심각한 오류를 낳는다. 나비 날개의 예쁜 무늬가 어떤 목적을 갖는지 알기 위해 사람은 대개 날개가 펼쳐진 상태에서 관찰하게 된다. 그러나 펼쳐진 나비 날개를 위에서 바라보는 인간의 시점은 아무 소용이 없을 수도 있다. 어떤 나비들의 경우 구애하는 대상이 비스듬한 각도에서만 날개를 본다. 그래서 그 무늬는 비스듬한 시점에서만 (같은 종에게) 유의미하다고 할 수 있다.[주54]

수많은 동물이 취하는 바라보는 방향과 목적의 '개수'는 얼마나 다양할 것인가? 그것들을 모두 수집하려는 실학자들의 노력은 옛 중국 문화에서부터 그림 양식을 통해 나타난다. 대체적으로 중국과 한국의 그림들은 마치 원근법을 무시한 듯 보이는 경우가 많은데, 야마다 게이지는 이러한 그림 양식이 단순히 작도법이 미숙해서 생긴 것은 아니라고 주장한다. n개의 다양한 시점에서 하나의 사물을 바라볼 때, 그 하나의 사물은 n개의 모습으로 우리에게 인식된다. 야마다 게이지는 원근법을 무시한 듯한 중국의 그림 양식이 실은 다양한 시점에서 하나의 사물을 바라보았을 때 생기는 그 n개의 모습들을 한 장의 종이에 모두 담으려는 시도라고 해석한다.[주55] 그리고 n개의 시점에는 실용적이고 구체적인 n개의 목적들이 있을 것이다.

사람의 눈은 다른 사람을 관찰할 때도 자기 자신에게만 중요한 목적을 대변하는 생김새나 언행을 흘러보게 된다. 남을 볼 때 나의 마음만 보게 되어 남의 마음이 작동하는 원리를 보는 것이 이렇게 힘든 것이다. '딸기를 좋아하고 두꺼비를 싫어하는' 내용에 천착함은 바로 그 내용이 나에게 아주 큰 의미를 가지는 목적과 결부되어 있기 때문이다. 그런데 궁금한 점이 생긴다. 자기 자신에게 중요한 목적은 정말 자신에게 중요한 것일까? 이제 '나 자신'이라는 짐승을 관찰하기 위한 가장 중요한 구실이 생겼다.

최초의 짐승

결론을 대신하며

왜 우리는 짐승과 같이 야만적인 상태는 거부하면서 인공지능처럼 차가운 이성을 가지는 것은 거부할까? 나는 그러한 미적지근한 태도가 '야만적인' 호오 감정에 따라 '차갑게' 자신이 원하는 것만 하며 살려는 동물의 본성을 반영한다고 본다. 차가운 인공지능의 냉혹한 계산법에 따라 인류가 멸망하는 시나리오는 언제나 인기 있는 소재다. 그러나 실상 사람이야말로 개인적인 호오가 명령하는 마음의 규칙, 자신만의 가치판단 규칙에 냉혹하게 충실한 차가운 계산기계이다. 나 자신의 마음을 관찰하는 일이 어려운 이유가 바로 여기에 있다. 남의 인생과 자신의 인생을 그토록 못살게 굴면서도, 자신의 마음이 하라는 대로는 또 기가 막히게 복종하는 노예 근성 때문이다. 노예가 감히 자신의 주인을 면밀히 관찰하지 못하듯이, 우리 역시 우리의 마음을 자세히 관찰할 용기를 내지 못한다. 자기 자신의 마음에 복종하느라 심지어 자기 삶을 사랑하지 못하기도 한다.

혹자는 말하기를, 소인을 사랑하는 사람으로 군자만한 자가 없다고 한다. 이런 말은 실언이라고 모두들 규정해 버린다. 그러나 군자는 소인의 악한 것을 억제해서 그 몸을 온전하게 해주기 때문에, 군자는 소인을 사랑한다고 말해도 틀린 것이 아니다. 저 소인들이란, 자기 몸을 사랑할 줄을 알지 못한다. 하루아침에 뜻을 얻어서 성공하면, 도리어 군자를 원수로 알고는 권세와 이익을 탐내며 세력을 좇는다. 위력이 있고 부자가 되기 위해서 아무 짓이나 행하다가 마침내 집이 없어지고 몸을 망친 뒤에야 그만둔다. 그러니 소인이 자기 몸을 사랑하지 않는 것이 역시 분명하다 하겠다. 그런즉 소인을 사랑하는 자로 누가 군자보다 더한 자가 있겠는가? 이렇게 보면 상기한 혹자의 말은 옳은 말이라 하겠다.

ㅡ 이수광, 『지봉유설』, 「인물부」, 군자, 을유문화사, 남만성 옮김(교정-인용자)

소인이 어떤 계층이었는지는 시대와 사회에 따라 이견이 갈린다. 군자를 참소하는 소인, 군자의 위업을 방해하는 소인, 욕심 많은 소인, 어리석은 소인…… 소인은 단맛을 탐내다가 술독에 빠져죽는 초파리 혜계(醯鷄)에 비유되기도 한다. 그러나 이수광은 '한심함'이라는 소인의 성질을 꾸짖는 것이 아니라, 소인이 자신의 몸을 사랑하지 못하여 스스로의 인생을 망치는 존재임을 부각시킨다. '한심함', '어리석음', '헛된 욕심'과 같은 성질을 가진 인간은 도덕계급의 질서가 주관하는 유학 정신 속에서 거의 불가촉천민과도 같은 위치에 있다. 오로지 '도덕'으로 인간의 계급을 나누는 기준을 이수광 역시 가지고 있었다. 그는 임진왜란의 난리 속에서 정신적 위엄을 잃지 않은 노비들과 여자들을 숨겨진 군자에 비유한다. 이수광도 도덕적 위계질서를 숭배한다는 뜻이다. 그러나 그럼에도 그는 소인의 정신적 소양을 꾸짖는 것에서 벗어나 군자가 소인 대신 소인의 삶을 사랑해 주어야 한다는 논리를 펼친다.

이 책의 유학자들은 태어났다는 것 자체가 억울한 생명의 본질을 인식하고 동물의 마음을 이루는 감정에 대해 이야기했다. 파리로 태어난 것도 억울한 존재에게 파리의 '성품'이 어쩌고 운운하는 것은 잔인한 일이다. 파리와 소인의 억울함을 두 눈으로 보았다면, 그들의 마음에 대해 다시 생각해야 한다. 지금까지 소개한 유학자들은 하늘이 부여한 성(性)에 대한 추상적 담론에서 벗어나, 습관적인 생각에 의해 동물의 삶이 굴러가는 과정을 이야기했다. 그리고 그 습관적인 생각이 어떤 감정과 사건으로 만들어지는지도 알아보려 했다. 생명은 습관에 따른 관성적 사고만을 하게 된다. 이에 대해 최한기는 그 관성적인 사고를 유발하는 습관을 어떻게 고쳐야 할지 고민했었다. 그는 우선 "벌레 따위 미물까지도 보고 들은 경력을 미룸으로 삼지 않는 것이 없으니, 공부의 시초는 다 미루고 헤아리는 것임을 알 수 있다"[주56]며 아무리 하찮은 동물일지라도 보고 들은 것을 경험 삼아 세상을 헤아린다고 말한다. 그리고 그는 거처와 습관에 따라 동물의 추측, 즉 '미루고 헤아리는 따위의 생각하는 방법'이 모두 달라진다며 다음과 같이 적는다.

일체의 동물은 다 거처와 습관에 따라서 추측이 생긴다. 혈거(穴居, 굴 속에서 사는 것)하는 자는 비가 올 것을 알고, 소거(巢居, 나무 위에서 사는 것)하는 자는 바람이 불 것을 알며, 개는 늘 보는 사람에게 짖지 않고, 말은 늘 먹여 주는 사람을 능히 안다.
사람이나 사물이 함께 가지고 있어서 만고(萬古)에 통하고 천지의 어디서나 달리하지 않는 것을 상도(常道)라 한다. 능히 그 상도를 가진 자는 사람이 되어도 사물을 헤아릴 수 있고, 사물로 바뀌어도 사람을 헤아릴 수 있다. 그러나 늘 보는 사물은 드물게 보는 사물과는 다르고,

최한기는 "벌레 따위 미물까지도 보고 들은 경력을 미룸으로 삼지 않는 것이 없으니, 공부의
시초는 다 미루고 헤아리는 것임을 알 수 있다"며 아무리 하찮은 동물일지라도 보고 들은 것
을 경험삼아 세상을 헤아린다고 말한다.
상고재, 「조충류도」, 국립중앙박물관

드물게 보는 사물은 보지 못한 사물과는 또 다르다.

– 최한기, 『추측록』 제1권, 「추측제강(推測提綱)」, 동물의 추측, 한국고전번역원, 정연탁 옮김(교정: 인용자)

그는 "습관이라는 것은 보고 들은 것에서 생겨 물들어 고착된 것에서 익혀진 것"이라며 이는 "마치 흰 비단에 처음 물들인 것을 뒤에 세탁하고서 다시 다른 색을 물들여도 끝내 처음 물들인 것과 같지 않고, 또 비단의 바탕이 폐해만 받게 되는 것과 같"다며 습관적이고 관성적인 생각의 폐해를 애달파한다. 그는 또한 "비록 습관을 버리더라도 추측은 남아 있어서" 평생 관성적으로 사용하게 되는 생각의 기준이 되어버리며, "천하의 사람은 누구나 다 습관을 가졌고, 선하고 악한 모든 일은 다 습관으로 되어 가는 것"[주57]이라며 습관이 인간의 마음에 얼마나 중요한 위치를 차지하는지 이야기한다. 최한기가 제시한 '습관을 바꾸는 방법들'이 꽤나 고무적이기는 하지만, 오늘날 잘 쓰여진 다수의 심리학 책들, 또는 합리적 사고 방법에 대한 책들에서 쉽게 찾아볼 수 있는 내용이기에 여기서 소개하지는 않을 것이다. 다만 그는 생명의 모든 감정 상태들이 실은 모두 호오의 변종일 뿐이라며 좋아하고 싫어하는 행위에 대해 좀 더 관심을 기울일 것을 요청한다.

생(生)에 알맞은 것은 좋아하고 생에 알맞지 않은 것은 미워하니, 감정으로 드러나는 것에 이름을 준 것이 비록 일곱 가지가 있으나, 기실은 호오뿐이다. 칠정이란 희(喜)·노(怒)·애(哀)·락(樂)·애(愛)·오(惡)·욕(欲)이다. 감정의 발현에 어찌 이같이 실마리가 많겠는가. 진실로 그 실(實)을 추구해 보면 대개 호오가 있을 뿐이지만, 그 호오의

좋아하고 싫어하는 단순한 감정 상태는 지금 우리가 점거하고 있는 몸이 잠시 경험하는 피
상성이다.

조지운, 「유하묘도」, 17세기, 국립중앙박물관

깊고 얕은 정도가 모두 같지 않으므로 여러 가지 이름이 있게 된 것이다. 절박하게 싫어하는 것이 슬픔이 되고 성하고 격렬하게 싫어하는 것이 노여움이 되며, 좋아하는 것이 나타나면 기쁨이 생기고 좋아하는 것이 두드러지면 즐거움이며, 좋아하는 마음이 대상에 결부되면 사랑이고, 싫어하는 것을 회피하고 좋아하는 것을 추구하는 것이 욕(欲)이 되는 것이다.

– 최한기, 『추측록』 제3권, 「추정측성」, 칠정(七情)은 호오(好惡)에서 나온다, 한국
고전번역원, 정소문 옮김(교정-인용자)

좋아하고 싫어하는 단순한 감정 상태는 한 동물이 점거하고 있는 몸이 잠시 경험하는 피상성이다. 정약용은 세상 만물이 이종으로 변신할 수 있다는 동아시아 특유의 사상을 차용하며 "몸이 변하면 세상도 변"하기에 지금 인간이 느끼는 감정이 얼마나 피상적일 수 있는지 말한다.

나방이 종이 위에 있을 때는 곰실곰실 다정하고 가깝지
그러나 나방이 누에가 되면 혼인이 무언지도 모르고서
한 자리에 늘 자고 눕고 하면서도 길 가는 남남이나 마찬가지라네
새들도 한 둥지에 함께 살 때는 다정하고 순수한 사랑에 빠져
날개를 맞대고 정겨움을 표하고 목을 포개면서 은근한 정 나누다가
바다로 들어가 조개가 되어버리면 전신은 아예 생각조차 않는다네
몸이 변하면 세상도 변하는 법 옛정에 다시 끌릴 이치가 없네

– 정약용, 『다산시문집』 제5권, 「시」, 나방이 나오다, 양홍렬 옮김(교정: 인용자)

우리가 좋아하는 것을 좋아하는 이유는 무엇일까? 우리의 머릿속에

벌레와 기와는 자연의 도구라는 자신의 숙명을 모른다. 도구의 숙명을 아는 도구가 사람이다.
작자미상, 「화조도」, 국립중앙박물관

그 좋아하는 것을 좋아하는 또 다른 영적인 존재가 살고 있기라도 한 것일까? 이러한 생각은 '마음속에 거인을 깨워라'는 식의 종교적 우상화(오늘날에는 자기 자신의 마음이 바로 그 우상이다)와 다름없다. 인간의 마음이 좋아하는 것은 빠르고 효율적인 처리 과정 그 자체이다.[주58] 뇌는 처리된 '결과물'이 아니라, 빠르고 쉬운 처리 과정 그 자체를 추구한다. 신경세포 뉴런 활동은 엄청난 에너지를 소모하는 작업이므로 우리 몸은 에너지 자원을 아끼기 위해 이런 선택을 할 수밖에 없다. 그래서 우리 마음속에서는 항상 '일어나는 일만 일어난다.' 전대미문의 사건으로 사람의 마음이 변하려면 대체 얼마나 일어나기 힘든 우연이 생성되어야 하는가? 마음속에서 항상 일어나는 일만 일어나기 때문에, 세상에서도 항상 일어나는 일만 일어난다. 그 지독한 관성의 쳇바퀴 속에서 사람들은 무서운 호랑이와 사나운 사자의 위엄에 안달한다. 겉으로 도덕적인 척하면서 악덕을 동경하거나 악마를 사랑하는 이유는 사람이 빠른 처리 과정과 자동화된 사고에서 오는 추진력을 원하기 때문이다. 사람은 악덕을 동경하는 자신의 심리를 정형화된 사회에 파동을 불러일으키는 반항적인 모습으로 포장하곤 한다. 그러나 그 포장 아래에 있는 것은 호랑이가 되고 싶은 토끼의 불안과 욕망일 뿐이며, '자연적인 것'의 노예로 굴복하는 비굴함일 뿐이다. 이렇게 악덕만큼 시시한 것을 나는 본 적이 없다.

벌레, 온갖 동물들, 그리고 사람은 자연의 도구다. 동물은 유전자와 자연선택의 역사가 빚은 하드웨어에 종속되어 있을 뿐 아니라, 자아의 역사에 종속된 노예이기도 하다. 동물은 유전자뿐 아니라 온갖 잡다한 역사적/개인적 기억과 습관을 나르는 도구일 뿐이다. 현재의 삶을 바꾸기 위한 일환으로 삶의 목적은 무엇일까를 고민하기 이전에, 왜 굳이 동물이란 특정한 목적을 가지도록 욕망하게 만들어졌는지 생각해 보는 것

유학자의 동물원

도 좋다. 삶에 목적이 있다면 그 삶은 반드시 어떤 것의 도구일 뿐이기 때문이다. 벌레와 짐승은 자연의 도구라는 자신의 숙명을 모른다. 도구의 숙명을 아는 도구가 사람이다. 방 안에 갇힌 숙명을 아는 사람만이 자신의 방을 나와 다른 방을 구경할 수 있다. 바로 다른 짐승의 방에 들어가 보는 것이다. 벌레, 고양이, 새의 방을 끊임없이 들락날락거리며 기계의 숙명을 이해하는 것이 바로 유학자들이 말하는 '습성이 천성이 되는' 상태이자 인간성이라는 기술의 한 방법이다. 이 인간성이라는 이름의 인공지능이 벌레와 고양이의 상태도 체험할 수 있게 해주는 가상현실을 제공한다. 그 가상현실은 바로 그들의 각기 다른 호오의 내용을 읽어보는 것이다. 도대체 어떤 최초의 짐승이 이 인공지능 소프트웨어에 인간이라는 이름을 붙였는가? 그 최초의 짐승이 지금도 당신 속에 살아 있다.

1) Roel Sterckx, *The Animal and the Daemon in Early China*, SUNY Press, 2002.

2) Roel Sterckx, *The Animal and the Daemon in Early China*, SUNY Press, 2002.

3) 환경운동가 데이비드 델라토어(David Dellatore)에 의해 목격된 바 있다.

4) 명나라 왕양명이 주장하였다.

5) 안정복, 『동사강목』, 「동사강목 제2하」, 무오년, 신라 자비왕 21년, 고구려 장수왕 66년, 백제 삼근왕 2년, 한국고전번역원, 이영무 옮김.

6) 마티 크럼프, 『감춰진 생물들의 치명적 사생활』, 유자화 옮김, 타임북스, 2009, 114쪽.

7) Brian M. Carney, "Fishing for Trouble in Iceland", *WSJ*, 2012. 10. 9.

8) 한형조 외, 『전통 예교와 시민 윤리』, 청계, 2002, 44쪽.

9) 마티 크럼프, 『감춰진 생물들의 치명적 사생활』, 유자화 옮김, 타임북스, 2009, 129~130쪽.

10) 심재우, 『조선후기 국가권력과 범죄 통제: 심리록 연구』, 태학사, 2009, 253쪽.

11) 심재우, 『조선후기 국가권력과 범죄 통제: 심리록 연구』, 태학사, 2009, 275쪽.

12) 한형조 외, 『전통 예교와 시민 윤리』, 청계, 2002, 47쪽.

13) 麛也鹿之徒/纍纍相隨行/偶落樵夫手/啼號若嬰兒/殺却豈我情/飼之等養牲/見人必偟偟/竪耳突眼睛/摩挲稍相近/漸覺趨和平/終然擾且順/傾倒喜人聲/每遇當飼時/

昂首先來迎/此物本山野/與人不相營/由其善畜養/習性若天成/況乎人與人/元自同
胞生/夷狄縱異倫/亦可就羈縻/小人君子間/只隔毫釐爭/初豈與我異

14) 실효적 의미를 갖는 세세한 규칙들에 대해 궁금하다면 이덕무의 『청장관전서』 제
27~31권 사소절 편을 참조.

15) 김상준, 『맹자의 땀 성왕의 피』, 아카넷, 2011.

16) 클라우디아 루비, 『수족관 속의 아인슈타인』, 열대림, 2008, 신혜원 옮김, 15~19쪽.

17) 클라우디아 루비, 『수족관 속의 아인슈타인』, 열대림, 2008, 신혜원 옮김, 48쪽,
110~114쪽.

18) 프리데리케 랑게, 『동물과 인간 사이』, 현암사, 박병화 옮김, 95~99쪽.

19) David Hume, *An Enquiry Concerning Human Understanding*, A Digireads.com
Book, 2005.

20) Clare Chapman, "If you don't take a job as a prostitute, we can stop your benefits",
The Telegraph, 2005. 1. 30.

21) 정영호 고숙자, 「흡연, 음주, 비만에 기인한 질병의 사회경제적 비용 및 관련품목
조세제도」, 한국사회보장학회 정기학술대회, Vol. 2009 No. 2.

22) 보건복지부 통계 포털 http://stat.mw.go.kr

23) KT&G 사이트 www.ktng.com '재무정보' 참조.

24) 국세청 국세 통계 참조.

25) 보건복지부 통계 포털 http://stat.mw.go.kr

26) 한형조 외, 『전통 예교와 시민 윤리』, 청계, 2002, 46쪽.

27) 아르멜 르 브라 쇼파르, 『철학자들의 동물원』, 동문선, 문신원 옮김, 2000.

28) 정약용, 『다산시문집』 제4권, 「시」, 자신을 비웃음[自笑], 한국고전번역원, 양홍렬
옮김.

29) Dale Peterson, *The Moral Lives of Animals*, Bloomsbury Press, Kindle Edition,
Location 4321 of 7147

30) Dale Peterson, *The Moral Lives of Animals*, Bloomsbury Press, Kindle Edition,
Location 4336 of 7147

31) 클라우디아 루비, 『수족관 속의 아인슈타인』, 열대림, 2008, 신혜원 옮김,

297~298쪽.

32) 담비사 모요, 『죽은 원조』, 알마, 김진경 옮김, 2012.

33) 신디 엥겔(엘겔), 『살아있는 야생』, 양문, 최장욱 옮김, 2003, 149~165쪽.

34) 신디 엥겔(엘겔), 『살아있는 야생』, 양문, 최장욱 옮김, 2003, 138~139쪽.

35) 「일본사슴, 먹이 찾으려 원숭이 대화 엿들어」, 연합뉴스, 2012년 6월 23일.

36) 보리스 휘드로빗지 세르게예프, 『동물들의 신비한 초능력』, 청아출판사, 이병국
    외 옮김, 2000, 199~204쪽.

37) S. Stoeger와 그 외, "An Asian Elephant Imitates Human Speech", *Current Biology*,
    Volume 22, Issue 22, 2012.

38) 장 자크 루소, 『인간불평등기원론』, 동서문화사, 최석기 옮김, 2007, 43쪽.

39) 부질없다의 '부질'은 '매우 속이 상하거나 안타까워서 애가 자꾸 타는 모양'을 나
    타내는 의태어다. 어떤 목적을 위해 애쓰는 상태를 직관적으로 표현하기 위해 '부
    질 있다'라는 사전에 등재되지 않은 표현을 만들었다.

40) Fiona D. Zeeb; Trevor W. Robbins; Catharine A Winstanley, "Serotonergic and
    Dopaminergic Modulation of Gambling Behavior as Assessed Using a Novel Rat
    Gambling Task", Neuropsychopharmacology, (2009) 34.

41) Inbal Ben-Ami Bartal; Jean Decety; Peggy Mason, "Helping a cagemate in need:
    empathy and pro-social behavior in rats, Science", 2011 Dec 9; 334(6061):
    1427 – 1430.

42) 피터 포브스, 『현혹과 기만』, 까치, 이한음 옮김, 2012, 222~267쪽.

43) 한형조 외, 『전통 예교와 시민 윤리』, 청계, 2002, 32쪽.

44) 아이블 아이베스벨트, 『야수인간』, 이경식 옮김, Human & Books, 2005, 84~96쪽.

45) Walter T. Herbranson; Julia Schroeder, "Are Birds Smarter Than Mathematicians?
    Pigeons (Columba livia) Perform Optimally on a Version of the Monty Hall
    Dilemma", J Comp Psychol. 2010 Feb; 124(1): 1 – 13.

46) Gary Stix, "The Science of Bubbles & Busts", *Scientific American*, 2009. 7. 70쪽.

47) Carolyn M. King/Roger A. Powell, *The Natural History of Weasels and Stoats*, Oxford
    Univ. Press, Chapter 2, Kindle Edition.

48) 울리히 슈미트, 『동물들의 비밀신호』, 장혜경 옮김, 해나무, 2008, 77~78쪽.

49) Lynne Peeples, "Making Scents of Sounds", Scientific American, 2010. 4. 14~15쪽.

50) 신디 엥겔(엘겔), 『살아있는 야생』, 양문, 최장욱 옮김, 2003, 61쪽.

51) 마이클 가자니가, 『왜 인간인가』, 추수밭, 박인균 옮김, 2009.

52) 마크 챈기지, 『우리 눈은 왜 앞을 향해 있을까?』, 뜨인돌, 이은주 옮김, 2012, 27~43쪽.

53) 장 되치, 『우리가 잘 알지 못했던 동물들의 진화 이야기』, 심영섭 옮김, 현실문화, 2010, 99p.

54) 앤드류 파커, 『눈의 탄생』, 뿌리와이파리, 오숙은 옮김, 2007, 155쪽.

55) 야마다 게이지, 『중국과학의 사상적 풍토』, 박성환 옮김, 전파과학사, 1994, 151~158p.

56) 최한기, 『추측록』 제1권, 「추측제강」, 처음과 중간과 마침의 공부가 있다, 한국고전번역원, 정연탁 옮김.

57) 최한기, 『추측록』 제1권, 「추측제강」, 습관을 변화시킨다, 한국고전번역원, 정연탁 옮김.

58) 리드 몬터규, 『선택의 과학』, 사이언스북스, 박중서 옮김, 2011, 320~325쪽.

유학자의 동물원

고전 서적

강희맹,『속동문선』, 한국고전번역원 옮김, 한국고전종합DB.

공자,『세주 완역 논어집주대전』1~3권, 김동인; 지종민; 여영기 옮김, 한울아카데미, 2009.

권근,『동문선』, 한국고전번역원 옮김, 한국고전종합DB.

권별,『해동잡록』, 한국고전번역원 옮김, 한국고전종합DB.

권필,『석주집』, 한국고전번역원 옮김, 한국고전종합DB.

김기수,『일동기유』, 한국고전번역원 옮김, 한국고전종합DB.

김려,『우해이어보』, 박준원 옮김, 다운샘, 2004.

김성일,『학봉집』, 한국고전번역원 옮김, 한국고전종합DB.

김수온,『동문선』, 한국고전번역원 옮김, 한국고전종합DB.

김안로,『용천담적기』, 한국고전번역원 옮김, 한국고전종합DB.

김육,『유원총보역주』1,2, 허성도; 김창환; 강서위 옮김, 서울대학교출판문화원, 2009.

김육,『잠곡유고』, 한국고전번역원 옮김, 한국고전종합DB.

김육,『조경일록』, 한국고전번역원 옮김, 한국고전종합DB.

맹자,『맹자집주』, 양기석 옮김, 술이, 2010.

박세당, 『사변록』 1,2, 민족문화추진회 옮김, 한국학술정보, 2007.

박제가, 『북학의』, 박정주 옮김, 서해문집, 2003.

박지원, 『연암집』, 한국고전번역원 옮김, 한국고전종합DB.

박지원, 『열하일기』, 한국고전번역원 옮김, 한국고전종합DB.

성대중, 『청성잡기』, 한국고전번역원 옮김, 한국고전종합DB.

순자, 『순자』, 김학주 옮김, 을유문화사, 2011.

신흠, 『상촌집』, 한국고전번역원 옮김, 한국고전종합DB.

안정복, 『동사강목』, 한국고전번역원 옮김, 한국고전종합DB.

왕충, 『논형』, 이주행 옮김, 소나무, 1996.

이갑, 『연행기사』, 한국고전번역원 옮김, 한국고전종합DB.

이규경, 『오주연문장전산고』, 한국고전번역원 옮김, 한국고전종합DB.

이긍익, 『연려실기술』, 한국고전번역원 옮김, 한국고전종합DB.

이덕무, 『청장관전서』, 한국고전번역원 옮김, 한국고전종합DB.

이수광, 『지봉유설』 상하, 남만성 옮김, 을유문화사, 1994.

이시필, 『소문사설』, 조선의 실용지식 연구노트, 백승호; 부유섭; 장유승 옮김, 휴마니
    스트, 2011.

이유원, 『임하필기』, 한국고전번역원 옮김, 한국고전종합DB.

이이, 『율곡선생전서』, 한국고전번역원 옮김, 한국고전종합DB.

이익, 『성호사설』, 한국고전번역원 옮김, 한국고전종합DB.

이익, 『성호전집』, 한국고전번역원 옮김, 한국고전종합DB.

이첨, 『동문선』, 한국고전번역원 옮김, 한국고전종합DB.

이해응, 『계산기정』, 한국고전번역원 옮김, 한국고전종합DB.

작자미상, 『부연일기』, 한국고전번역원 옮김, 한국고전종합DB.

작자미상, 『시경』, 심영환 옮김, 홍익출판사, 2011.

장유, 『계곡선생집』, 한국고전번역원 옮김, 한국고전종합DB.

장현광, 『여헌선생문집』, 한국고전번역원 옮김, 한국고전종합DB.

정도전, 『동문선』, 한국고전번역원 옮김, 한국고전종합DB.

정도전, 『삼봉집』, 정병철 옮김, 한국학술정보, 2009.

정약용, 『다산시문집』, 한국고전번역원 옮김, 한국고전종합DB.

정약용, 『대동수경』, 강서영 외 옮김, 여강출판사, 2001.

정약용, 『목민심서』, 노태준 옮김, 홍신문화사, 2008.

정약전, 『자산어보』, 정문기 옮김, 지식산업사, 2009.

정온, 『동계집』, 한국고전번역원 옮김, 한국고전종합DB.

정조, 『홍재전서』, 한국고전번역원 옮김, 한국고전종합DB.

정학유, 『시명다식』, 허경진; 김형태 옮김, 한길사, 2007.

조재삼, 『송남잡지』 7권, 12권, 강민구 옮김, 소명출판, 2008.

최한기, 『추측록』, 한국고전번역원 옮김, 한국고전종합DB.

한비자, 『한비』, 김원중 옮김, 글항아리, 2011.

허균, 『한정록』, 한국고전번역원 옮김, 한국고전종합DB.

홍대용, 『담헌서』, 한국고전번역원 옮김, 한국고전종합DB.

홍만선, 『산림경제』, 민족문화추진회 옮김, 한국학술정보, 2007.

황현, 『매천집』, 한국고전번역원 옮김, 한국고전종합DB.

회남왕, 『회남자』 상중하, 명문당, 2001.

서적

강신익, 『몸의 역사 몸의 문화』, 휴머니스트, 2007.

강신주, 『회남자 & 황제내경』, 김영사, 2007.

권오길, 『생물의 다살이』, 지성사, 2009.

권인혁, 『조선시대 화폐유통과 사회경제』, 경인문화사, 2011.

기세춘, 『성리학 개론』 상하, 바이북스, 2011.

김교빈, 박석준 외, 『동양철학과 한의학』, 2005.

김상준, 『맹자의 땀 성왕의 피』, 아카넷, 2011.

다니엘 D. 엑케르트, 『화폐트라우마』, 배진아 옮김, 위츠, 2012.

담비사 모요, 『죽은 원조』, 알마, 김진경 옮김, 2012.

데이비드 J. 린든, 『우연한 마음』, 김한영 옮김, 시스테마, 2009.

로베르 마조리, 『동물원에서 사라진 철학자』, 최애리 옮김, 마티, 2006.

리 듀거킨, 『동물에게도 문화가 있다』, 이한음 옮김, 지호, 2003.

리드 몬터규, 『선택의 과학』, 사이언스북스, 박중서 옮김, 2011.

리처드 도킨스, 『확장된 표현형』, 홍영남 옮김, 을유문화사, 2005.

마르틴 우르반, 『영의 발견』, 박승억 옮김, 여강, 2004.

마이클 가자니가, 『왜 인간인가』, 추수밭, 박인균 옮김, 2009.

마크 챈기지, 『우리 눈은 왜 앞을 향해 있을까?』, 뜨인돌, 이은주 옮김, 2012.

마티 크럼프, 『감춰진 생물들의 치명적 사생활』, 유자화 옮김, 타임북스, 2009.

말콤 포츠; 토머스 헤이든, 『전쟁유전자』, 박경선 옮김, 개마고원, 2011.

미겔 니코렐리스, 『뇌의 미래』, 김성훈 옮김, 김영사, 2012.

밀턴 프리드먼, 『화폐경제학』, 김병주 옮김, 한국경제신문, 2009.

밀턴 프리드먼, 『화려한 약속 우울한 성과』, 안재욱; 이은영 옮김, 나남출판, 2005.

박희명, 『한국의 생태사상』, 돌베개, 1999.

보리스 훼드로빗지 세르게예프, 『동물들의 신비한 초능력』, 청아출판사, 이병국 외 옮김, 2000.

손병규, 『조선왕조 재정시스템의 재발견』, 역사비평사, 2008.

신디 엥겔(엘겔), 『살아있는 야생』, 양문, 최장욱 옮김, 2003.

심재우, 『조선후기 국가권력과 범죄 통제 : 심리록 연구』, 태학사, 2009.

아르멜 르 브라 쇼파르, 『철학자들의 동물원』, 동문선, 문신원 옮김, 2000.

앤드류 파커, 『눈의 탄생』, 뿌리와이파리, 오숙은 옮김, 2007.

야마다 게이지, 『중국과학의 사상적 풍토』, 박성환 옮김, 전파과학사, 1994.

야마다 게이지, 『중국의학은 어떻게 시작되었는가』, 전상운; 이성규 옮김, 사이언스북스, 2003.

울리히 슈미트, 『동물들의 비밀신호』, 장혜경 옮김, 해나무, 2008.

움베르토 마투라나; 프란시스코 바렐라, 『인식의 나무』, 최호영 옮김, 자작아카데미, 1995.

이애희, 『조선후기 인성 물성 논쟁의 연구』, 고려대학교민족문화연구원, 2004.

이영훈 엮음,『수량경제사로 다시 본 조선후기』, 서울대학교출판부, 2008.

이정수, 김희호,『조선후기 토지소유계층과 지가 변동』, 혜안, 2011.

이주희,『내 이름은 왜』, 자연과생태, 2011.

인간동물문화연구회 엮음,『인간동물문화』, 이담, 2012.

장 되치,『우리가 잘 알지 못했던 동물들의 진화 이야기』, 심영섭 옮김, 현실문화, 2010.

장 자크 루소,『인간불평등기원론』, 동서문화사, 최석기 옮김, 2007.

정민,『미쳐야 미친다』, 푸른역사, 2004.

제프 호킨스; 샌드라 블레이크슬리,『생각하는 뇌, 생각하는 기계』, 이한음 옮김, 멘토
    르, 2011.

조동일 외 지음,『기학의 모험』 2, 들녘, 2004.

존 설,『신경생물학과 인간의 자유』, 강신욱 옮김, 궁리, 2010.

진위평 엮음,『일곱 주제로 만나는 동서비교 철학』, 고재욱; 김철운; 유성선 옮김, 예문
    서원, 2000.

찰스 세이프,『무의 수학 무한의 수학』, 고중숙 옮김, 시스테마, 2011.

천위루, 양둥,『금전통치』, 김지은 옮김, 레인메이커, 2012.

클라우디아 루비,『수족관 속의 아인슈타인』, 열대림, 2008, 신혜원 옮김.

페터 슬로터다이크,『인간농장을 위한 규칙』, 이진우; 박미애 옮김, 한길사, 2004.

풍우,『동양의 자연과 인간 이해』, 김갑수 옮김, 논형, 2008.

프랜시스 크릭,『인간과 분자』, 이성호 옮김, 궁리, 2004.

프리데리케 랑게,『동물과 인간 사이』, 현암사, 박병화 옮김.

피터 포브스,『현혹과 기만』, 까치, 이한음 옮김, 2012.

한형조 외,『전통 예교와 시민 윤리』, 청계, 2002.

Barbara Natterson-Horowitz; Kathryn Bowers, *Zoobiquity*, Knopf Doubleday Publishing
    Group, Kindle Edition, 2012.

Carolyn M. King/Roger A. Powell, *The Natural History of Weasels and Stoats*, Oxford
    Univ. Press,

Dale Peterson, *The Moral Lives of Animals*, Bloomsbury Press, Kindle Edition,

David Hume, *An Enquiry Concerning Human Understanding*, A Digireads.com Book, 2005.

George Christopher Williams, *Adaptation and Natural Selection*, Princeton University Press, Kindle Edition, 1966.

Lee Alan Dugatkin, *The Altruism Equation*, Princeton University Press, Kindle Edition, 2006.

Marc Bekoff; Jessica Pierce, *Wild Justice: The Moral Lives of Animals*, The University of Chicago Press, Kindle Edition, 2009.

Michael Tomasello, *Origins of Human Communication*, The MIT Press, Kindle Edition, 2008.

Roel Sterckx, *The Animal and the Daemon in Early China*, SUNY Press, 2002.

Victoria Braithwaite, *Do Fish Feel Pain?*, Oxford University Press, Kindle Edition, 2010.

논문

정영호 · 고숙자, 「흡연, 음주, 비만에 기인한 질병의 사회경제적 비용 및 관련품목 조세제도」, 한국사회보장학회 정기학술대회, Vol. 2009 No. 2.

S. Stoeger와 그 외, "An Asian Elephant Imitates Human Speech", Current Biology, Volume 22, Issue 22, 2012.

Fiona D. Zeeb1; Trevor W. Robbins; Catharine A Winstanley, "Serotonergic and Dopaminergic Modulation of Gambling Behavior as Assessed Using a Novel Rat Gambling Task", Neuropsychopharmacology, (2009) 34

Inbal Ben-Ami Bartal; Jean Decety; Peggy Mason, "Helping a cagemate in need: empathy and pro-social behavior in rats, Science", 2011 Dec 9; 334(6061): 1427–1430.

Walter T. Herbranson; Julia Schroeder, "Are Birds Smarter Than Mathematicians? Pigeons (Columba livia) Perform Optimally on a Version of the Monty Hall Dilemma", J Comp Psychol. 2010 Feb; 124(1): 1–13.

기사

「일본사슴, 먹이 찾으려 원숭이 대화 엿들어」, 연합뉴스, 2012년 6월 23일

Brian M. Carney, "Fishing for Trouble in Iceland", WSJ, 2012년 10월 9일

Clare Chapman, "If you don't take a job as a prostitute, we can stop your benefits", *The Telegraph*, 2005. 1. 30.

Gary Stix, "The Science of Bubbles & Busts", *Scientific American*, 2009. 7.

Lynne Peeples, "Making Scents of Sounds", *Scientific American*, 2010. 4.

정부 자료

보건복지부 통계 포털 http://stat.mw.go.kr

국세청 국세 통계

동물

가

유학자의 동물원

유학자의 동물원

유학자의 동물원

1판 1쇄 발행 2015년 8월 10일
1판 2쇄 발행 2015년 10월 10일

지음 | 최지원
펴낸이 | 조영남
펴낸곳 | 알렙

출판등록 | 2009년 11월 19일 제313-2010-132호
주소 | 서울시 마포구 합정동 373-4 성지빌딩 615호
전자우편 | alephbook@naver.com
전화 | 02-325-2015
팩스 | 02-325-2016

ISBN 978-89-97779-52-9 03150